板書で見る 全単元・全時間の授業のすべて

数学

中学校 **3** 年

池田敏和・田中博史 監修
藤原大樹 編著

東洋館
出版社

はじめに

　昨年の9月21日，「中秋の名月」の日でした。「あれ，去年は10月じゃなかったかな」と，ふとある疑問が浮かびました。一昨年は10月1日で，日付が1年でかなり違っていたのです。そこで調べてみると，中秋の名月は，旧暦（太陰太陽暦）の8月15日で，日付を設定するために，一度旧暦に変換していることがわかりました。ほとんどの祝日，記念日が新しい暦をもとに決められている中にあって，月見に関する記念日だけは，いまだ江戸時代の旧暦をもとに設定されていることに感慨を覚えました。時代が変化する中で，その変化に流されず固守されてきた伝統がそこにはあったわけです。

　教育もしかりではないでしょうか。我々は，社会が急激に変化する中において，次世代に向けて何を大切にしていくべきでしょうか。2021年の1月に，中央教育審議会より「令和の日本型学校教育」というキーワードのもとに答申が出され，「個別最適」「協働」がセットで取り上げられました。「個に応じた指導」という言葉が目を引きますが，この言葉だけが過大評価されてしまうと，教師が一人ひとりの生徒にいかに対応するかという論点だけに重きがおかれ，教育が後退していくのではないかという危惧を感じました。「協働」の視点に関連してくると思いますが，対話を中心とした「個を生かす指導」，すなわち，一人ひとりの考えをクラス全体に生かすことで，全体と個が共に成長していくという考え方こそ，我々が忘れてはいけない日本の学校教育の特徴ではないかと改めて感じたわけです。生徒同士の異なる考えから化学反応が起こることを体験する中で，みんなで学ぶということを学ぶことになります。ここには，日本の学校教育の伝統ともいうべき，「全体のためは個のため，個のためは全体のため」といった教育観が根底に横たわっているわけです。

　自分一人で考える時間，そこには，「○○さんなら，こう言うのではないか」「先生だったらこう言うかも」といった形で，自分の中に多様な人の考えがあらわれてきます。自分の思考の中で，友達や先生の言葉は生き続けているのです。対話を通して獲得した多様な見方があり，そのお陰で，今の自分があるのだという感謝の心につながっていくわけです。自分の成長を感じるとき，それは，人への感謝をかみしめるときでもあるわけです。

　本板書シリーズでは，まさにこの対話を中心とした「個を生かす指導」に焦点を当てて，執筆していただきました。先生方の個性が見事に発揮されています。対話を通した教材の奥深さを軸に進めていかれる先生，生徒同士の対話の連鎖を大切に進めていかれる先生，つまずきそうな生徒の手立てを大切に進めていかれる先生等，様々です。各々の先生方の個性を楽しんでいただきながら，読者の先生の心の中に多様な先生方の声が息づき，自分の個性を磨くきっかけにしていただければと願っております。

　最後に，本書のきっかけをいただいた田中博史先生，編集にご尽力いただいた藤原大樹先生，終始丁寧にご支援いただいた畑中潤氏，石川夏樹氏に，この場を借りて厚く御礼申し上げます。

2022年2月

池田　敏和

横浜国立大学

中学校数学　授業改善の羅針盤の誕生

　待望の板書シリーズの中学校数学版の誕生です。

　私が小学校算数の板書シリーズの企画をしたのは，今から19年前になります。

　子どもたちの豊かな学びを支えるために現場の先生方は毎日の授業の準備に苦労されていると思います。明日の授業づくりをデザインしようとしたとき，いわゆる表組の指導案形式のものではなく，板書というビジュアルな形で，しかも見開きですぐに展開のイメージがわかるように整理された紙面があれば役立つのではないかと考えたわけです。

　さらにそれが単発の時間だけではなく，全単元全時間がそろっていることは，当時としてはとても新しい発想でした。

　全国の優れた実践家のアイデアをここに結集しようと考えたのです。

　一単位の授業時間でどのように子どもの思考過程が展開したか，また身に付けてほしい知識や技能は，その思考方法とどのようにリンクしていくのかを視覚的に理解できるようにしていくという意味での「板書」の意識は，日本の教師特有のものだと諸外国の研究者に言われたことがあります。

　この板書シリーズは，小学校の算数版をきっかけにし，その後小学校全教科に広がっていきました。現場の先生方からは大きな支持をいただき，版を重ね，今では累計110万部になる，教育書としては異例のベストセラーとなりました。

　その後，いろいろな出版社から類似のシリーズが刊行されていますが，本板書シリーズがブームの先駆けとなった元祖であると自負しています。

　今回は，その中学校数学版に取り組んでいただいたというわけです。

　ただ，企画の段階では，50分の授業デザインを一枚の板書で読み取れるようにするということは，中学校の数学ではなかなか難しいのではないかという意見もありました。それは，小学校と比較すると週当たりの時間数が少ないこと，それなのに学ぶ内容がとても多いということから，一枚の板書には書ききれない日もあるのではないかという心配です。

　もちろん，時にはどうしても一度書いたものを消さなくてはならないことがあるのは承知しています。その上で，中学校の数学にもできるだけ板書の文化を活かそうとする取り組みを少しでも広げていくことが，遅れがちな生徒を救う一つの手立てとして有効になるのは確かだと思うのです。

　小中一貫の研究会では，中1プロブレムの話題と同様に，数学の苦手な生徒を救う手立てがいろいろと話し合われていますが，この板書文化の話題も取り上げられることが増えてきました。

　ICT機器などを駆使したり，またアナログな模造紙やミニ黒板なども取り入れるなど様々な工夫も用いながら，資質・能力ベースの授業づくりの大切な核となる，思考過程が残る授業デ

ザインの発想は今後，ますます大切になると考えるのです。

　執筆いただいた先生方には，様々な制約がある中で，とても苦労をおかけしたのではないか
と思います。

　今回，さらに意識していただいたのは，前述したような時間数の少なさ，内容の多さからと
かく伝達型になりがちと言われる中学校の授業づくりにおいても，どのように生徒との対話の
時間を意識し取り入れていくことが大切なのか，中学校数学界の授業の達人と呼ばれる先生方
の具体的な実現方法についても記述していただいたことです。

　ある数学の先生が，中学数学の実践書では内容の整理や教材論について記載された本はたく
さんあるけれど，指導法について詳しく書かれたものが少ないと言われていました。授業の中
での対話の位置づけは，指導法を考える上でも大切な視点になると考えます。

　また，授業構成の中核となる目標と評価の記述の改革にも踏み込んでいただきました。

　これは，小学校の板書シリーズのときには実はなかなか実現できなかったことでもありま
す。評価はもちろん目標と正対させることは必要ですが，目標の語尾を変えるだけの記述に
なってしまうことが多く，それではあまり役に立ちません。より具体的にした評価の観点の整
理の意識が必要です。本書に記載された，数学の専門家の先生方ならではの評価の観点の具体
化の例は，小学校の先生方にもきっと役立つものになっていると考えます。

　最後になりましたが，本シリーズの誕生に際して企画の段階から実質的な牽引者としてご尽
力いただいた池田敏和先生，藤原大樹先生，さらに細かな配慮と共に根気強くシリーズの完成
までの過程を支え続けていただいた東洋館出版社の畑中潤，石川夏樹両氏には，この場を借り
て深く感謝申し上げる次第です。

　本書が，この国の数学好きな生徒を増やす授業づくりに少しでも役立つことを願ってやみま
せん。

「授業・人」塾 代表　田中　博史

元筑波大学附属小学校副校長・元全国算数授業研究会会長

板書で見る全単元・全時間の授業のすべて
数学 中学校3年
目次

Ⅰ 第3学年の授業づくりのポイント ……… 013

Ⅱ 第3学年の数学 全単元・全時間の板書 ……… 021

1 式の展開と因数分解 19時間

4　関数 $y=ax^2$　16時間

5 図形と相似 25時間

本書活用のポイント

本書は読者の先生方が，日々の授業を行うときに，そのまま開いて教卓の上に置いて使えるようにと考えて作成されたものです。1年間の数学授業の全単元・全時間の授業について，板書のイメージを中心に，展開例などを見開きで構成しています。各項目における活用のポイントは次のとおりです。

題名

本時で行う内容をわかりやすく紹介しています。

目標

本時の目標を端的に記述しています。

本時の板書例

50分の授業の流れが一目でわかるように構成されています。単なる知識や技能の習得のためだけではなく，数学的な見方・考え方の育成の視点からつくられており，活動の中でのめあての変化や，それに対する見方・考え方の変化，さらには友達との考え方の比較なども書かれています。

授業でポイントとなる箇所は板書を青字にしています。また，板書する順番や注意することは，黒板の枠付近に青字で記載しています。

授業の流れ

授業をどのように展開していくのかを，4～5コマに分けて紹介しています。

学習活動のステップとなるメインの吹き出しは，生徒が主体的になったり，数学的な見方・考え方を引き出すための発問が中心となっており，その下に各留意点や手立てを記述しています。

ICT は，電子黒板やタブレット端末を使用していることを表しています。学校・クラスの実態に応じて活用してください。

本時案

ぴったり写真に収めよう！

本時の目標

・日常的な場面を想定した活動を通して，対象を理想化，単純化しながら数学的に捉え，この事象の中に円の不思議な性質が存在することを見いだすことができる。

授業の流れ

1 ぴったり写真におさめるには？

T：⑦で撮った写真です。⑦のようにもし前に出たらどうなりますか？
S：ズームがそのままならはみ出ます。
S：ズームアウトすればぴったり収まるよ。
T：じゃあ⑨のように下がると？
S：今度はすきまができます。
S：ズームインすればぴったりになります。

導入では，生活経験からイメージできる活動から入る。実際に体験できるように本時は教室を離れ，体育館など広い場所で行う。画角（写真が撮れる角度）については簡単に確認する。

2 ぴったり写真に収めよう！

T：ぴったり収まるところで写真を撮ろう。
S：ここならぴったり撮れます。
T：画角を変えずにぴったりとれるのはここだけかな？
S：斜め前に出ればとれると思います。
T：どういうことかイメージできますか？
S：前だとはみ出て，後ろだとすきまができるけど，斜め前なら……。

デジタルカメラを使って代表者が写真を撮る。「画角を変えない」という条件で，ぴったり収まるところを探す。軌跡が解るようにぴったり撮れたところに印をつけていく。

活動から対話へ

実際の授業では1台のカメラで順番にぴったり収まる撮影場所を探していった。最初はカメラの画面を見ながら試行錯誤して探していたが，だんだん見当を付けて撮るようになっていった。その場面を捉えて，「なぜそこで収まると思ったの？」と訪ね，**3** の対話活動につなげた。一人一台カメラ機能のあるタブレットが使える状況であれば，全員一斉に活動することも可能だが，そうすると，「円」が見えすぎてしまい，自分たちで見出すことができない。対話により，発見の過程を全体で共有していきたい。

ぴったり写真に収めよう！
214

単元冒頭頁

各単元の冒頭には，「単元の目標」「評価規準」「指導計画」を記載した頁があります。右側の頁には，単元の「基礎・基本」と育てたい「数学的な見方・考え方」についての解説を掲載。さらには，取り入れたい「数学的活動」についても触れています。

本時の評価
・カメラで画角を変えずに5人がぴったり収まる場所を集めると円弧になるということを見出すことができたか。
・両端を通る円弧の上から写真を撮ると，画角を変えずにぴったり収めることができると予測して意欲的に実験に取り組んでいるか。

準備物
・デジタルカメラ
・大型モニター

画角を変えずにぴったり写真に収めよう！
ぴったりとれる場所は1ケ所かな？

②この辺でも収まるはず！
なんで？

③弧を描いている

④円が見えた！

①斜めに出れば撮れる？

生徒から，「弧」や「円」などといった意見が出てから円を描き足す。

円の上で順番に撮影してみよう！
・画角を変えずにぴったり収まった！
・スポーツの360°カメラみたい。

気づいたこと
・画角を変えずにぴったりおさまるところを集めると円のようにならぶ。
・円の上で撮影すると同じ画角でぴったり収まる。

生徒のつぶやきや素直な発言は吹き出しで記す。通し番号をつけておくと後で整理しやすい。

---

3 なぜ，そこで収まると思ったの？

T：なぜその場所で収まると思いましたか？
S：これまでぴったり収まっていた場所が弧を描いているから。
T：「弧を描いている」ってどういうことか，他の人分かりますか？
S：円が見えた。
S：そのまま集めていくと円になりそう。
　一人の気付きを全体に広げていく。自分なりの言葉で表現することでイメージがもてる。

4 他の円から撮ってみたら？

T：他の円から撮ってみたらどうなるだろう？
S：どんな円でも最初に画角を合わせたら後は画角を変えないでぴったり収まると思う。
S：実際に円を描いてとってみたい！
T：撮影したものを順番に見てみよう。
S：ぴったり収まっているね！
　ここまでの活動は「円周角の定理の逆」にかかわる活動であった。ここでは「円周角の定理」につながる活動を行った上で，今日の活動で気づいたこと，考えたことを整理して授業を終える。

第1時
215

---

1 式の展開と因数分解
2 平方根
3 二次方程式
4 関数 $y=ax^2$
5 図形と相似
6 円の性質
7 三平方の定理
8 標本調査

評価

本時の評価について2〜3項目に分けて記述しています。

準備物

本時で必要な教具及び掲示物等を記載しています。

対話のポイント等

青線で囲まれたところは，本時における対話指導のポイントや，生徒が数学的な見方・考え方を働かせるための工夫等が記載されています。

表・グラフの付録データ

表やグラフの一部は，付録としてExcelデータをご用意しています。詳細は巻末の「付録資料について」の解説ページをご参照ください。

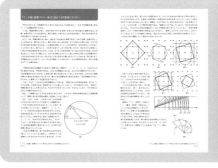

対話指導や教材の工夫頁

単元によっては末尾に，生徒の対話を活性化させるための指導の工夫や，単元全体あるいは特定の時間における教材の工夫や授業展開の背景について解説した追加ページを設けています。問題提示の仕方や練り上げのポイント，ICTの活用の仕方や教材のつくり方などにも触れています。

本書活用のポイント
011

本書の単元配列／3年

単元（時間）		指導内容	時間
1 式の展開と 因数分解	第1次	図形の面積比	1時間
	第2次	式の展開	6時間
	第3次	因数分解	5時間
	第4次	文字を用いた式で数量及び数量の関係の考察	5時間
(19)	第5次	まとめ	2時間
2 平方根	第1次	平方根	7時間
	第2次	根号を含む式の計算	6時間
(15)	第3次	平方根の利用	2時間
3 二次方程式	第1次	二次方程式	9時間
(13)	第2次	二次方程式の利用	4時間
4 関数 $y = ax^2$	第1次	関数 $y = ax^2$ の意味理解	3時間
	第2次	関数 $y = ax^2$ のグラフ	4時間
	第3次	関数 $y = ax^2$ の値	4時間
	第4次	関数 $y = ax^2$ の利用	3時間
(16)	第5次	いろいろな関数	2時間
5 図形と相似	第1次	図形と相似	8時間
	第2次	平行線と比	11時間
	第3次	相似な図形の計量	4時間
(25)	第4次	相似の利用	2時間
6 円の性質	第1次	円周角と中心角	7時間
(10)	第2次	円周角の定理の利用	3時間
7 三平方の定理	第1次	三平方の定理	1時間
	第2次	三平方の定理の逆	1時間
	第3次	平面図形における三平方の定理の利用	5時間
	第4次	空間図形における三平方の定理の利用	2時間
(13)	第5次	三平方の定理を用いた問題解決	4時間
8 標本調査	第1次	標本調査の必要性とその意味の理解	2時間
(5)	第2次	標本調査の利用	3時間

I

第 3 学年の
授業づくりのポイント

1 主体的な学びの根源となる生徒の問い

　授業づくりの出発点は，生徒が新たな疑問や問題に気付くことから始まる。活動の主体が生徒であるならば，その問題は，教師と生徒，あるいは，生徒と生徒のやり取りから，じわじわと徐々に見えてくるものでなければならない。すなわち，生徒から問いが引き出せるような授業の工夫をしていくとともに，生徒たちに問いを見いだす力を育んでいく必要がある。

　それでは，生徒自身の問いに着目したとき，その問いはどのようなものを想定しておけばよいだろうか。生徒の問いには，壁にぶつかったときに出てくる次の一歩が見えない問いもあれば，次の一歩を暗示してくれる問いもある。例えば，前者に関しては，「先生，忘れちゃったよ。全く手がつかないよ」「何を言っているのかチンプンカンプン」といったお手上げ状態の問いが挙げられ，後者に関しては，「どうしてこのやり方だとダメなの？」「こういう場合はどうするの？」といった次の一歩を方向づけてくれる問いが挙げられる。そして，このような2つの問いは，違いはあるものの，「そんなことは私には関係ない」といった無関心な思いとは一線を画するものであり，その背景には「もっと知りたい」といった生徒の内なる声が宿っている。それゆえ，このような「もっと知りたい」という思いが根底にある心のつぶやきを生徒の問いと捉え，その問いから始まる活動を生徒の主体的な活動として考えていきたいわけである。

(1) 生徒の問いの中にある数学的な見方・考え方

　前述の生徒の問いの中で，次の一歩を暗示する問いがあることについて述べた。そして，この次の一歩を暗示する問いには，数学を深めていく上で有効となる問いが潜んでいる。例えば，「根拠は何だろう？」「他の場合はどうなるのだろう？」「こうなることを仮定して考えてみると……」「もっとわかりやすい図はないかな？」といった具合の問いである。そして，生徒の発した問いの中でも，このような今後の数学学習を深めていく可能性のある問いは，生徒たちの主体的な活動を促すだけではなく，数学学習を深めていく上でも意味のあるものとして解釈できる。それ故，このような問いは，学習指導の中で教師が生徒自身の問いの中に見いだしていく重要な視点であり，このような問いを数学的な見方・考え方の顕れとして捉えていくことは自然である。

　数学の学習において，どのような視点で物事を捉え，どのような考え方で思考を進めるのかという，事象の特徴や本質を捉える視点，思考の進め方や方向性を意味する数学的な見方・考え方（文部科学省，2018）を，生徒の問いの中に見いだしていくわけである。生徒の主体性に着目するために目を向けるべき必要のある問いと，数学学習を深めていく契機となる数学的な見方・考え方，この両者は共に生徒の内なる問いであることを共有しておく必要がある。

　しかし，数学的な見方・考え方を働かせれば，問題が解決されるわけではない。例えば，「何か使えそうな既習はないかな？」という問いのもと，自分の中にある引き出しをいろいろと探してみたが，どの引き出しにも何も入っていなかったということがある。これは，生きて働く知識・技能が欠如しているからである。あるいは，見方・考え方を働かすことができても，「使えそうなんだけど，どのように使えばいいかわからない」で終わってしまうこともある。見方・考え方は，山登りにおける方位磁石のようなものである。最初の一歩を暗示してくれるきっかけに過ぎないことに留意しなければならない。されど，山登りで方向さえ全くわからない状況において，方位磁石は次の一歩を示唆してくれる強力な武器であることにも留意しておく必要がある。

⑵ 知的正直さとしての問いを大切にする

　ここでもう一つ注目したい問いが，次の一歩が見いだせないお手上げ状態の問いである。これは次の一歩が暗示されていないことから，今後の数学学習を深めていく契機になる数学的な見方・考え方として捉えることは難しい。しかし，このような問いも，まずは子どもの知的正直さを表出しているものであることを忘れてはいけない。わからないことをわからないと真正面から自覚することによってのみ，次の一歩が見えてくるものである。そして，このような知的正直さの顕れである問いが共有されるからこそ，他の生徒を巻き込みお互いを生かし合う学び合いが可能になってくるのである。

　数学的思考力・判断力・表現力というものは，数学的な見方・考え方を対話的に働かせる中でこそ育っていくものである。例えば，「何を言っているのかわからないよ」といったお手上げ状態の問いも，「それじゃ，もっとわかりやすく図で表現できないかな」という次の一歩を暗示する問いを引き出すきっかけに成り得ることに注目したい。言い方を変えるならば，「いいですか」「いいですよ」という状態では，表現方法を変えて説明する必然性がないわけである。「わからないよ」という生徒がいるからこそ，「別の表現でわかりやすく伝えられないかな」といった数学学習を深めてくれる問いが引き出されるわけである。

2　対話的な学びの意図

　学校における授業の意味を考えたとき，家でパソコンで一人で学ぶより学校でみんなで学んだ方が，より深くより幅広く学習ができるということがある。対話的な学びを手段として捉えた立場からの意義である。授業研究会においても，「対話的な学びは手段である」ということがよく指摘されるが，それは，対話はしているが学習の深まりがないことを危惧しての言葉である。それでは，対話的な学びは，手段としての役割しかないのだろうか。否。対話的な学びは，目標にも成り得る。ここでは，対話的な学びが目標に成り得る点について，2つの側面から述べる（池田，2016）。

　一つ目は，対話的な学びは一人ひとりの生徒が自分で考えていけるように，思考の仕方のモデルとしての役割を果たしているという点である。思考とは，本来，対話的なやり取りの中で深まっていくものである。次の一歩が見えないお手上げ状態の問いも，対話を通して，次の一歩を暗示する問いにつながっていく可能性があるわけである。そして，授業の中での対話的なやり取りがモデルになり，個々の中で対話的思考ができるようになることを期待しているわけである。自分の中に，Aさんの考え，Bさんの考えが宿り，多角的・多面的な視点から考えられるようになるわけである。このような側面を十分に考慮に入れながら，授業中の生徒の問いを解釈・価値付けしていくことが肝要である。

　それでは，どのような思考の仕方のモデルになっているのだろうか。話を簡単にするために，2人の間での対話を特殊化して述べる。2人の中で全く共通の考えをもっていれば，これは，「あうんの呼吸」ということで，これ以上の対話はいらない。また逆に，両方に共通の考えがないとき，これも対話が成立するはずがない。対話が盛り上がっていくときは，両者の間に考えの食い違いがあるときである。例えば，Aさんの中にある考えがあって，Bさんの中にはそれがない場合は，BさんはAさんの知っていることを知りたいという思いが働くし，AさんはBさんにわかってもらえるように伝えようとする行為がなされる。あるいは，Aさんの中にある考えと，それに対応したBさんの考えとの間に対立が生じたとき，どうして考えが異なるのかが問題となる。問題を明確にするとともに，どうすれば共通理解になるのかを追究していくことになる。

　このように，両者の考えに食い違いがあることこそが，対話的な学びを深めていく原動力になるわけである。このような捉えをもとにすると，友達との間で意見の食い違いが生じたとき，「これは，さらに考えが深まるきっかけになるかもしれない」と思えるような生徒を育てていきたいわけである。そして将来的には，個々の中にある考えが生まれたとき，意図的に食い違った考えを見いだし，

それをもとにさらなる考えを見いだしていこうとする態度へと成長させていくことが期待されることになる。一方，教師にとっては，数学指導の中で，どのような食い違いに目を向けるかが，教材開発，生徒の理解のポイントになることに注目する必要がある。授業の中で偶然に生まれてくる食い違いだけを当てにするのではなく，教師から食い違いを意図的にしかけていくことが肝要である。

　二つ目は，社会性の育成といった点である。数学の指導を通して人間形成を考える際，そのねらいにおいて，補完的な関係にある個と社会とをどのように考えるのか明らかにしておく必要がある。すなわち，個々の生徒が各々の個性・独創性を発揮したり，自分ひとりで問題が解決できるようになるという個人的なねらいと，集団の中で責任を果たしたり集団に対して奉仕したり，集団で協力して問題解決できるようになるという社会的なねらいとのバランスである。この2側面は，どちらか一方が最終目標として位置付けられるものではなく，両者を結び付けながらバランスよく授業の中に位置付けていく必要のあるものである（塩野，1970）。このような全体と個との相補性に焦点を当てると，対話的な学びにおいても，個々の成長だけに焦点を当てるのではなく，「全体のために何ができるか」といった社会性の成長が自然と論点になってくる。「自分はもう解決できているから，もうやることはないよ」とそっぽを向いている生徒，あるいは，「こんなことを言うとみんなに馬鹿にされるかもしれない。言うのはやめておこう」と恥ずかしがり屋の生徒，でもこれでは困るわけである。自分の考えたことを振り返りながら，相手の立場に立って考えられる生徒に育ってほしいわけである。すなわち，「自分にとってどうか」といった視点にとどまることなく，「全体にとってどうか」といった視点へと広げて考えていってほしいわけである。

3　授業づくりで留意したいこと

　各授業の板書を構想していただくに当たり，下記の点に留意して執筆していただいた。

① 問題発見の場面について

　生徒に「あれ？」「ちょっと待てよ」「どうすればよいのかな？」などと躊躇をもたせないまま，問題解決を強いてしまいがちになることが言われている。実践において，生徒が自分自身の問題として捉えられるようにするための具体的な展開，手立てを示していただいた。

② 個人やグループでの解決場面について

　自力解決，あるいは，グループ活動を取り入れる場合，その解決活動がいわゆる「丸投げ」になりがちであると言われている。そこで，グループ学習を取り入れる場合，生徒同士の話し合いを深めるために行った手立て，個別の班への関わり方とそれを全体へ広げるための手立てについて具体的に示していただいた。

③ 全体での考えの共有の場面について

　わかった生徒が発表して，できなかった生徒がそれを聞くだけで終わってしまったり，グループ学習を取り入れた後，班ごとの発表会で終わってしまいがちになったりすることが言われている。生徒同士の考えのずれから新たな考えや疑問が生まれたり，共通点から本質が見えてきたり，既習との関連が促されたりすることを期待して，どのような具体的な発問，展開を意識しているのかを示していただいた。

④ まとめの場面について

　まとめでは，教師が大切である点を解説するだけで終わってしまいがちになることが言われている。板書を振り返りながら，生徒が鍵となる見方・考え方を明確にしたり，新たに獲得した知識・技能を明確にしたりすることが大切である。さらに，学習を深めていくことで，さらなる疑問を引き出し，あるときは棚上げして，次時への学習課題として位置付けていくことが大切である。問いから問いへとつないでいく授業をつくっていくための具体的な展開，手立てを示していただいた。

4　学べば学ぶほど個々が強く結ばれる教育へ

　「個に応じた教育」，これを個別最適化だけを優先させて追い求めていくと，「生徒同士のつながりが希薄になっていないか」という点が気になりだす。生徒たちは，学べば学ぶほど個人差が加速し，クラスの生徒たちはどんどんバラバラに分けられていく。「こんなことを聞けば笑われるかも……」「こんなことも知らないのか……」等の思いが芽生え定着していく危険性がある。学べば学ぶほど，個々が離れていくという，なんとも皮肉な結果になってしまいかねない。

　学べば学ぶほど個々が離れていく教育ではなく，学べば学ぶほど個々が強く結ばれる教育を目指していかなければならない。一人ひとりが授業を通して，自分だけに役立つ知識を獲得するのではなく，みんなのために貢献できうる知恵を獲得していけるような「個を生かす教育」を実現させていきたい。

[参考・引用文献]
池田敏和・藤原大樹（2016）．数学的活動の再考，学校図書．
文部科学省（2018）．中学校学習指導要領（平成29年告示）解説数学編，日本文教出版．
塩野直道（1970）．数学教育論，啓林館．

授業づくりに向けて各単元の授業に学ぶ

藤原　大樹

1．板書から学ぶ

　算数・数学の学習指導において，生徒が数学的な理解や思考などを深めるために学習の過程や結果を視覚的に共有するツールとして，「板書」は時代を超えて価値がある。近い将来，電子黒板に代わろうとも，生徒が資質・能力を身に付けられるように，黒板を効果的に活用して自身の授業を創ることが授業者には求められよう。

　しかし，それだけではない。「板書は授業を語る」と言われるように，板書は他者の授業を知るためにも活用できる。全国各地で行われている授業研究会では，その協議会で板書が貴重な事実として用いられていよう。また最近では，Facebook のグループ「板書 book ―算数・数学―」（5000人以上が登録）のように，各地の授業者から公開された板書と授業説明から教師が端末上で学び合う取組も活発になりつつある。板書は私たち教師が授業づくりについて研修する目的でも，とても価値が高い。

　本書は，各単元の全授業の板書を取り上げている。しかしそれだけではなく，授業における対話指導，単元の計画，ICT 活用などについて，各授業者が提案している。そこには，授業者一人一人の個性や工夫，こだわりが光っている。ここでは，各授業者から学ぶべき点について，筆者なりに概観したい。

2．本書の各授業者に学ぶ

式の展開と因数分解（峰野宏祐）

　授業の問いやプロセスが見えやすい板書で，教師と生徒との軽快なやりとりの連鎖からは，授業のライブ感が伝わってくる。板書の下の吹き出しに表現された，汎用性のある授業づくりの要点から，授業が上手な教師が無意識的に生徒に施している技やその着想を読み取ることができ，学ばされる。

平方根（太田雅大）

　新たな知識の必要性を大切にするとともに，単元を通して共通の問いや考え方を繰り返し表出させることで，数学的な見方・考え方を鍛えていこうとする意図がよく分かる。板書には生徒自身の問いや気付きなどが豊富に記され，学級全体で授業を創っている温かい雰囲気がよく伝わってくる。

二次方程式（山田敏英）

　3 年間の方程式の学習を振り返ることのできる導入の授業から，徐々に問いが連鎖して単元の学習が進んでいく流れが読み取れる。補助的な記述で解くプロセスを支えたり，複数の解き方を板書で並

列して対比したりするなど，生徒のつまずきに対する細やかな手立てが参考になる。

関数 $y = ax^2$（近藤俊男）

　表，式，グラフを相互に関連付けて考察することで，様々な変化と対応についての特徴を見いだす過程が大切にされており，単元の後半の活動にも生かされている。授業の中で練習問題が単元の中に位置付けられており，資質・能力を確かに身に付ける方策となっている。

図形と相似（小石沢勝彦）

　生徒の反応を生かして授業を構成することや，統合的・発展的に考える機会を単元の中で繰り返し設定することなど，生徒が主体的に学びながら資質・能力を身に付けていけるような配慮から学ばされる。板書の下にある対話指導や教材研究の要点に，授業者に必要な心得が多く詰まっている。

円の性質（大桑政記）

　ほぼ毎時間について，指導のねらいや場面に応じた数学的な対話の促し方について要点が示されており，他の単元の授業を考える上でも参考になる。板書には生徒のつぶやきや気付きを吹き出しとして位置付け，多くの生徒が授業に参加しやすくなる配慮が感じられる。授業者として真似をしたい。

三平方の定理（若月拓也）

　教科書の流れに沿った，多くの教師が扱いやすい流れで単元が構成されている。単元における授業と授業とがどのように関連付けられているか，また，毎時間板書に位置付けられた目標はどのように生徒と共有されるとよいかなどについて，深く考えさせられる。

標本調査（岡本大介）

　生徒の予想を基に実験等から確かめる過程を通して，目的に応じて標本調査を実施することや，母集団から標本を抽出するよりよい方法を考えることを，単元を通して大切にしている。推定した母集団の傾向を比較するために，既習である度数折れ線や箱ひげ図を用いる指導アイデアも真似したい。

Ⅱ

第 3 学年の数学
全単元・全時間の板書

1 式の展開と因数分解 （19時間扱い）

単元の目標

- 簡単な多項式について，多様な表現と関連付けながら，式の展開や因数分解する方法を考察し表現するとともに，実際に式を展開，因数分解することができる。
- 文字を用いた式で数量及び数量の関係，性質を捉え，説明することができる。

評価規準

知識・技能	①単項式と多項式の乗法及び多項式を単項式で割る除法の計算をすることができる。また簡単な一次式の乗法の計算及び次の公式を用いる簡単な式の展開や因数分解をすることができる。
思考・判断・表現	②既習の方法や面積図・筆算等の多様な表現と関連付けて，式の展開や因数分解をする方法を考察し表現することができる。 ③文字を用いた式で数量及び数量の関係を捉え説明することができる。
主体的に学習に取り組む態度	④式の展開や因数分解を，多様な表現と関連付けて考えるよさを実感して粘り強く考え，学んだことを生活や学習に生かそうとしたり，問題解決の過程を振り返って評価・改善しようとしたりしている。

指導計画　全19時間

次	時	主な学習活動
第1次 図形の面積比較	1	正方形から，縦横に伸ばした長方形の面積を比較する。
第2次 式の展開	2	単項式 × 多項式，多項式 ÷ 単項式の計算を考える。
	3	多項式 × 多項式の計算を考える。
	4	$(x + a)(x + b) = x^2 + (a + b) x + ab$ を見いだし，活用する。
	5	和の平方，差の平方，及び和と差の積の公式を見いだす。
	6	これまでの乗法公式を整理し，活用する。
	7	複雑な式の展開について，多様な方法で考える。
第3次 因数分解	8	長方形パズルを通して，因数・因数分解の意味を捉える。
	9	数の関係（乗法公式①）から因数分解する方法を考える。
	10	特別な場合（乗法公式②，③）の因数分解を考える。
	11	特別な場合（乗法公式④）の因数分解を考える。
	12	いろいろな式について因数分解の方法を考える。
第4次 文字を用いた式で数量 及び数量の関係の考察	13	乗法公式を用いて数の積を計算する方法について考える。

	14	連続する2数の2乗の差の性質について考える。
	15	速算法が成り立つ理由を考える。
	16	「積の回文」が成り立つ条件を見いだし、証明する。
	17	「道幅問題」について考察する。
第5次 まとめ	18	これまでに扱った命題の発展について、生徒それぞれで考察を行い、発表
	19	する。

単元の基礎・基本と見方・考え方

(1)多様な方法を関連付けること

　本単元では、一次式の展開・因数分解について、形式的に計算できるようにするだけでなく、その方法が交換法則や結合法則、分配法則に基づくものであることへの理解が求められる。それらの法則の裏付け、生徒の具体をもって説明できるものが何かを考えたときに、その1つの手段たるものが面積図にあると考える。従って、本単元の全般を通して、式と面積図を往還しながら、面積図から式を考えたり、式から面積図を捉える、また方法を限定してあえて式のみで考える、といったような活動を豊富に行っていくことが概念形式において有用であると考える。

　また、文字を用いた式で数量及び数量の関係を捉え説明する場面においては、本稿では特別な計算方法に関わる題材を複数取りあげる中で、筆算を多く扱う。筆算の中には文字式の計算と関連付く事柄が非常に多く、逆に筆算を捉え直すよい機会になると考えるからである。したがって実際の授業の中では、文字式をよむ活動の中で、その意味を筆算の式と関連付けながら説明していくような展開を豊富に扱う。

(2)特殊・一般の関係を単元を通して意識すること

　乗法の公式は、それぞればらばらなものではなく、特殊・一般の関係にある。すると当然、授業の中での発問や活動自体が、それを意識したものであるべきである。しかし、授業を設計する際には、ただ漠然とその関係を捉えるのではなく、「なぜ特殊・一般と見るのか」まで言及していきたいところである。例えば $(x + a)(x + b) = x^2 + (a + b)x + ab$ に対して $(x + a)^2 = x^2 + 2ax + a^2$ を考えるのはなぜだろうか。単純に解決できるかで捉えるなら1つ目の式で十分なはずである。しかし2つ目の式を考えることで、このケースの展開をする際の思考の経済化が図れる、といった点が1つの理由として考えられる。したがって実際の活動においては、主たる問い自体を「もっと簡単にできないか」といった形で構成していくことが考えられる。

(3)帰納的に性質を見いだす活動を充実させること

　単元の後半では、文字を用いた式で数量及び数量の関係を捉え説明する場面を扱う。ここでは「方針を明らかにした上で具体的な式変形の過程を示し説明すること」が求められるが、ここでは命題とする数の性質を帰納的に見いだす活動を充実させることが重要であると考える。その理由としては、まず生徒は性質が見えてくるからこそ、それがいつでも成り立つか、なぜ成り立つのかを演繹的に説明したくなる、対となる数学的な見方・考え方が働くものと考えるからである。また、解決の方針がどのようにして生徒の具体として見えてくるかを考えたとき、やはり自分で試行錯誤した跡があるからこそ、それが手掛かりとなって方針が見えてくるはずである。うまくいった例、いかなかった例を比較しながら、それを手掛かりに文字式の解決につながる、そういった泥臭い活動を大事に展開していきたいところである。

本時案

正方形をにょっきり伸ばすと……

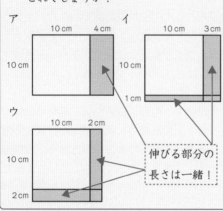

1/19

本時の目標

・「正方形の〜」の命題について，文字を用いて多様な形で表したり，図と関連付けることで，命題が成り立つ理由について説明することができる。

第1回

◎正方形を，にょっきり伸ばすと……

Q. 次のうち，面積が一番大きくなるのはどれでしょうか？

ア
10 cm　4 cm
10 cm

イ
10 cm　3 cm
10 cm
1 cm

ウ
10 cm　2 cm
10 cm
2 cm

伸びる部分の長さは一緒！

〔予想〕直観で！

ア：3人　　イ：17人　　ウ：11人

すべて等しい：4人

⇒検証してみよう！

他の長さなら？

	10 cm のときの面積	20 cm のときの面積	100 cm のときの面積
ア	140 cm²	480 cm²	10400 cm²
イ	143 cm²	483 cm²	10403 cm²
ウ	144 cm²	484 cm²	10404 cm²

⇒どんな長さになっても，ウが一番大きいのだろうか？

スライドを用いて，にょっきり伸びる様子を動的に提示する。提示後に本時のプリントを配布する。

表は，はじめからすべてつくるのではなく，10 cm のときのみにする。他の長さについての考察に移った際に書き足す。

授業の流れ

1　導入は，直観を問いの契機に

導入では，スクリーン上で正方形の形が変化していく様子を見せながら，問題場面を把握させる。

T：ア〜ウ，どの長方形が一番面積が大きくなったでしょうか？直観で！

S：え，計算しちゃダメなの？

T：したいよね。分かる。ただ，まずは直観で予想してみると，どうかな？

S：やっぱ両方伸びているウかな……？

S：えー，イの方が大きく見えるよ！

2　いつでもいえるのかな？

ウが一番大きいことを計算した後。

T：これってさ，正方形の一辺の長さが10cmの場合だよね。

S：他の長さだったら？　どんな長さでもそう？

「10 cm のとき "だけ"」であることを意識させることで，一般の長さへと問いを拡げていく。

T：じゃあどんな長さで調べてみる？

S：20 cm とか，100 cm とか。

S：伸びる分の長さは一緒でいいんだよね？

S：（計算後）それでもやっぱりウだね。

正方形をにょっきり伸ばすと……

1 式の展開と因数分解

2 平方根

3 二次方程式

4 関数 $y=ax^2$

5 図形と相似

6 円の性質

7 三平方の定理

8 標本調査

本時の評価

・表からきまりを見つけることで，命題を見いだし表現することができたか。
・設定した命題から適切に文字を置き，多様な形で立式することができたか。

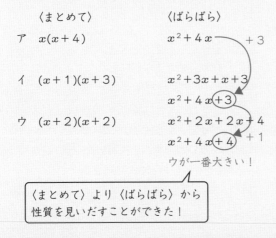
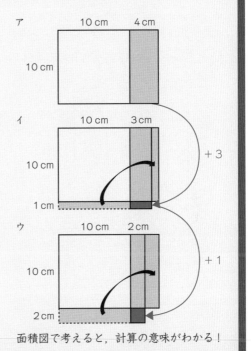

Q. 正方形の一辺の長さがどんな長さでも，ウが一番大きくなることを説明しよう！

⇒正方形の一辺の長さを x（cm）とおき，面積を式に表してみよう！

〈まとめて〉　　　〈ばらばら〉

ア $x(x+4)$　　　x^2+4x　　$+3$

イ $(x+1)(x+3)$　$x^2+3x+x+3$
　　　　　　　　x^2+4x+3

ウ $(x+2)(x+2)$　$x^2+2x+2x+4$
　　　　　　　　x^2+4x+4　$+1$

ウが一番大きい！

〈まとめて〉より〈ばらばら〉から性質を見いだすことができた！

ア　10 cm　4 cm　10 cm

イ　10 cm　3 cm　10 cm　1 cm　$+3$

ウ　10 cm　2 cm　10 cm　2 cm　$+1$

面積図で考えると，計算の意味がわかる！

3　問いは1つだけじゃない

　左頁の表をよく観察すると，ここでの問いは必ずしも「どんな長さでもウが〜」だけじゃないことが分かる。

T：この問いを解決するために文字を置いて考えるけど，表を見てみると，他にもいろいろなことが言えそうだよね？

S：イとウは差が必ず1だね。

S：それを言ったらアとイも差が3だよ。

　教室の状況を見て，他の命題を大きな問いとしてもよいと考える。

4　図と式の往還を

S：多項式×多項式になっちゃった。こんな形の計算はしたことがないよ！

S：パーツをばらばらに見てみたら……？

　図があることで式の展開の方法が分からなくても面積を文字式で表せる。悩んでいる生徒には「他の式で表せないかな？」「増えた部分だけ見ると……？」と投げかけてみる。

S：先生！　これ文字なんか置かなくてもできるよ！　ここをこう……（長方形を動かす）。

　しっかり評価し，図と式と関連付けていく。

本時案

分配法則を もとに

本時の目標

・単項式と多項式の乗法・除法について，既に学習した方法から類推し，分配法則を用いて計算することができる。

第2回
◎おさらい
前回のアの図の面積を式で表すと…

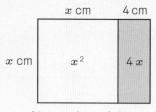

x cm　　　　　　4 cm

x cm　　　　x^2　　　$4x$

〈まとめて〉　　　〈ばらばら〉

$x(x+4) = x^2+4x$

「分配法則による式変形」と見れる!!

$x(x+4)=x×x+x×4$
$=x^2+4x$

スライド等で板書を見せ，前回〈ばらばら〉の形にしたことで解決に至ったことを振り返らせる。

◎分配法則をもとに，「単項式と多項式」の乗法を考えよう！

例えば……単項式 × 多項式

$-4x(x-2y)=-4x×x+(-4x)×(-2y)$
$=-4x^2+8xy$

他の場合は……（チャレンジ!!）

（1）「単項式 × 多項式」別ver.

$-3a(8a+7b)=-3a×8a+(-3a)×7b$
$=-24a^2-21ab$

（2）「多項式 × 単項式」⇒（1）と同様!!

① $(5a-3)×2a=5a×2a+(-3)×2a$
$=10a^2-6a$

② $(-6x+9)×\frac{2}{3}x=(-6x)×\frac{2}{3}x+9×\frac{2}{3}x$
$=-4x^2+6x$

矢印や青字部分は，解決を振り返って，もしくは生徒からそのような言葉が発せられた後に板書する。

授業の流れ

1　振り返りから本時の問いを

T：前の時間のアの式を見てみよう。この〈まとめて〉の式と〈ばらばら〉の式はどのような関係になっているだろう？

S：分配法則！　2年生のときにもやったね。

S：〈まとめて〉の式を〈ばらばら〉の式にするには分配法則を使えばよさそうだね。

T：〈まとめて〉の式は，単項式 × 多項式になっているね。単項式と多項式の計算はどのようにすればよいか，考えてみよう。

2　「計算練習」ではなく「別の場合」

T：単項式 × 多項式の計算は分配法則を使えばよさそうだね。他の場合はどうだろう？例えば……こんな風に符号が違う場合は？

S：同じように分配すればいいでしょ。

S：後ろの項は……符号に気をつけないと。

T：分配法則を使えば同じようにできそうだね。もっといろいろな場合を考えてみよう。

　単純な反復として取り組むのではなく，あくまで問いは「条件が変わっても同様の方法で解決できるか」といった意識で取り組む。

1

式の展開と因数分解

2

平方根

3

二次方程式

4

関数 $y=ax^2$

5

図形と相似

6

円の性質

7

三平方の定理

8

標本調査

本時の評価

・単項式と多項式の乗法・除法について，既に学習した方法（分配法則）から類推し，正確に計算することができたか。

多項式と単項式，除法の場合は……？

⇒逆数を用いて，乗法にかえればよい！

$$(10a^2-6a)÷2a=(10a^2-6a)×\frac{1}{2a}$$
$$=10a^2×\frac{1}{2a}-6a×\frac{1}{2a}$$
$$=5a-3$$

$$(10a^2-6a)÷2a=\frac{10a^2-6a}{2a}$$
$$=\frac{10a^2}{2a}-\frac{6a}{2a}$$
$$=5a-3$$

他の場合は……（チャレンジ!!）

$$(1) \quad (8a^2b-2ab^2)÷ab=\frac{8a^2b-2ab^2}{ab}$$
$$=8a-2b$$

$$(2) \quad (xy-4y^2)÷\frac{1}{2}y=(xy-4y^2)×\frac{2}{y}$$
$$=2x-8y$$

$$(3) \quad x÷(10xy-7x)=10y-7…?× 分配できない！$$

Q. $A÷(B+C)=A÷B+A÷C$
は，正しいだろうか…？

正しい ・ 正しくない
　14　　　　　21

なぜならば，　　　反例

A＝12 で B＝4，C＝2 とすると，

$A÷(B+C)=12÷(4+2)=2$

$A÷B+A÷C=12÷4+12÷2=9$

となるので，等しくならない。

したがって，正しくない！

⇒単項式 ÷ 多項式は，
分配法則のようには
計算できない！

---

3 例外を１つ埋め込む

　除法の場合も **2** と同様に条件替えとして導入しますが，(3) で単項式 ÷ 多項式の「分配法則のように解決できない場合」を仕込む。

S：(3)は，これ分配しちゃっていいんだっけ？

S：いままでのでよかったんだから，$10y-7$ でいいんじゃないの？　でも……。

　このようなやりとりを全体に広げます。

T：これってどうなんだっけ？　要は，$A÷(B+C)=A÷B+A÷C$ ってしていいかってことだよね。みんなどう考える？

4 反例をあげる

　先の命題について，まずはこの時点での見解を全体に問う。その後少しのペアトークをはさんだ後，具体的な例で説明をしようとしている生徒を取りあげる。

S：例えばさ，$A＝12$ で $B＝4$，$C＝2$ だとするでしょ？　そしたら，$12÷(4+2)=2$ $12÷4+12÷2=9$　全然違う！

T：なるほど！　確かに違うね。これは反例だね。計算ルールがあやしいときは，こうやって確かめられるね。

本時案

多項式 × 多項式
面積図→文字式

本時の目標

・多項式と多項式の乗法について，その方法を面積図と文字式を関連付けて説明することができるとともに，実際に計算することができる。

第3回
◎単項式×多項式の計算を考えよう
　　多項式

イをもとに考えると……

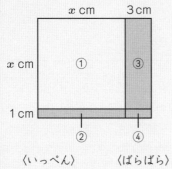

〈いっぺん〉　　　〈ばらばら〉

$(x+1)(x+3) = x^2 + x + 3x + 3$
　　　　　　　　　　① ② ③ ④
展開するという

⇒面積図をもとに，「多項式 × 多項式」の計算（式の展開）を考えよう！
例えば……
$(a+5)(b+2)$

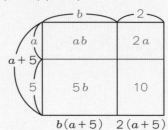

よって，$ab + 5b + 2a + 10$

マイナスが入ると……
$(x-3)(y+2)$

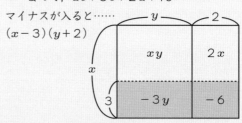

よって，$xy - 3y + 2x - 6$

授業の流れ

1 　今回も振り返りから本時の問いを

T：実はみんな「多項式 × 多項式」の計算って，すでにやってるよね……。

S：え，そんな場面あったっけ……？

S：イとウじゃない？　正方形をにょっきり伸ばしたときの。前々回！

T：うん，あのときの〈いっぺん〉の式が「多項式 × 多項式」だね。〈ばらばら〉の式はどうやって考えたんだっけ？

S：長方形のそれぞれのパーツの面積を出してまとめたよね。その考えが使えるかな？

2 　面積図から，文字のみの操作へ

　面積図を用いて展開する方法は，視覚的に分かりやすい反面，例えば負の数が混じってくると説明がしづらい部分がある。

S：毎回面積図をかくわけにはいかないよね……なんかもっとシンプルにできないかな？

T：そうだね。文字に着目して，どのような組み合わせで掛けられているのか見てみようか。

S：面積図の上の部分だけ見ると，前回の分配法則と同じだよ。それを 2 回やると思えばいいね。式にしてみると……。

1 式の展開と因数分解

2 平方根

3 二次方程式

4 関数 $y=ax^2$

5 図形と相似

6 円の性質

7 三平方の定理

8 標本調査

本時の評価

・多項式と多項式の乗法について，その方法を面積図と文字式を関連付けて説明することができたか。
・それぞれの式について，多様な方法を理解し，正確に計算することができたか。

ペアワークで，じゃんけんをして勝った生徒が奇数番号，負けた生徒が偶数番号を担当し，手順を説明

文字のみの操作でできないかな……？

Q. どのような組み合わせで掛け合わせられているかな？

面積図から，

$(a+5)(b+2)=(a+5)\times b+(a+5)\times 2$
$=ab+5b+2a+10$

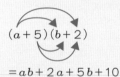

$a+5$ を1つの文字と見ると……
$(a+5)(b+2)=M\times b+M\times 2$
$=(a+5)\times b+(a+5)\times 2$
$=ab+5b+2a+10$

いっぺんにやると……

$(a+5)(b+2)$

$=ab+2a+5b+10$

文字のみの操作で展開してみよう！

（1）$(x-3)(y+2)$

$y+2$ を M と置くと，

$(x-3)\times M=xM-3M$
$=x(y+2)-3(y+2)$
$=xy+2x-3y-6$

（2）$(x-4)(x-7)=x(x-7)-4(x-7)$
$=x^2-7x-4x+28$
$=x^2-11x+28$

（3）$(3a+2b)(2a-b)$
$=3a(2a-b)+2b(2a-b)$
$=6a^2-3ab+4ab-2b^2$
$=6a^2+ab-2b^2$

（4）挑戦！「同じように」できるかな……？
$(3x-y)(4x+3y-2)$

3 いきなり「M」とは置かない

$(a+5)$ をひとまとまりと見て M と置く方法は，急に置き換えても，かえって操作が増えてややこしいこともある。せっかく面積図を生かしてここまで学習してきていくので，まずは文字の操作と関連付けたいところである。

S：面積図でいうと，先に上半分を計算して，その後下半分を計算しているね。

T：$(a+5)$ を適当に M とか文字を置いてみると，今までやった分配法則と同じように見ることができるね。

4 扱える操作を限定する

2 で生徒が行ってよい操作を限定することで，「この条件のときは，どのようにできるかな？」といった問いのもと，習熟を目指す。

S：先生，面積図の方がやりやすいから，面積図を使ってもいいですか？

T：うん，もちろんダメではないんだけど，まずは使わずに文字のみの操作で考えてみよう。面積図は，確かめに使ってみたら？

S：マイナスがついた場合も，計算順序を確認するためには，仮に置いて使えるね。

本時案

展開した式を眺めると……？

$\dfrac{4}{19}$

本時の目標

・乗法の公式 $(x + a)(x + b) = x^2 + (a + b)x + ab$ について，命題を見いだし表現することができるとともに，それを用いて展開することができる。

> ストーリー展開上ここから書き始める。

第 2^2 回

かくにん
（1）$(x + 3)(x + 5) = x(x + 5) + 3(x + 5)$
$\qquad\qquad\qquad\quad = x^2 + 5x + 3x + 15$
$\qquad\qquad\qquad\quad = x^2 + 8x + 15$

（2）$(x + 2)(\underset{M}{x - 4}) = xM + 2M$
$\qquad\qquad\qquad = x(x - 4) + 2(x - 4)$
$\qquad\qquad\qquad = x^2 - 4x + 2x - 8$
$\qquad\qquad\qquad = x^2 - 2x - 8$

おさらい　次の式を展開せよ！
（1）$(x + 3)(x + 5) = x^2 + 8x + 15$
（2）$(x + 2)(x - 4) = x^2 - 2x - 8$
（3）$(x - 7)(x + 3) = x^2 - 4x - 21$
（4）$(x - 6)(x - 1) = x^2 - 7x + 6$

和　　積

〈気付いたこと〉共通点・相違点は？

$(x + ○)(x + △)$ の形の式
↓　ならば
x の項の係数……2数の和
定数項　　……2数の積

ホントに？！
いつでも？！

> おさらいでは，途中式を省いて書くことで，係数等に着目しやすくする。

授業の流れ

1 ストーリー重視，間を空けて書く

　おさらいの計算から，気付いたことを考え，命題を構成していく。このとき，おさらいの計算の過程は，命題を説明していくストーリーの中では少し邪魔なので，敢えて左に間を空けて書き始める。このとき，生徒のノート上でもそのようになるよう，指示が必要である。

　命題を説明していくときにはその材料になるので板書として残しておくことは大事であると考える。ただあまり時間をかけないよう，ペアで2題ずつ分担してもよいと思う。

2 式の観察から命題の設定へ

T：みなさんが展開した式を4つ並べてみました。$(x + 3)(x + 5)$ は展開すると $x^2 + 8x + 15$，$(x + 2)(x - 4)$ は…。何か見えてくるものはあるかな？

S：2数の和になってる！

S：あぁ真ん中か。x の項。

S：それなら定数項も2数の積になってるよ。

T：たしかに…でもまって。2数って何だ？

S：展開する前の式が，$(x + ○)(x + △)$ ってなってるので，○と△。

本時の評価

・式を観察することから命題を見いだし表現することができたか。
・乗法の公式を用いて適切に展開することができたか。
・命題が成り立つ理由を，文字や面積図を用いて説明できたか。

Q. これがいつでも成り立つのか，またその理由を説明せよ！

$(x+a)(x+b)=x(x+b)+a(x+b)$
$=x^2+bx+ax+ab$

あえて ⇓ 分配法則

$=x^2+\underline{(a+b)}x+\underline{ab}$
　　　　　和　　　積

面積図で説明できないかな？

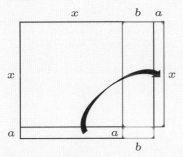

この方法を用いて展開してみよう！

(1) $(x-3)(x+2)$
$=x^2+(-3+2)x+(-3)\times2$
$=x^2-x-6$

(2) $(y-6)(y-7)$
$=y^2+(-6-7)y+(-6)\times(-7)$
$=y^2-13y+42$

(3) $(x+5)(x+5)$
$=x^2+(5+5)x+5\times5$
$=x^2+10x+25$

(4) $(x+4)(x-4)$
$=x^2+(4-4)x+4\times(-4)$
$=x^2-16$

3 「目的に応じた変形」を価値付け

S：展開してみると……ばらばらになっちゃった。

S：x の項が 2 つ出てくるから，$(a+b)$ でまとめられる。ここが 2 数の和になるね。

T：なるほど，一度ばらばらにしたものを説明のためにあえてまとめるんだね。

S：「2 数の積」は ab だね。

　ここでは「目的に応じた変形」をすることによって命題を証明できる。これは，のちの文字式を用いた証明でも扱われる部分なので，振り返りの際にもおさえておきたいところである。

4 命題を再び面積図と関連付ける

T：さっきは式の変形で考えたけど，この意味が面積図で説明できないかな？

S：説明できるよ。（操作をして）こんな感じ。

S：なんかどこかで見たような……あ，最初の授業のときのやつだ！

T：ちょうど x の長さの辺がぴったり重なるんだね。だから長方形になって，この上の辺が $(a+b)$ にまとめられるね。

S：式と図って，つながってるねぇ。

1 式の展開と因数分解

2 平方根

3 二次方程式

4 関数 $y=ax^2$

5 図形と相似

6 円の性質

7 三平方の定理

8 標本調査

本時案

より能率的に式を展開するには？

5/19

第5回

◎前回の展開から… ～より能率的に～

__かくにん１__

(3) $(x+5)^2$

$=(x+5)(x+5)$

$=x^2+(5+5)x+5×5$

$=x^2+10x+25$……ア

$=x^2+2×5x+5^2$

文字に置き換えると…

$(x+a)^2$

$=x^2+(a+a)x+a×a$

$=x^2+2ax+a^2$

┌ 和の２乗の乗法公式 ─┐

2倍

$(x+a)^2=x^2+2ax+a^2$

2乗

2乗の乗法公式を使って展開してみよう！

(1) $(x+7)^2=x^2+2×7x+7^2$

$\qquad = x^2+14x+49$

(2) $(a+6)^2=a^2+2×6x+6^2$

$\qquad = x^2+12x+36$

(3) $\left(y+\dfrac{1}{2}\right)^2=y^2+2×\dfrac{1}{2}y+\left(\dfrac{1}{2}\right)^2$

$\qquad = y^2+y+\dfrac{1}{4}$ $+(-4)^2$

(4) $(x-4)^2=x^2-2×4x-4^2$

$\qquad = x^2-8x-16$

$\qquad +16$

┌ 差の２乗の乗法公式 ─┐

2倍

$(x-a)^2=x^2-2ax+a^2$

2乗

引いた分

引き過ぎ！

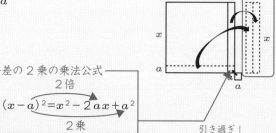

授業の流れ

1 もっと能率的に！

振り返りで，「前回の式の展開のうち，特徴的なものはもっと能率的にできるのではないか」の問いのもと授業をスタートする。

T：$(x+5)^2$は $(x+5)(x+5)$ って表せば前回と同じように解決できたね。でも，もっと能率的にできないだろうか？（アまで提示）

S：アの式は，x の項が５の２倍，定数項が５の２乗になっているよ。

T：これは５じゃなくても言えることかな？

2 差の平方は，あえて間違える

T：(4)はマイナスだね。だから公式の右辺のプラスをマイナスに変えればいいね。

S：うん。え？ いや違うでしょ？
$(x-4)^2$って公式でいう a の部分が－４なんだから，$x^2+2×(-4)x+(-4)^2$
$=x^2-8x+16$でしょ。

S：定数項の符号は絶対正になるね。

この過程を踏むことで，差の平方の公式が，和の平方の条件換えであることを意識させるのがねらいである。

1 式の展開と因数分解

2 平方根

3 二次方程式

4 関数 $y=ax^2$

5 図形と相似

6 円の性質

7 三平方の定理

8 標本調査

本時の評価

・式を観察することから，それぞれの乗法公式の式変形の意味を理解することができたか。
・乗法の公式を用いて適切に展開することができたか。
・命題が成り立つ理由を，文字や面積図を用いて説明できたか。

準備物

・長方形の画用紙

和と差の積だったら…？

$$(x+4)(x-4)$$
$$=x^2+(4-4)x+4\times(-4)$$
$$=x^2-16$$

文字に置き換えると…

$$(x+a)(x-a)$$
$$=x^2+(a-a)x+a\times(-a)$$
$$=x^2-a^2$$

┌ 和と差の乗法公式　シンプル ┐
$$(x+a)(x-a)=x^2-a^2$$

Q. この式は面積図で
どのように考えられるだろうか？

$$(x+a)(x-a)=x^2+\underline{(a-a)x}+a\times(-a)$$
$$=\underline{x^2-a^2}$$

縦が $x+a$、
横が $x-a$ の長方形

正方形ー正方形？

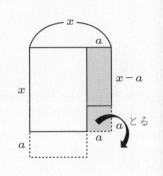

足す

$a\times x$ を引いて

とる

長方形の画用紙等で面積図を
つくって，パーツを分けて動
かしてあげてもよい。

3　式変形の意味を振り返る

T：差の平方のときは 2 乗の項は必ず正だっ
　たけど，この和と差の式では負だね。

S：この定数項の部分は a と $-a$ の積だか
　ら，正 × 負 ＝ 負だね。

S：a の値が負になったとしても同じだね。
　$(x+a)$ と $(x-a)$ が逆になるだけだも
　んね。

　このように，公式の成り立ちに立ち戻ること
で，符号を含めた式の形を意識させる。式の意
味に戻る態度を涵養することもねらいである。

4　式の形から面積図の見通しを

T：和と差の場合はすっきりした形になるね。
　面積図ではどういうことなんだろう…？

S：前みたいに図形を変形したら意味が分か
　るってこと？

T：うん。x^2-a^2 になるってことは……。

S：正方形から正方形を引いた形になるってこ
　とかな。だとすると……。

　このような見通しをもたせておくと，苦手な
生徒でも式変形の形を見つけやすくなる。

いろいろな式を
展開しよう！①

本時の目標

・複雑な式の展開について，既に学習した計算の方法と関連付けて，式の展開をする方法を考察し表現するとともに，多様な方法で展開することができる。

第2×3回

これまでの確認

次の式を展開しなさい。

(1) $(x-5)(x+3)$

$\quad =x^2+(-5+3)x+(-5)\times 3$

$\quad =x^2-2x-15$

(2) $\left(x+\dfrac{1}{4}\right)^2$

$\quad =x^2+2\times \dfrac{1}{4}x+\left(\dfrac{1}{4}\right)^2$

$\quad =x^2+\dfrac{1}{2}x+\dfrac{1}{16}$

(3) $(y-11)^2$

$\quad =x^2-2\times 11x+11^2$

$\quad =x^2-22x+121$

(4) $(x-7)(x+7)$

$\quad =x^2-49$

Q. $(a+3+b)(a-3+b)$ を，
いろいろな方法で展開してみよう！

これまでやった方法は…

面積図，乗法公式，M と置く，並び変える…etc.

〔地道法〕

$(a+3+b)(a-3+b)$

$=a(a-3+b)+3(a-3+b)+b(a-3+b)$

$=a^2-3a+ab+3a-9+3b+ab-3b+b^2$

$=a^2+2ab-9+b^2$

〔面積図法〕

$(a+3+b)(a-3+b)$

$=a^2+ab+3a$

$\quad +a(b-3)+b(b-3)$

$\quad +3(b-3)$

$=a^2+2ab-9+b^2$

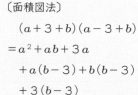
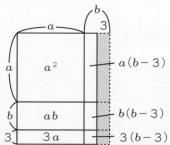

授業の流れ

1 これまでの式の展開を確認

　ここまで式を展開する方法を導くことを中心に学習してきたが，当然それらを知識・技能として活用できる状態にしなければならない。本時冒頭では，小テスト形式で確認を行い，その技能の評価を行う。

　ここでは，声掛けとして「計算の過程をしっかり残しておきましょう」と言っておく。すべてを公式①に帰着させる生徒もいると思うので，それらの生徒が他の技能を用いられるかその後の学習に注視していきたいところである。

2 振り返り，アイデアを検索

S：なんか難しそう……。

T：そうですね。少々困難な課題ですが，でもみなさんが今まで学習してきた方法を使えば，できるはず！　どんなことをやったっけ？

S：乗法公式！　４つやったよ。共通因数も。

S：面積図とか，別の文字で置くとか……。

　先に小テストを行ったことで，「振り返りたい熱」が上昇しているはずである。ノートをめくって学習を整理しようとしている生徒は，積極的にほめてあげたいところだ。

1 式の展開と因数分解

2 平方根

3 二次方程式

4 関数 $y=ax^2$

5 図形と相似

6 円の性質

7 三平方の定理

8 標本調査

本時の評価

・既に学習した計算の方法や面積図と関連付けて，式の展開をする方法を考察し表現することができたか。

・与えられた式について，式を展開することができたか。

・既習をもとに，多様な視点から粘り強く考えようとしたか。

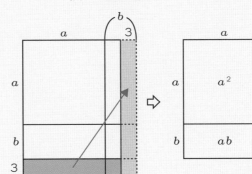

〔真・面積図法〕さっきより直接…

〔M 置き法〕

$(a+3+b)(a-3+b)$

$=(a+b+3)(a+b-3)$

$a+b=M$ と置くと，

$=(M+3)(M-3)$

$=M^2-9$

$=(a+b)^2-9$

$=a^2+2ab+b^2-9$

〔M 置かない法（$a+b$ まとめ法）〕

$(a+3+b)(a-3+b)$

$=(a+b+3)(a+b-3)$

$=((a+b)+3)((a+b)-3)$

$=(a+b)^2-9$

$=a^2+2ab+b^2-9$

〈振り返り〉

・M 置き法は公式の形が分かりやすい

　（M 置かない法でも十分？）

・地道法はあまり考えなくてよい

・けど複雑

・真・面積図法美しい！　そういう性質見つけたい！

3　机間指導をしながら，見方を促す

　個人解決の時間はしっかりとる。板書にある〔地道法〕であれば，１つ１つ正確に行えば解決に至ることはできるので，とっかかりの見えない生徒にはそれを促す。

T：なるほど，別の文字で置き換えたんだね。

T：面積図に挑戦しているんだね！　うまく説明できそうかな？

　机間指導で評価・価値付けをすると，別の方法でやろうとしているが，きっかけの見えない生徒の，考える起点になりえる。

4　振り返って方法を比較する

T：いろいろな方法がありましたね。それぞれの方法を比較して，どうでしょうか？

S：M 置き法が分かりやすい！　並び替えて M と置き換えたら乗法公式の④が使えて気持ちよかった。

S：なんだかんだで式の数は地道法が一番少ないし，考えることも少なくていいなぁ。でも計算がたくさんあるから間違えそう。

S：真・面積図法は説明できたときの気持ちよさがすごかった！

本時案

いろいろな式を
展開しよう！②

本時の目標

・いろいろな式の展開について，どのように乗法公式を使えばよいか見通しを持ち，実際に展開することができる。

第7回

これまでに……

⓪$(a+b)(c+d)=ac+ad+bc+bd$

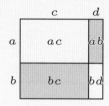

特別な場合として（乗法公式）

① $(x+a)(x+b)=x^2+(a+b)x+ab$

② $(x+a)^2=x^2+2ax+a^2$

③ $(x-a)^2=x^2-2ax+a^2$

④ $(x+a)(x-a)=x^2-a^2$

> ⇒これらを使って，いろいろな式を能率よく展開してみよう！

Q1. $(3y+4)^2$ を展開せよ！

⇒どれが使えそう？　②　⓪

② $\underset{3y}{(x}+\underset{4}{a)^2}=\underset{3y}{x^2}+\underset{4\,3y}{2ax}+\underset{4}{a^2}$

$(3y+4)^2=(3y)^2+2\times4\times3y+4^2$

$\qquad\qquad=9y^2+24y+16$

〔たしかめ面積図〕

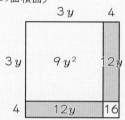

【挑戦！】$(2a+3b)^2$ を展開せよ！

授業の流れ

1 これまで学習した式を整理する

　ここでも「能率よく」という言葉を使う。能率を考えなければ，乗法公式①，第3時で扱った $(a+b)(c+d)$ の展開を用いて必ず展開できるからである。最終的にその手段がある，さらには面積図でも解決できることを意識させられると，それが確かめの方法にもなるので，安心して取り組むことができる。

　なお，この部分は確認と問いの共有ができればよいので，間延びしないよう，スライドとプリントを用いてさっと提示するに留める。

2 どれが使えそう？　その1

T：乗法公式①〜④のうち，どれを使えば能率よく展開できるかな？

S：②？　2乗があるから。

T：たしかに2乗があるね。じゃあその場合，x や a に当たるものはなんだろう？

S：x が $3y$ で，a が4か。ややこしいな。

S：色分けや印をつけておくと分かりやすいよ。

　はじめはどの式をどのように対応させるか，確認しながら進めていく。別の文字 M 等を使って置き換えるのも1つの手段である。

1 式の展開と因数分解

2 平方根

3 二次方程式

4 関数 $y=ax^2$

5 図形と相似

6 円の性質

7 三平方の定理

8 標本調査

本時の評価

・与えられた式を観察することで，どのように乗法公式を使えばよいか見通しを持つことができたか。
・乗法の公式を用いて適切に展開することができたか。

Q2. $(x-3)^2-(x-5)(\underline{4+x})$
　　　　　　　　　　　　　$\overset{\downarrow}{x+4}$
を展開せよ！

⇒どれが使えそう？　③と⓪
　　　　　　　　　　③と①

①が使えるよう入れかえる

$(x-3)^2-(x-5)(x+4)$
$=x^2-6x+9-(x^2-x-20)$
$=x^2-6x+9-x^2+x+20$
$=-5x+29$

2も2乗されてしまっている！
$2(x+5)^2 \neq (2x+10)^2$
$=(2x)^2+2\times10\times2x+10^2$
$=4x^2+40x+100$　…ダメ？

いろいろな式の展開に挑戦してみよう！

(1) $(x+5)(x+9)-x(x+3)$
$=x^2+14x+45-(x^2+3x)$
$=x^2+14x+45-x^2-3x$
$=11x+45$

(2) 難問！
$2(x+5)^2-(3+x)(x-3)$
$=2(x+5)^2-(x+3)(x-3)$
$=2(x^2+10x+25)-(x^2-9)$
$=2x^2+20x+50-x^2+9$
$=x^2+20x+59$

---

3 どれが使えそう？　その2

　先と同様，どの乗法公式が使えそうか見通しを立てさせる。
S：乗法公式を何回か使えばできそうだね。
S：前の方が③，後ろの方が⓪を使えばよさそう。
T：うん，差の平方だからこっちは③だね。こっちは共通部分がないから⓪……。
S：いや，①でできるよ！　$4+x$ は $x+4$ と同じだから，入れかえれば①でできます。
T：そっか。⓪でももちろんできるけど，①ならもっと簡単にできるかもね。

4 式の誤りの例を提示する

　典型的な誤答は扱いたいところ。しかし生徒が誤るのを分かっていながらあえて聞いて取りあげるのは，吊し上げになってしまう恐れがあるため，避けたいところである。
T：分配法則を使って，こんな風に計算してはいけないのかな？
S：よさそう…でもさっきのと結果が違うね。
S：かっこが2乗されてるから，この中に2を分配してしまうと2も2乗されちゃうよ！
S：確かに結果も2倍になっているね。

本時案

長方形パズルに挑戦！

本時の目標

・長方形パズルの操作を通して，因数及び因数分解の意味を理解することができるとともに，共通因数がある場合にくくりだすことができる。

第2³回
◎長方形パズルに挑戦！！

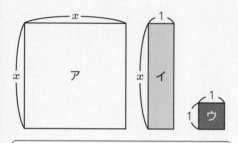

Q. ア，イ，ウを以下の枚数ずつ使って，
　　長方形をつくることができるか？！

（1）ア：1枚，イ：3枚，ウ：0枚
（2）ア：1枚，イ：4枚，ウ：4枚
（3）ア：1枚，イ：5枚，ウ：4枚
（4）ア：1枚，イ：3枚，ウ：3枚

（1）

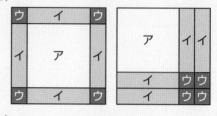

（2）

（3）

（4）できない！←どんな場合？

授業の流れ

1 手もとで実際にパズルに挑戦！

　アを1枚，イを5枚，ウを7枚配り，長方形パズルを実際に挑戦させる。
T：(1)〜(4)の条件で長方形をつくってみよう！
S：(1)は簡単！
S：(2)はいくつかの方法でできるよ！
T：そうか，複数の方法でできるなら，それも挑戦してみよう！
　複数の方法でやってみることは，因数分解そのものにはあまり関係してこないが，右の(3)の置き方がよいことがよく分かる。

2 「できない場合」も扱う

S：(4)は，できるの？　全然できる気配がない…。
T：どうなんだろうね？　できないならできないってことが説明できるといいね。
　(4)はあえて「できない場合」として混ぜておいている。長方形がつくれる⇒因数分解できる，ということを意識付けるのがねらいである。また(3)のような置き方だとつくりやすいことをあわせて共有しておくとよい。
T：では，ペアで解答を披露しよう。
S：(3)みたいな置き方が分かりやすいね。

本時の評価

・長方形パズルと関連付けて，因数及び因数分解の意味を理解することができたか。
・多項式について，共通因数がある場合にくくりだすことができたか。

それぞれの面積を式で表そう

(1) ○ $x^2 + 3x = x(x + 3)$

(2) ○ $x^2 + 4x + 4 = (x + 2)(x + 2)$

(3) ○ $x^2 + 5x + 4 = (x + 4)(x + 1)$

　　　　　　　因数分解する →
　　　　　　← 式を展開する　　　もとの多項式の因数

(4) × $x^2 + 3x + 3$

⇒長方形がつくれるものは，
　2つの式の積で表せる！
多項式をいくつかの因数の積で表す
ことを因数分解する，という。

・図（長方形パズル）を使えば，
　因数分解することができる
・図を使わないと…？

◎因数分解する方法を考えよう！

(1) $x^2 + 3x = x \times x + 3 \times x$

　　　分配法則 ↓　　　　　共通因数
　　　$= x(x + 3)$

縦の長さ
（共通因数）
が等しい

| ア | イ | イ | イ |

共通因数をくくりだす
$ab + ac = a(b + c)$

他の場合では…
(1) $(mx - my) = m(x - y)$
(2) $ax^2 + 5ax + 7a = a(x^2 + 5x + 7)$
(3) $4ax + 8ay = 4a \times x + 4a \times 2y$
　　　　　　　　$= 4a(x + 2y)$
(4) $9x^2 - 3xy + 6x$
　　$= 3x \times 3x - 3x \times y + 3x \times 2$
　　$= 3x(3x - y + 2)$

---

3 操作・表現を数学の言葉に置き換える

T：(1)〜(4)のパズルの面積を表してみよう。
S：それぞれのピースの数を数えればいいね。
S：長方形ができたものについては，辺の長さ
　　の積で表すこともできるよ。
T：多項式をいくつかの多項式の積で表した，
　　と言い換えることができるね。このとき，
　　$(x + 4)$ や $(x + 1)$ をもとの多項式の
　　因数といいます。
　操作や表現を数学の言葉に置き換えること
で，具体的なイメージを持って理解できる。

4 練習問題にも「ちょい混ぜ」

T：(2)は，もっと因数分解できないのかな？
S：$x^2 + 5x + 7$ の部分がもっとできそうだ
　　よね。パズルでやってみたい！
S：うーん，できない，ウが1枚いらない！
T：そっか。こういう式でもできるときとでき
　　ないときがあるね。次回はパズルを使わず
　　にそれが見極められるように考えてみま
　　しょう。
　練習問題に引っ掛かりポイントを「ちょい混
ぜ」し，次の考える視点にしていく。

2 平方根
3 二次方程式
4 関数 $y = ax^2$
5 図形と相似
6 円の性質
7 三平方の定理
8 標本調査

本時案

長方形パズルをもっと考察！

9/19

本時の目標

・因数分解について，乗法公式①に関連付けて
その方法を見いだすことができるとともに，
それを用いて因数分解することができる。

第3²回

おさらい 長方形パズル！ 大変……

ア：1枚 イ：7枚 ウ：12枚

このことから，

$$x^2 + 7x + 12 = (x+3)(x+4)$$

と因数分解することができる。

⇒どのような見通しで考えると，
パズルをつくりやすくなるだろうか？

Q. どのような見通しで考えると，
パズルをつくりやすくなるだろうか？

とりあえずアとイを並べる。

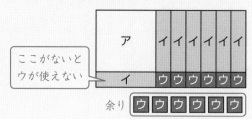

ここがないと
ウが使えない

余り ウ ウ ウ ウ ウ

イを下に持ってくる⇒ウを使える

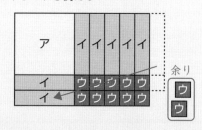

余り ウ ウ

授業の流れ

1 どんな見通しで考えればよい？

　前回のおさらいも含め，長方形パズルに挑戦
する。今回はイが7枚，ウが12枚もある。

S：できるかもだけど，つくるのは結構時間が
　　かかりそう面倒だね。

S：簡単につくれる方法はないのかな？

T：うん。どんな見通しで考えればよいかな？

S：とりあえずアとイを横に並べて，イを下に
　　置かないとウが並べられないから……。

S：順に並べていって，あまりを減らしていけ
　　ばいいね。

2 完成した図を眺めると…

T：イの数，ウの数にはどのようなことがいえ
　　るかな？

S：イは横に4枚，縦に3枚になってるよ。

S：ウは12枚あるけど，4×3だね！

S：ということは，イは縦の枚数と横の枚数の
　　和，ウはその縦の枚数と横の枚数の積，そ
　　のようになる2数を見つければいいね。

S：そう考えたら，数が増えても簡単にパズル
　　ができそうだね！

S：前回の(4)ができない理由も説明できそう。

1 式の展開と因数分解

2 平方根

3 二次方程式

4 関数 $y=ax^2$

5 図形と相似

6 円の性質

7 三平方の定理

8 標本調査

本時の評価

・乗法公式①に関連付けて因数分解の方法を見いだし表現することができたか。
・乗法公式①を使って，実際に因数分解することができたか。

準備物

・長方形パズル
（黒板提示用と，生徒配布用）

完成した図を眺めると…

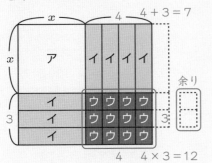

ア：1枚　イ：7枚　ウ：12枚

2数の，<u>和</u>　　<u>積</u>

となる2数を探せばよい！

$$x^2+7x+12=x^2+(4+3)x+(4\times3)$$
$$=(x+4)(x+3)$$

$$\boxed{x^2+(a+b)x+ab=(x+a)(x+b)}$$

「和」「積」の方法でやってみよう！

（1）$x^2+9x+8=x^2+(1+8)x+1\times8$
$$=(x+1)(x+8)$$

（2）$x^2-7x+10$
$$=x^2+(-2-5)x+(-2)\times(-5)$$
$$=(x-2)(x-5)$$

（3）x^2+x-12　Q.和と積どっちが先？
$$=x^2+(4-3)x+4\times(-3)$$
$$=(x+4)(x-3)$$

・積から

積が-12	和が1
1と-12	×
2と-6	×
3と-4	×
4と-3	○
6と-2	×
12と-1	×

・和から

和が1	積が-12
たくさん！	？

⇒積から考えた方がよさそう！？
（場合による）

3　どちらから考えるかは定めない

　先の方法を用いて因数分解をしていくが，このとき和を先に考えるべきか，それとも積を先に考えるかは特にふれないでおく。

S：(3)，和が1って……え，そんな数ある？

S：負の数も考えればたくさんあるよ！むしろたくさんありすぎてどうしよう……。

S：でも積が-12なら，結構限定できるんじゃない？

　このような試行錯誤を，「和と積，どちらを先に考えればよいか」考える契機にする。

4　2つの表をつくって比較する

　3 での試行錯誤を経たうえで，

T：さっきの問題，結構悩んでいたね。和と積，どちらから先に考えたらよいかな？

S：絶対積！　和だと(3)とかが大変！

T：じゃあ(3)でどちらともやってみようか。

　ここで(3)を使って表を作成していき，順序だてて検討していく。すると(3)の場合は積からの方が効率がよいことが共有できる。だがこれは「場合による」ので，どちらからも検討するとよいことを伝える。

効率よく因数分解
できないかな？①

10/19

・乗法公式②〜③を使って因数分解すべき場合
がどのような場合かを理解するとともに，実
際に因数分解することができる。

第 2 × 5 回

おさらい　　因数分解せよ　← 積からの方が効率がよい？

（1）$x^2 \boxed{-13x} + 36$

（積が 36）

　　1 と 36　　一方が小さい順に
　　2 と 18　　　考えていくと……
　　3 と 12　　13（奇数）だから，一方が奇数
　　4 と 9　　　のときだけ考えればよい？
　　−4 と −9　⇒（−4）+（−9）= −13
　　したがって，$(x-4)(x-9)$

a の 2 倍でない

（2）$x^2 \boxed{+101x} + 100$

（積が 100）　　101→一方が奇数

　　1 と 100　⇒　1 + 100 = 101
　　　　したがって，$(x+1)(x+100)$

（3）$x^2 \boxed{+6}x + 9$　　a の 2 倍

（積が 9）平方数
　　　　⇒乗法公式②が使える？

　　1 と 9
　　3 と 3　⇒　3 + 3 = 6
したがって，$(x+3)(x+3) = \underline{(x+3)^2}$

2 乗に
なった！

（4）$x^2 \boxed{-4}x + 4$　　a の 2 倍

（積が 4）
　　2 と 2
　　−2 と −2　⇒（−2）+（−2）= −4
したがって，$(x-2)(x-2) = \underline{(x-2)^2}$

（3）の図

授業の流れ

1　数感覚を豊かに，2 数を探す

　おさらいでは，ペアで過程の説明をさせる。

S：$x^2 - 13x + 36$ は，まず積が 36 になる 2 数
　だから，1 と 36，2 と 18 と順に探していく
　と，−4 と −9 は和が −13 になるので，
　$(x-4)(x-9)$ になります。

S：和が 13 なら，偶数 + 奇数だね。だから 2
　と 18 みたいなのは考えなくていいよ。

　ここでは一方が小さい数から積の組合せを見
つけることや，和の偶奇から候補が絞れること
など，数感覚を豊かに扱いところである。

2　最後 2 乗になるのはどんなとき？

T：(3)(4) は因数分解して最後 2 乗になったね。
　2 乗になるのはどんなときかな。(1)(2) と
　は何が違うんだろう？

S：「積」にあたる部分は (1)〜(4) すべて平方
　数になってるね。

S：「和」の部分じゃない？　(3)(4) は「積」
　の 2 乗される前の数の 2 倍。でも (1)(2)
　は 2 倍になってないよ。

　共通点と相違点を見出させていくことで，
2 乗の乗法公式と関連付けていく。

1 式の展開と因数分解

2 平方根

3 二次方程式

4 関数 $y=ax^2$

5 図形と相似

6 円の性質

7 三平方の定理

8 標本調査

本時の評価

・乗法公式①に関連付けて乗法公式②，③を使って因数分解する方法を見いだし表現することができたか。

・乗法公式②，③を使って，実際に因数分解することができたか。

Q. 因数分解した結果が最後2乗になるのは，どのようなとき？

・「積」が平方数

・「和」が積の2乗される前の数（a）の2倍のとき……？

ホント？

別の例

・積が36，和が12 $\Rightarrow x^2+12x+36$

$$(x+6)(x+6)=(x+6)^2$$

a の2倍

② $x^2+2ax+a^2=(x+a)^2$

③ $x^2-2ax+a^2=(x-a)^2$

a の2乗 になるような

a を見つければよい！

因数分解してみよう！

（1） $x^2+10x+25=x^2+2\times5x+5^2$

$$=(x+5)^2$$

（2） $a^2-14a+49=a^2-2\times7a+7^2$

$$=(a-7)^2$$

（3） $x^2+10x+16=x^2+2\times5x+4^2$

…この公式ではできない！

積が16

2と8 $\Rightarrow$ 2+8=10

したがって，$(x+2)(x+8)$

いままでの方法で因数分解できるが，能率よく因数分解できる場合がある。

---

3 ここでも練習に「ちょい混ぜ」

　ここではあえて公式をまとめる際に式を羅列するのではなく，「行為」でまとめた。毎回は行わないが，このように置いておくと，「公式をどのように使ったらいいのか」の指針になり，生徒が今後公式と出合ったときに，式のその先まで考える視点になると期待するためである。

　また，公式をまとめた後も，面積図が正方形になることにも関連付けることで，2倍，2乗の意味が実感を伴って理解することができる。

4 和と差の式もいままでの式に帰着

S：(3)は因数分解できない……。

T：本当に「できない」のかな？

S：いや，できるでしょ！ さっきのが使えないだけで。

T：そうだね。困ったら積と和を考えるはじめの方法に戻って考えてみるといいね。

　このような(3)をはさんでおくことで，いま一度先に導いた公式の意味に立ち戻るとともに，次の2乗の差の式を考える際に，積と和で捉え直していくための契機にしておく。

本時案

効率よく因数分解できないかな？②

本時の目標

・乗法公式②〜④を使って因数分解すべき場合がどのような場合かを理解するとともに，実際に因数分解することができる。

第11回

<u>おさらい</u>　因数分解せよ

$$x^2 - 12x + 36$$

公式を用いると……

$$x^2 - 12x + 36 = x^2 + 2 \times (-6)x + 6^2$$
$$= (x - 6)^2$$

「いままでの方法」だと……

積が36

1と36　　一方が小さい順に

2と18　　考えていくと……

3と12

4と9

6と6

−6と−6　⇒　$(-6) + (-6) = -12$

したがって，$(x-6)(x-6) = (x-6)^2$

◎こんな式はどうだろう？

$$x^2 - 64$$　・x の項がない！

　　　　　・乗法公式④が使えそう？

④　$x^2 - a^2 = (x+a)(x-a)$

$$x^2 - 64 = x^2 - 8^2$$
$$= (x+8)(x-8)　カンタン！$$

だが……

> Q.「いままでの方法」ではできないかな？

$x^2 + 0 x - 64$ と見ると……

積が−64，和が0の2数を見つければよい

→8と−8　　$8 + (-8) = 0$

よって$(x+8)(x-8)$

授業の流れ

1 公式による解決だけでなく

　今回のおさらいは1題のみ，「いままでの方法」も含めた解決をさせておくことがポイント。これは，公式の意味を再認識させるとともに，次の解決に活かすことをねらっている。

S：積が36になる2数だから，1と36，2と18と順に探していくと，−6と−6は和が−12になるので，$(x-6)^2$になります。

S：公式の方が能率的でいいね。

T：そうだね。この公式は式の形がどのようになっているときに使えるんだっけ？

2 和と差の式もいままでの式に帰着

T：ここまで乗法公式の①〜③を使って因数分解することができたね。では，こんな式だとどうだろう？（$x^2 - 64$を提示）

S：え，x の項がないからできないよ！

S：でも乗法公式の④は $(x + a)(x - a) = x^2 - a^2$という形だったから，使えそう！

T：いままでの積と和を考える方法ではできないのかな？

S：x の項がないから……あ，でも係数を0と考えればできるかも。

本時の評価

・乗法公式①に関連付けて乗法公式④を使って因数分解する方法を見いだし表現することができたか。
・乗法公式④を使って，実際に因数分解することができたか。

1
式の展開と因数分解

2
平方根

3
二次方程式

4
関数 $y=ax^2$

5
図形と相似

6
円の性質

7
三平方の定理

8
標本調査

$$④ \quad x^2 - a^2 = (x+a)(x-a)$$
になるような
a を見つければよい！

因数分解してみよう！

（1） $x^2 - 25 = x^2 - 5^2$
$= (x+5)(x-5)$

（2） $x^2 - \dfrac{1}{4} = x^2 - \left(\dfrac{1}{2}\right)^2$
$= \left(x + \dfrac{1}{2}\right)\left(x - \dfrac{1}{2}\right)$

（3） $1 - a^2 = (1+a)(1-a)$

（4） $x^2 + 25 = \cdots$
……この公式ではできない！

Q.（4）は絶対にできないのだろうか？

[予想]　できる　・　できない

「いままでの方法」で考える。
$x^2 + 0\,x + 16$ と見ると，
積が 16，和が 0 の 2 数を見つければよい

→絶対値が同じ，符号の違う 2 数の積は
必ず負になるので，絶対にできない！

〈確認小テスト！〉
次の式を因数分解せよ。

（1） $x^2 - 9x + 20$

（2） $x^2 + 18x + 81$

（3） $a^2 - 14a + 49$

（4） $x^2 - 121$

3 ここでも練習に「ちょい混ぜ」

S：また（4）は因数分解できない……。
S：いや，前回同様，今回もできるはず！
T：そうだね。前回はどうやってできることが
　　分かったんだっけ？
S：「いままでの式」で考えたね。これもいま
　　までの式を使えばできるかな？
　いままでの式に帰着して考えようとしている
とよい。今回は，積が16，和が 0 の 2 数は存
在しないので，「できない」ことが分かる。で
きないことを説明させるよい機会である。

4 これまでの技能，身についた？

　ここまでの技能がしっかり定着しているかど
うか，小テストで確認をする。ここで扱う問題
は乗法公式①〜④を使う，シンプルなものでよ
い（学級の状態を見て判断）。ここでは声掛けと
して，「計算の過程をしっかり残しておきましょ
う」と言っておく。生徒によってはすべての問
題を乗法公式①（すなわち「いままでの式」）に
帰着させる生徒もいると思う。そのよさが見え
たよい姿，ともとれるが，今後②〜④が使えて
いくかどうかは注視していきたいところである。

本時案

いろいろな 因数分解に挑戦！

12/19

本時の目標

・いろいろな式の因数分解について，既に学習した計算の方法と関連付けて，因数分解する方法を考察し表現するとともに，実際に因数分解することができる。

第 $2^2 \times 3$ 回

<u>おさらい</u>　因数分解せよ！

　　$a^2 - 15a + 36$

乗法公式①を使って，

　　$a^2 - 15a + 36$

　$= a^2 + (-3 - 12)a + (-3) \times (-12)$

　$= (a - 3)(a - 12)$

　⓪ $Ma + Mb = M(a + b)$ （共通因数）

　① $x^2 + (a + b)x + ab = (x + a)(x + b)$

　② $x^2 + 2ax + a^2 = (x + a)^2$

　③ $x^2 - 2ax + a^2 = (x - a)^2$

　④ $x^2 - a^2 = (x + a)(x - a)$

⇒これらを使って，いろいろな

　　因数分解に挑戦！

> プロジェクタを用いてスクリーンに投影するか，大きい紙に印刷したものを貼る（いちいち書かない）。

> Q1.　$ax^2 + 10ax + 16a$
> を因数分解せよ！

⇒どれが使えそうかな？　①　⓪

　　⓪共通因数でくくる

　$ax^2 + 10ax + 16a = a(x^2 + 10x + 16)$

　　　　　　　　　　　$= a(x + 2)(x + 8)$

問　次の式を因数分解してみよう！

（1）$xa^2 - 49x = x(a^2 - 49)$

　　　　　　　　$= x(a + 7)(a - 7)$

　　　　　　　　　　多項式でも共通因数！

（2）$(x - 1)y - 2(x - 1)$

　$x - 1 = M$ と置くと，

　　$My - 2M = M(y - 2)$

　　　　　　$= (x - 1)(y - 2)$

授業の流れ

1　どれが使えるかな？

　これまでの学習では，テーマがはっきりしていたので，どの乗法公式を用いて因数分解すればよいかが文脈上明らかだった。本時では，「式によって，自分で見極めていく」ことを求めたいので，そのためのおさらいである。

T：どの乗法公式が使えるかな？

S：そもそもどんなのがあった？（ノートめくる）

S：定数項が平方数だから……。

S：でも a の項が偶数じゃないよ！

T：どんな公式があったか，一旦整理しようか。

2　共通因数でくくりだすことを意識

　因数分解をしていく上で忘れがちになるのが共通因数でくくることである。なので本時ではQ1で共通因数でくくるもの，Q2でそうでないもの，さらに練習の中で一部の項のみ共通因数でくくるもの，という流れにすることで，共通因数を意識する展開にした。

T：これまでのはどれも共通因数でくくれたけど必ずしもくくれるとは限らないよね。

S：Q2は $x + 3$ が2つの項についてるよ。M で置き換えたら……。

1 式の展開と因数分解

2 平方根

3 二次方程式

4 関数 $y=ax^2$

5 図形と相似

6 円の性質

7 三平方の定理

8 標本調査

本時の評価

・既に学習した計算の方法と関連付けて，因数分解する方法を考察し表現することができたか。

・いろいろな式について，実際に因数分解することができたか。

・解決した方法を振り返り，多様な方法を検討しようとしたか。

Q2. $(x+3)^2-7(x+3)+10$ を因数分解せよ！

$x+3=M$ と置くと，

$$M^2-7M+10=(M-2)(M-5)$$
$$=(x+3-2)(x+3-5)$$
$$=(x+1)(x-2)$$

$(x+1)(x-2)=x^2-x-2$ になる…？

$$(x+3)^2-7(x+3)+10$$
$$=x^2+6x+9-7x-21+10$$
$$=x^2-x-2$$
$$=(x+1)(x-2)$$

…でもできる！

問　次の式を因数分解してみよう！

（1）$(x+2)^2+3(x+2)+2$

$x+2=M$ と置くと，

$$M^2+3M+2=(M+1)(M+2)$$
$$=(x+2+1)(x+2+2)$$
$$=(x+3)(x+4)$$

（2）【挑戦！】

$$xy+x+y+1$$
$$=x(y+1)+(y+1)$$
$$=(x+1)(y+1)$$

とりあえず一部の項だけくくる！

・まず共通因数でくくるとよい。

・すべての項に共通因数がなくても，一部の項だけくくると，因数分解できることがある。

3　やってみて，方法を広げる

　Q2は $x+3$ を何らかの文字に置き換えるのがよく例題等にある方法だが，そうでなければいけないわけではない。むしろ多様な方法を比較した上で，どれがよいかは生徒に決めさせたいところである。

S：$(x+1)(x-2)$ かなりすっきり。

T：展開すると x^2-x-2 だよね。ってことは，複雑な元の式も展開するとこうなる？

S：やってみたらなったよ！とりあえず展開してみるのもありだね。

4　問題同士を往還する

　(2)は挑戦としておいてみたが，これもQ2の解決を振り返る1つの視点になる。

S：すべての項になくても，一部の共通因数をくくりだすことで因数分解できたね。

T：ってことは，またまたQ2もどうだろう？

S：$(x+3)$ でくくれるね。$(x+3)(x-4)$ $+10$ になるから……結局展開するのか。

S：でも2乗の式の展開をするより大分楽だよ！

　問題同士を往還しながら，方法を豊かにしていくことができる。

本時案

カンタンに 計算をする方法

本時の目標

・特別な場合の数の乗法について，数を基準の数とある数の和や差と見ることで乗法公式を使える形にし，実際に計算することができる。

第13回

Q. 98^2 を，電卓を使わずに計算せよ！

```
  9 8        98²
× 9 8      =(100-2)²
  7 8 4    =100²-2×2×100+2²
  8 8 2    =10000-400+4
  9 6 0 4  =9604
```

⇒乗法公式を使うと，簡単に計算できることがある…？

① $(x+a)(x+b)=x^2+(a+b)x+ab$
② $(x+a)^2=x^2+2ax+a^2$
③ $(x-a)^2=x^2-2ax+a^2$
④ $(x+a)(x-a)=x^2-a^2$

問 次の計算を，乗法公式を使ってやってみよう！

(1) $21^2=(20+1)^2$
$=20^2+2×20×1+1^2$
$=400+40+1$
$=441$

(2) $52×48=(50+2)(50-2)$
$=50^2-2^2$
$=2500-4$
$=2496$

(3) $37^2=(40-3)^2$
$=40^2-2×40×3+3^2$
$=1600-240+9$
$=1369$

$37^2=(100-63)^2$
これはいまいち！

$37^2=(50-13)^2$
$=50^2-2×50×13+13^2$
$=2500-1300+169$
$=1369$

あまり簡単になっていない…？

基準とする数を何にするかによって，やりやすさが変わる！（必ずしも簡単には…）

授業の流れ

1 98って，100に近いよね？

T：98×98を電卓を使わずに計算せよ！

S：え，普通に筆算でやればいいじゃん。

T：そうだよね。できるよね。でもさ，ちょっと見方を変えると98って100に近いよね？

S：100より2小さい数だね。だから？

T：ということは，98は100-2って表せる，すなわち98×98は $(100-2)^2$。

S：乗法公式の③…？

S：x が100，a が2ってことか。

S：筆算を使わずに計算ができるね。

2 数をどのように見ればよい？

乗法公式のまとめはいつでも黒板に貼れるようにしておき，この問いにおいても，それを1つのよりどころとして取り組んでいく。

T：98の例から考えると，基準になる数と何かの数の和や差として見られるといいね。

S：(1)の21は20と1の和だね。

S：(3)は50-13？40-3？

T：どっちがいいのかな？　どちらもやって，比較してみよう。

S：どちらも大差ないね。でも，きれい！

1 式の展開と因数分解

2 平方根

3 二次方程式

4 関数 $y=ax^2$

5 図形と相似

6 円の性質

7 三平方の定理

8 標本調査

本時の評価

・数を，基準になる数と何かの数との和や差として見ることで，乗法公式が使える形を見いだし表現することができたか。

・乗法公式を使って，正確に計算することができたか。

実は，こんな方法でも…

98^2 について，

> ① 100 と 98 との差を，98 から引く
>
> ② ①を 100 倍する
>
> ③ 100 と 98 との差を 2 乗する
>
> ④ ③を②に加える

かくにん

$(98-2) \times 100 = 9600$

$(100-98)^2 = 2^2 = 4$

$9600 + 4 = 9604$ …あってる！

（他の数）21^2 の場合…

$\quad (21-1) \times 22 + 1 = 441$

> 他の数における 100 にあたる数，倍にする数を丁寧に確認する。何例かあげるとよい。

Q. なぜこの方法で
　　求められるのだろうか？

$(98-2)(98+2)+2^2$

$=98^2-2^2+2^2$

$=98^2$

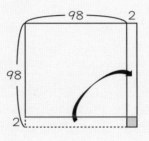

〈振り返り〉

・乗法公式を用いると，今までの計算がいろいろな方法でできる。

3 実は，こんな方法でも…

T：基準とする数にもよるけど…乗法公式を使って簡単に計算できるときがあるんだね。実は，こんな方法も。

　①～④を説明する。生徒は実際に計算する。

S：9604 になった。あってるね。なんで？

T：なんでだろう？この計算手順に何か秘密がありそうですね。

S：他の数でもできるのかな？

T：すでにやった数で確かめてみようか？

S：21 だと 100 にあたる数は 20？22？

4 式と面積図を関連付ける

　ここまで面積図を大事に扱っているので，ここでもその説明につなげたいところである。ただ，教室の状況によってはある程度まで図を提示して，その意味を読みとる形でよいと思う。

T：なぜこのように考えたのだろう？

S：うーん難しい。100 をつくろうとしたのかな？計算が楽になるから。

S：そうしたらちょっと余分に出てしまう部分があるので，後で足したんだね。

S：図にするとアイデアがなんか見えてくるね。

本時案

2乗の差の秘密！

本時の目標

・数の2乗の差の性質について，適切に命題を設定することができる。

・式の展開・因数分解することによって，多様な方法で設定した命題を証明することができる。

第2×7回

◎2乗の差の秘密！

$6^2 - 5^2 = 11$

$7^2 - 6^2 = 13$

$13^2 - 12^2 = 25$

$25^2 - 24^2 = 49$

$2022^2 - 2021^2 = 4043$

※確認！

$2022^2 = 4088484$

$2021^2 = \underline{4084441}$

4043

$2022^2 - 2021^2$

$= (2022 + 2021)(2022 - 2021)$

$= 4043$

> 桁の大きい計算は真偽のほどがあやぶまれるので，電卓で計算してみるとよい。

Q. ←には，どのような性質があるだろうか？

「　　　　」は「　　　」になる

連続する2つの数

・<u>差が1の2つの数</u>の，大きい方の2乗から小さい方の2乗を引くと，その2数の和になる。

結論は同じ ✕

・連続する2つの数の，大きい方の2乗から小さい方の2乗を引くと，<u>大きい方の数の2倍－1</u>になる。

小さい方の数の2倍＋1

授業の流れ

1　導入は，生徒に勝負を仕掛ける！

T：私よりはやく計算してみよ！　電卓を使ってもいいよ！（と，素早く答えていく）

S：答え知っているんじゃないの？！

S：いや，何か簡単に計算できる裏技が……。

T：あれ，もしかして何か見えてきた？見えた！っていう人—（数人挙手）。いつでもいえるのかな？　もう少し大きい数，$2022^2 - 2021^2$は…

S：4043！　でも本当かな？（電卓で計算して）あってる！　いつでもいえそう……？

2　どんなことがいえるのかな？

T：どんなことがいえるのかな？2年生の図形の証明のときに学習したように，「（仮定）」は「（結論）」になる，といった形で説明してみよう。

S_1：2数の2乗の差は2数の和になるでしょ。

S_2：「差が1の数の」が必要じゃない？

S_1：そうだね。大きい方から小さい方を，だね。

なお，ここでは結論がいくつか考えられる。ペアで説明しあう活動を入れると，考える契機になる。

1 式の展開と因数分解

2 平方根

3 二次方程式

4 関数 $y=ax^2$

5 図形と相似

6 円の性質

7 三平方の定理

8 標本調査

本時の評価

・設定した命題から適切に文字を置き，立式することができたか。
・変形した式から，その意味を読み取ることができたか。

> 式の展開による解決，因数分解による解決，その両者を意図的に取り上げたい。

どんなときでもいえるのかな？

> Q. 連続する2つの数の，大きい方の2乗から小さい方の2乗を引くと，その2数の和になることを証明しよう！

〈見通し〉

・小さい方の数を a，大きい方の数を $a+1$ と置いて式を立てる。
・2数の和なので，$(a+1)+a=2a+1$ となればよい。

> 〔復習〕$A^2-B^2=(A+B)(A-B)$

> 【その2】は構造が分かりにくいので，因数分解の公式と対応させてあげられるとよい。

〈解　決〉・考えずに計算できる

【その1】・$2a+1$ をどう読むか難しい…

$(a+1)^2-a^2=a^2+2a+1-a^2$
$\qquad\qquad\quad =2a+1$
$\qquad\qquad\quad =\underline{(a+1)}+\underline{a}$
$\qquad\quad$ 大きい方の数　小さい方の数

$\qquad\qquad$ よって，2数の和になる。

【その2】・計算の意味がよく分かる

$(a+1)^2-a^2=(a+1+a)(a+1-a)$
$\qquad\qquad\quad =(a+1+a)\times\text{①}$　1の意味は？
$\qquad\qquad\quad =(a+1)+a$　　⇒連続する

$\qquad\qquad$ よって，2数の和になる。

Q. 連続しない場合は…？

---

3 式変形の多様な方法に価値付けを

　ここでは式変形の多様さを求めたいので，見通しの段階である程度解決の方針を共有する。全体での共有では，2つの解決を比較し，式をよむ活動を通してその違いを見いださせる。

S：【その1】は，展開の後，2数の和になると説明するところが難しかった。

S：【その2】は，因数分解できることになかなか気付けなかった。けど，2数の和になることの意味は分かりやすかった。

4 式をよむことから発展の見通しを

T：【その2】の式をもう少し読んでみよう。$\{(a+1)+a\}$ は2数の和だね。では，"×1"の意味はなんでしょうか？

S：……差が1である？　あ，連続する，の意味だね！　途中式を書くと $\{(a+1)-a\}$ だよ。

S：じゃあ「連続しない場合」は……。

　はじめから「連続しない場合は？」と問うのも1つですが，一歩進んで，式をよむことから発展の視点を見いだす展開をつくりたいところである。

本時案

速算法の理由を
解明せよ！

本時の目標
- 速算法が成り立つ理由について，適切に命題を設定することができる。
- 式の展開・因数分解によって，設定した命題を証明することができる。

第3×5回
◎速算法の理由を解明せよ！

```
    45        67        82
  ×45       ×63       ×88
  2025      4221      7216
```

> 例をいつでも書き足せるよう，大きくスペースを空けておくとよい。

> Q. 左の3つの計算には，
> どのような性質があるだろうか？

> 「仮 定」は「結 論」になる

【速算法】

「仮定」2桁の自然数が，
- 一の位は足して10になる2数
- 十の位は同じ数　　　　　　　ならば，

「結論」その2数の積は
- 下二桁は，一の位の数の積
- 上二桁は，十の位の数と，　　ホントに？
　　　　　　それに1を加えた数の積
　　　　　　　　　　　　　になる。

> 仮定と結論が出そろったら，本当にそうなるか，別の例を出して確認するとよい。

授業の流れ

1 何でそんなに速く計算できるの？

T：今回もみなさん，勝負です。私よりはやく計算してみてください！

S：今度こそ勝つぞ！

S：……と言いたいところだけど，前回みたいに何か性質があるんだろうな……。

といったように，前回もこの形式で発問をしているので，生徒はある程度「そのような目」で問題を見ることだろう。

S：答えの下2桁は1の位の積になってるね。

S：選ばれてる2数にも特徴があるよ。

2 仮定と結論は分けて確認

ここでも前回と同様，命題をつくる活動を行うが，今回のケースは仮定と結論がそんなにすっきりした形で表されないので，ここでは分けて確認していくことにする。

T：仮定と結論，それぞれ分けて確認しようか。仮定，すなわち式にはどんな特徴がある？

S：十の位は同じ数，一の位は足して10になる2数です。かなり限定的。

T：確かに限定的。じゃあ結論は……？

S：上二桁がなんだかよく分かんないなぁ。

本時の評価

・設定した命題から適切に文字を置き，立式することができたか。
・目的を持って変形した式から，その意味を読み取ることができたか。

1 式の展開と因数分解

2 平方根

3 二次方程式

4 関数 $y=ax^2$

5 図形と相似

6 円の性質

7 三平方の定理

8 標本調査

Q.【速算法】「2桁の自然数が，一の位は足して10になる2数で十の位は同じ数ならば，その2数の積は下二桁は一の位の数の積，上二桁は十の位の数と，それに1を加えた数の積になる」ことを証明しよう！

具体的な数で考えると…

$$\begin{array}{r} 3\,6 \\ \times\,3\,4 \\ \hline 2\,4 \\ \boxed{\begin{array}{l} 1\,2 \\ 1\,8 \end{array}} \\ 9 \\ \hline 1\,2\,2\,4 \end{array}$$

$36 \times 34 = (30+6)(30+4)$
$=30 \times 30 + 4 \times 30 + 6 \times 30 + 6 \times 4$
$=30 \times 30 + (4+6) \times 30 + 6 \times 4$
$=30 \times 30 + 10 \times 30 + 6 \times 4$
$=(30+10) \times 30 + 6 \times 4$

こんなのも…

$$\begin{array}{r} 2\,4 \\ \times\,8\,4 \\ \hline 2\,0\,1\,6 \end{array} \qquad \begin{array}{r} 3\,6 \\ \times\,7\,6 \\ \hline 2\,7\,3\,6 \end{array}$$

文字を用いて証明しよう！

十の位を a，一の位を b，c と置くと，2数は $10a+b$，$10a+c$ と表せる。

$\qquad (10a+b)(10a+c)$
$=100a^2+10ac+10ab+bc$
$=100a^2+10a(c+b)+bc$
ここで，$b+c=10$ なので，
$=100a^2+10a \times 10 + bc$
$=100a^2+100a+bc$
$=100\underset{\text{上二桁}}{a(a+1)}+\underset{\text{下二桁}}{bc}$

よって，
【速算法】が成り立つことが分かる。

---

3 具体的な数で検討する

　文字による証明に行く前に，具体的な数を用いた検討をしたいところである。生徒は第13時で因数分解を用いた工夫した計算を行っているので，その計算や筆算の構造（いずれか）が，文字で考えていく際の大きな見通しになる。
S：36と34を30＋6，30＋4とみると，この前の計算が使えるね。
S：4×30と6×30は，また分配法則を使うと，10×30になるよ。
S：筆算だと……。

4 けっこう特別な場合だよね

T：成り立つことは分かったね。これでどんな計算でも素速くできるね！
S：「どんな計算でも」ってほどじゃないよね。けっこう特別な場合だよね。
S：仮定の条件が厳しいからなぁ……他の場合はないのかな？
T：なんかこんなのもあるらしいよ！
　ここで別の場合を紹介するが，それ以上は触れない。第17，18時で考察する1つの題材として残しておく。

本時案

積の回文

本時の目標

・積の回文が成り立つための条件について，帰納的に見いだし表現することができるとともに，その条件のときに命題が成り立つことを証明することができる。

第2⁴回
◎積の回文

> Q.「積の回文」が成り立つのは，どんなときだろう？

$20 \times 21 \fallingdotseq 12 \times 02$　…×

$39 \times 62 = 26 \times 93$　…○

```
   39        26
  ×62       ×93
 ─────     ─────
   18        18
    6         6
   54        54
   18        18
 ─────     ─────
 2418      2418
```

〈他の○な例〉

$36 \times 84 = 48 \times 63$

$64 \times 23 = 32 \times 46$

・十の位同士，一の位同士の積が等しい

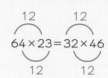

$64 \times 23 = 32 \times 46$

ダメな例

```
    64        32    ┊    43        83
   ×23       ×46    ┊   ×38       ×34
  ─────     ─────   ┊  ─────     ─────
    12        12    ┊    24        12
    18        18    ┊    32        32
     8         8    ┊     9         9
  ─────     ─────   ┊  ─────     ─────
    12        12    ┊    12        24
  1472      1472    ┊  1634      1634
```

等しい！
$ac = bd$

授業の流れ

1 回文って，知ってる？

T：回文って知ってる？　新聞紙，トマト，…。

S：イカ食べたかい！　理科係！　上から読んでも下から読んでも同じやつ。

T：それを数でやってみたいと思います。8桁の数で，20211202，39622693，他には？

S：76544567。……で？

T：これだけじゃね。これらの数に真ん中に＝，左右の間に×を入れてみよう（積の回文）。

S：39622693は成り立つね！　他はダメだ。

S：どんなときにできるのだろう？

2 成り立つのはどんなときだろう？

T：他にも成り立つ例が見つけられますか？

S：……難しいな。なんか規則性がないかな。

S：あったよ！　36×84＝48×63

S：十の位同士と，一の位同士の積が等しい！

S：ホントかな？　別の数で試してみようかな。

　このような帰納的に規則を見つけていくプロセスを，14時，15時よりも生徒に投げていく。そのとき板書のような筆算を入れておくと，それが考える材料になる。

1 式の展開と因数分解

2 平方根

3 二次方程式

4 関数 $y=ax^2$

5 図形と相似

6 円の性質

7 三平方の定理

8 標本調査

本時の評価

・「積の回文」が成り立つための条件について，具体的な計算や筆算をもとに，帰納的に見いだし表現することができたか。

・文字を用いて命題を適切に証明することができたか。

Q. 十の位同士，一の位同士の積が等しいならば，積の回文が成り立つことを，文字を用いて証明しよう！

〈情報の整理〉　　　　　　　　　　仮定

・2桁の数を $10a+b$，$10c+d$ と置いて計算する。

・$ac=bd$

式変形！　　　　　　　　　　結論

・$(10a+b)(10c+d)=(10d+c)(10b+a)$ になればよい。

（発展！）
和の回文や商の回文が成り立つのはどんなとき…？

等しくなればよい

2桁の数を $10a+b$，$10c+d$ と置く。

$(10a+b)(10c+d)$

$=100ac+10ad+10bc+bd$

ここで，$ac=bd$ なので，

$=100bd+10bc+10ad+ac$

$=10b(10d+c)+a(10d+c)$

$=(10b+a)(10d+c)$

したがって，積の回文が成り立つ。

筆算

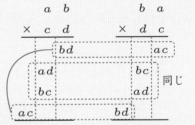

同じ

3 仮定と結論に注意

　この題材の難しいところは，何を仮定として，何を結論とするかが捉えづらいところである。ここまでで「成り立つための条件」は見出されているので，仮定と結論を整理する場面は，ある程度教師が手を引いていってよいと考える。

T：文字を置くと，$ac=bd$ が成り立つときに入れかえた式になる，と考えられるね。

S：ということは，$(10a+b)(10c+d)$ を変形していったら，$(10d+c)(10b+a)$ になる，と言えればいいね。

4 文字式と筆算を関連付ける

　前回の速算法のときもそうだが，筆算の計算は文字式の計算と関連付けて捉えることができるので，条件を探しているときに，筆算での計算を豊富にやるとよい。その際に，従来の過程の2段の筆算ではなく，4段で書いておくと，共通・相違部分が見つけやすくなる。

S：先生なんで筆算そうやって書くの？

T：ここの計算って実はいつも省略してるじゃん？　こっちの方が過程が詳しいからなんか分かるかなと思って。

「道幅問題」を分析！

本時の目標

・「道幅問題」について，いくつかの場合で成り立つことについて，文字を用いて証明することができる。

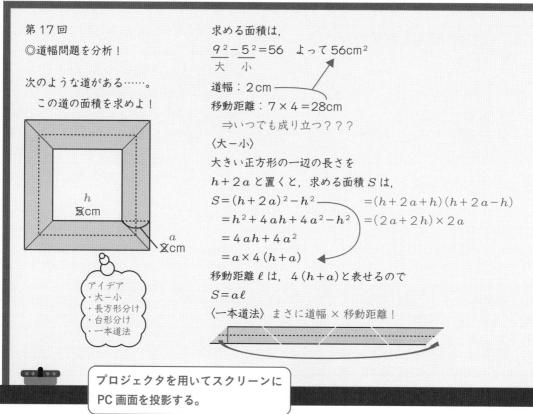

第 17 回

◎道幅問題を分析！

次のような道がある……。

この道の面積を求めよ！

h ②cm

a ②cm

アイデア
・大－小
・長方形分け
・台形分け
・一本道法

求める面積は，

$$\underset{大}{9^2}-\underset{小}{5^2}=56 \quad よって\ 56cm^2$$

道幅：2cm

移動距離：$7 \times 4 = 28$cm

⇒いつでも成り立つ？？？

〈大－小〉

大きい正方形の一辺の長さを
$h + 2a$ と置くと，求める面積 S は，

$$S = (h + 2a)^2 - h^2$$
$$= h^2 + 4ah + 4a^2 - h^2$$
$$= 4ah + 4a^2$$
$$= a \times 4(h + a)$$

$$= (h + 2a + h)(h + 2a - h)$$
$$= (2a + 2h) \times 2a$$

移動距離 ℓ は，$4(h + a)$ と表せるので

$$S = a\ell$$

〈一本道法〉まさに道幅 × 移動距離！

プロジェクタを用いてスクリーンに
PC 画面を投影する。

授業の流れ

1 面積の求め方を動的に見せる

S：大きい正方形の面積から，中にある小さい正方形の面積を引いたら分かるよ。

T：そうだね。でもね，実はこんな方法が…。

と言って，「道幅 × 移動距離」で道ができていく様子を，事前につくっておいたスライドのアニメーションで見せる。

S：え，ホント？

S：実際に計算してみたら，確かにそうなったね。

S：いつでも成り立つの？

文字を用いての考察に移る。

2 他のアイデアも積極的に扱う

S：何が言えたら，成り立ってるっていえるの？

S：文字で置いて普通に計算して，「道幅 × 移動距離」になってればいいんだよね。

S：普通に計算…というのは，大から小を引く？

T：そうだね。それも 1 つの方法だけど，他の求める方法はないかな？

といって，アイデアをあげてもらう。この活動をはさんでおくと，一本道法のように意味がよく分かるものや，次の問いにつながる，他の図形に活用できる方法が見いだされる。

本時の評価

・正方形の場合について，$S = a\ell$ が成り立つことを文字を用いて証明することができたか。
・いくつかの図形の場合の証明に触れることで，どのような場合に道幅問題が成り立つか，自分の考えを持つことができたか。

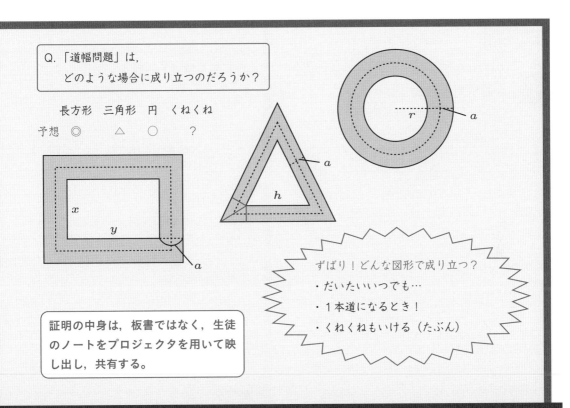

Q.「道幅問題」は，
　　どのような場合に成り立つのだろうか？

長方形　三角形　円　くねくね
予想　　◎　　　　△　　　○　　　？

ずばり！どんな図形で成り立つ？
・だいたいいつでも…
・1本道になるとき！
・くねくねもいける（たぶん）

証明の中身は，板書ではなく，生徒のノートをプロジェクタを用いて映し出し，共有する。

3 どんな場合でも成り立つの？

S：道幅問題が成り立つのは正方形のときだけ？
T：そうだよね。どんな場合で成り立つんだろうね。どう思いますか？
S：長方形は成り立ちそうだよね。三角形とか，円とか……。
S：三角形はさすがに成り立たないんじゃない？
　ここで挙がったものからいくつかを取りあげ，考察していく。辺の長さを文字で置くところは，後での議論をしやすいよう，全体で共有しておいた方がよい。

4 グループで分担！

　いくつかの図形が出てくる，これをすべて証明するのは大変である。そこで，4人グループ内で自分の担当を分担して考察していくことにする。時間に余裕があったら，「同じ問題を担当している人たち」で一旦集まり，情報を共有した後に自分のグループに戻り，それぞれ自分の考察結果を説明していく。
T：ずばりどんな図形のとき成り立つのだろう？
S：一本道になるものは成り立つ。だからくねくねもきっと……！

1 式の展開と因数分解
2 平方根
3 二次方程式
4 関数 $y = ax^2$
5 図形と相似
6 円の性質
7 三平方の定理
8 標本調査

本時案

課題を設定し，解決しよう①

18/19

本時の目標

・式の展開・因数分解に関するこれまで扱ってきた問題の発展の中で，自分の担当する課題について，式の展開・因数分解を用いて解決することができる。

授業の流れ

1 未解決問題を振り返る！

これまで，授業の中で問いにはしてきたけれど扱いきれず，棚上げにしてきた課題に焦点を当て，それを分担して解決していく。

T：これまでいろいろな問題を扱ってきましたが，問いは出てきたけど解決には至らなかった問題ってあるよね。

S：和の回文とか！

S：前回の道幅の問題も，どんな場合に成り立つのか定かにはなってないね。

本活動を通して，解決できる問題がある一方で解決できていない問題があることを知り，時間をかけて粘り強く考えれば，解決が見えてくることがあることから，粘り強く考えていく態度を育むことをねらう。

2 活動の流れを事前に説明

以前も行った形式ですが，解決する問題が3〜4つほどあるので（クラスの中で他にもバリエーションが出てきたら，その都度加える），それを4人グループの中で担当問題を決めて，解決に取り組む。

T：問題を分担しよう。この後はとりあえず個人解決の時間をとるので，これまで学習したことを振り返りながらじっくり取り組んでみよう。その後，同じ問題を取り組む人たちで集まり，情報を共有します。そして最後，これは次回かな，自分の問題を説明してもらいます。

第 2×3^2 回
◎課題を設定し，解決しよう！
〔未解決問題〕
①速算法，別パターン

$$\begin{array}{r} 24 \\ \times 84 \\ \hline 2016 \end{array}$$　どんな計算？

②和の回文
$39 \times 62 = 26 \times 93$
和だったら…？その条件は？

③道幅問題
どんな場合に成り立つ？

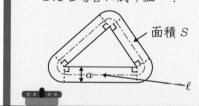

面積 S

---

3 個人解決では，個々の支援を

途中，「同じ問題を解決している人グループ」をつくるため，あともう一歩，という生徒はそこで解決の糸口を見つけられ得るので，ここは粘り強く悩ませる。従ってここでは，それだと苦しい生徒の支援を中心に，机間指導を行う。

「同じ問題グループ」での活動では，特に苦しいであろうグループにつき，「どんな風に文字を置いたらよいかな」「この式を展開するとどうなるかな？」と発問を入れながら活動を促す。

1 式の展開と因数分解

2 平方根

3 二次方程式

4 関数 $y=ax^2$

5 図形と相似

6 円の性質

7 三平方の定理

8 標本調査

本時の評価

・問いを明確にして命題を見いだし表現することができたか。
・既に学習した事柄と関連付けて解決することができたか。
・担当の問題について，具体例をもとに命題を見いだそうとすることができたか。

〔活動の流れ〕

①問題の分担⇒個人解決

②同じ問題グループで情報共有

③自分のグループに戻り，個人まとめ

④グループ内で発表

〔成り立った情報〕

①新・速算法

$$\begin{array}{r} 36 \\ \times 76 \\ \hline 2736 \end{array}$$

$$\begin{array}{r} 48 \\ \times 68 \\ \hline 3264 \end{array}$$

$$\begin{array}{r} 82 \\ \times 55 \\ \hline 4510 \end{array}$$ ←別パターン？？？

②和の回文

$34+65=56+43 \quad =99$

$52+36=63+25 \quad =88$

$75+68=86+57 \quad =143$

・繰り上がりがあっても大丈夫！

・すべて 11 の倍数…？

・「差の回文」もできる…？

③道幅問題

・陸上のコース　長方形＋円なら OK？

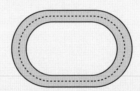

4 「成り立った情報」の共有

　帰納的に性質を見いだすためには，ある程度情報量が必要である。そこで，個人解決では個々のケアに加えて，「成り立った情報」を生徒から聞き，板書していく。

T：和の回文，どんな式だと成り立った？

S：34＋65＝56＋43だった！

S：75＋68＝86＋57でもいけたよ！

S：繰り上がりがあってもいいんだね。

S：ん？　これ積の回文と一緒では……？　てか，和がすべて11の倍数だね。なんで？

5 さらに問題を広げても！

　本時では説明までには至らせない。これは，個々にじっくり解決に取り組んでもらいたいのと，さらに問題を拡げて取り組むことも考えられるからである。

S：積の回文のとき $ac=bd$ が条件だったけど，和の回文では $a+c=b+d$ になった。ってことは，差の回文だったら $a-c=b-d$ になるのでは…？

T：それが成り立つことが分かったら，自分のグループに戻ったときにいいお土産になるね！

本時案

課題を設定し，解決しよう②

19/19

第19回
◎課題を設定し，解決しよう！【解決編】
〔未解決問題〕
①速算法，別パターン

$$\begin{array}{r} 24 \\ \times 84 \\ \hline 2016 \end{array}$$　　どんな計算？

②和の回文
　39×62＝26×93

　和だったら…？　その条件は？

③道幅問題
　どんな場合に成り立つ？

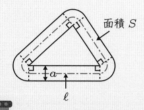
面積 S
a
ℓ

①新・速算法

$$\begin{array}{r} 36 \\ \times 76 \\ \hline 2736 \end{array} \qquad \begin{array}{r} 48 \\ \times 68 \\ \hline 3264 \end{array}$$

〔仮定〕
・一の位が等しく，十の位の和が10
〔結論〕
・下二桁は一の位の積
・上二桁は十の位の積に
　　　一の位の数を足した数
〔証明〕
2桁の数を $10a+b$，$10c+b$ と置く。
（ただし，$a+c=10$）
$$(10a+b)(10c+b)$$
$$=100ac+10ab+10bc+b^2$$
$$=100ac+10b(a+c)+b^2$$
$$=100ac+100b+b^2$$
$$=100\underline{(ac+b)}+\underline{b^2}$$
　　　　　上二桁　　下二桁

授業の流れ

1 発表の手順を確認

　本時では前時の活動を受け，自分が解決した
問題についてグループ内で発表していく。

T：「自分が考えた課題」「結論」「その理由
　（証明）」といった手順で説明しよう。

S：新しく見つけたことも説明していいですか？

T：もちろんです。聞く人は，メモをとるよ
　り，よくわからないことをどんどん質問を
　しましょう。⇒発表開始

S：私は「和の回文」について考えました。和
　の回文というのは……。

2 板書ではなくノートの投影で

　それぞれのテーマについて全体でも共有して
いき，その中ではあらためて解決のプロセス
（具体例での見通し⇔規則性を見いだす⇒仮定
と結論を設定⇒証明⇒結論）を，どのテーマに
ついても確認していきたいところである。た
だ，1つ1つ板書していくのはもう時間も手
間もかなりかかってしまうので，ある程度プロ
セスがしっかりしている生徒のノートの記述
（1人ないし2人）を写真に撮り，プロジェク
タで投影する。

1
式の展開と因数分解

2
平方根

3
二次方程式

4
関数 $y=ax^2$

5
図形と相似

6
円の性質

7
三平方の定理

8
標本調査

本時の評価

・担当の問題について，論点を明確にし説明することができたか。
・解決された問題を振り返り，新たな問いを見いだそうとすることができたか。

②和の回文

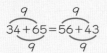

〔仮定〕
・十の位同士，一の位同士の和が等しい
〔結論〕
・和の回文が成り立つ
（証明）
2桁の数を $10a+b$，$10c+d$ と置く。

$(10a+b)+(10c+d)$
$=10a+b+10c+d$
$=10(a+c)+(b+d)$

ここで，$a+c=b+d$ なので，

$=10(b+d)+(a+c)$
$=10b+10d+a+c$
$=(10b+a)+(10d+c)$

したがって，和の回文が成り立つ。

③道幅問題

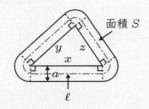

直線の道の面積は，
$ax+ay+az=a(x+y+z)$
コーナーは，組み合わせると円になるので，
$2\pi a$
したがって，面積 S は，
$S=a(x+y+z)+2\pi a^2$
　$=a(x+y+z+2\pi a)$
ここで，道の長さは $\ell=x+y+z+2\pi a$
よって $S=a\ell$

⇒コーナーが円でも成り立つ！

---

3 気付いたことは……？

S：～なので，$a+c=b+d$ のときに，和の回文が成り立つことが分かります。
T：なるほど。ここまでの話を聞いて，何か質問や気付いたことがある人はいますか？
S：なんか似てる。積の回文と。
S：十の位同士，一の位同士の和が等しいって，積の回文と一緒です。積が和になっただけ！
S：じゃあ「差の回文」なら $a-c=b-d$ なのかな？「商の回文」なら……。
T：うん。なんかできそうな感じがしますね。

3 最後，さらに問いを残す

T：新・速算法を考えていた人たち，なんか別の速算法もあったらしいね。
S：そう！　82×55みたいなケースでも素早く計算する方法を見つけた！
S：え，それどうやるの？
　といったように，前回の授業の「同じ問題チーム」の活動の中であげられた新しい問いについて，ここで触れておく（解決はしません！）。とにかく本時の中で，さらなる問いをたくさん残すことが大事であると考える。

2 平方根 （15時間扱い）

単元の目標

- 数の平方根の必要性と意味を理解し，数の平方根を含む簡単な式の計算ができる。
- 既に学習した計算の方法と関連付けて，数の平方根を含む式の計算の方法を考察し表現することができる。
- 数の平方根を具体的な場面で活用しようとする。

評価規準

知識・技能	①数の平方根の必要性と意味を理解している。 ②数の平方根を含む簡単な式の計算をすることができる。 ③具体的な場面で数の平方根を用いて表したり処理したりすることができる。
思考・判断・表現	④既に学習した計算の方法と関連付けて，数の平方根を含む式の計算の方法を考察し表現することができる。 ⑤数の平方根を具体的な場面で活用することができる。
主体的に学習に取り組む態度	⑥数の平方根のよさを実感して粘り強く考え，数の平方根について学んだことを生活や学習に生かそうとしたり，数の平方根を活用した問題解決の過程を振り返って評価・改善しようとしたりしている。

指導計画　全15時間

次	時	主な学習活動
第 1 次 平方根	1	いろいろな面積の正方形をかく。
	2	2 乗したら10になる数を考える。
	3	平方根の知識を整理する。
	4	平方根を含む数直線をつくり，その特徴を調べる。
	5	平方根の大小関係を考える。
	6	有限小数・無限小数と無理数・有理数の関係を理解する。
	7	有理数から無理数へ数の概念を拡張する。
第 2 次 根号を含む式の計算	8	根号を含む式の乗法・除法について考える。
	9	根号を含む数を簡単な形で表す。
	10	根号を含む式の乗法・除法を工夫しながら計算する。
	11	分母の有理化と近似値について考える。
	12	根号を含む式の加法・減法について考える。
	13	乗法公式や分配法則を利用して根号を含むいろいろな計算をする。
第 3 次 平方根の利用	14	平方根を利用して，紙のサイズの特徴を説明する。
	15	近似値の理解を深める。

単元の基礎・基本と見方・考え方

(1)実際にかく活動を通して，平方根の必要性を感じるようにする

　本単元では，平方根を含む式の計算ができるようになるだけでなく，数の平方根の必要性を理解することが求められている。

　そのために，導入でいろいろな面積の正方形をかき，その一辺の長さを考える中で，有理数では表せそうにないと実感できるようにしている。その際も簡単に√を紹介するのではなく，区間縮小法を使って2乗したら10になる数を探し続けるなど，整数の比では表せそうにないという経験が大切である。昔のギリシャの人も困ったという話もして，整数の比では表せそうにないから√という新しい表記が必要になったと説明する。

　また根号を含んだ数がどのくらいなのかという量感を持たせるために，数直線に$\sqrt{1}$～$\sqrt{20}$までの点をうつ活動を取り入れている。すでにかかれている正方形は，その一辺の長さをコンパスで写し，それ以外の長さは電卓等で近似値を求めて点を打つ。点と点の間が狭く，かきにくい活動を通して，複数の根号のある数の大小関係を感覚として蓄積していくことをねらいとしている。また正方形の一辺の長さを写す活動によって，根号を含む数は，整数の比では表せないが，数（長さ）としては確実なものが存在することを認識できると考えている。

(2)平方根で数学をつないでいく

　社会に出てから未知の問題を解くときには，それが何の教科のどの単元なのかではなく，それらを通して身につけた力を合わせて解決していくことになる。そのために普段から今学んでいることが，数学の中でつながっていくだけではなく，他の領域や他教科，現実の世界とどう関わっているのかを授業者は意識したい。

　新しい数として平方根を導入することで，二次方程式を解く場合や，三平方の定理を活用して長さを求める場合など，これまで扱うことができなかった量を考察の対象とすることができる。そんな平方根は他の単元とつなぐ大きな役割を担っていると考えている。

　本単元では，乗法公式など既習の学習内容と結びつけるだけではなく，未習学習内容にも触れていく。平方根の意味を考えるときや紙のサイズの問題で二次方程式の一部を扱う。紙のサイズの問題では相似比と面積比，三平方の定理とも関連付けるようにしている。最後の近似値，誤差，有効数字の理解を深める授業は，他教科や現実世界を関連付けて考える授業に位置づけている。数の平方根があることによってできること，平方根のよさを生徒が感じられることを期待している。

　授業と授業をつないでいくために単元を貫いて，「どのくらいの数か」という問いと，「平方する」「$\sqrt{a}$の形にする」「正方形で考える」「近似値で考える」という考え方を意識している。

1 式の展開と因数分解

2 平方根

3 二次方程式

4 関数 $y=ax^2$

5 図形と相似

6 円の性質

7 三平方の定理

8 標本調査

本時案

いろいろな面積の 正方形をかこう

面積が1，2，4，5，8，9，10 cm²の 正方形の面積をかきましょう。

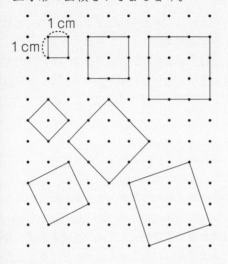

その面積と言える理由を説明しよう

2 cm²

外の正方形の面積
$2 \times 2 = 4$
その半分になるから
$4 \div 2 = 2$

8 cm²

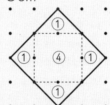

中の正方形の面積
$2 \times 2 = 4$
三角形の面積
$2 \times 1 \times \dfrac{1}{2} = 1$
$4 + 1 \times 4 = 8$

分割して，足す

生徒には実際に1cm間隔の点がかかれたプリントを配付する。

生徒の板書による説明。多様かつ今後に生かせるように意図的に指名する。

授業の流れ

導入問題の位置づけ

いろいろな正方形をかくことを通して，「線分の長さが整数の比で表せない数とはどういうものなのか」，「本当に存在するのか」という数学的に大きな疑問に迫っていくための問題である。

実際にかくことで，存在を認めることになる。また大小を比較するときは正方形で考えてみるという考え方にもつなげるねらいもある。

小学校の時から面積を考える時に，既知の面積の求め方を使ったり，切ったり，足したり，移動させたりして考える経験をしてきている。それらを総合的に使って説明することになる。

1 ○○さんの思考に乗れますか？

生徒の中には，なかなか思いつかない生徒や，図はかけているけど，うまく説明はできない生徒がいる。

できる生徒に図だけかかせて，「なぜこのような線をかいたのか，○○さんの思考に乗ってみよう」とその続きを考えさせたり，前で説明している生徒が途中で困ったときに，「どのように考えているのか○○さんの思考に乗って説明できる？」と考えさせたりすることで，全員が参加できるようにする。

1	式の展開と因数分解
2	平方根
3	二次方程式
4	関数 $y=ax^2$
5	図形と相似
6	円の性質
7	三平方の定理
8	標本調査

本時の評価

・いろいろな面積の正方形の辺の長さについて考えることを通して，数の平方根の必要性と意味を理解していたか。

準備物

・正方形をかくための格子点（印刷物）またはスクリーン

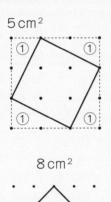

5cm²

① ① ① ①

外の正方形の面積

$3 \times 3 = 9$

$2 \times 1 \times \dfrac{1}{2} = 1$

$9 - 1 \times 4 = 5$

全体から一部を引く

一辺の長さに着目する

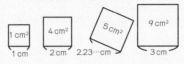

1cm² 4cm² 5cm² 9cm²

1cm 2cm 2.23…cm 3cm

$\sqrt{5}$　ルート5

┌ 平方根 ─────────────────
│ 2乗したら a になる数を a の平方根という
│ （平方）
└─────────────────────

4の平方根は 2，－2

5の平方根は $\sqrt{5}$，$-\sqrt{5}$

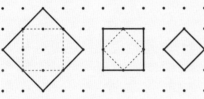

8cm²　　4cm²　　2cm²

正方形の中点を結んでできた正方形はもと面積の半分になる。

2　求めづらい形の面積を求める問題はこれまでもあったかな？

S₁：道幅の問題をこのあいだやりました。

T：そのときの考え方と今回の考え方が似ていると言えるものはありますか？

S₂：ドーナツ型の面積を求めるときの「外側の面積から内側の面積を引いた」は今回の「大きな正方形から４つの直角三角形を引くこと」と似ています。

S₃：「道幅を複数の長方形に分けてから足した」と「今回の１つ正方形と４つの直角三角形に分けて足した」も似ていると言えます。

生徒の興味，好奇心をとめない

　この題材では「 3 cm²， 6 cm²， 7 cm²はかけないのですか。」と聞いてくる生徒が出てくる。むしろそのように考える生徒に育てたいものである。円周角の定理や三平方の定理を学習していない段階では，かけないのだが，せっかく生徒がもった興味を今はできませんと止めるのはもったいない気がする。

　やる気のある生徒を中心に，必要な知識を与えると，夢中で考え続ける生徒が出てくる。
（詳しくは p.94–95 を参照）

本時案

2乗したら10に なる数は？

2/15

本時の目標

・数の平方根の必要性と意味を理解している。

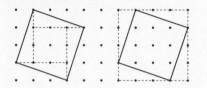

面積が 10 cm² の正方形の
一辺の長さを測ろう。

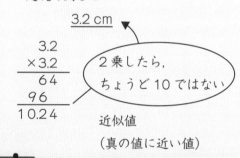

$4 + 1.5 \times 4 = 10$ $16 - 1.5 \times 4 = 10$

定規で測ると

3.2 cm

```
  3.2
× 3.2
─────
  64
 96
─────
10.24
```

2乗したら，
ちょうど 10 ではない

近似値
（真の値に近い値）

面積が 10 cm² の正方形の一辺の長さを
小数でぴったりで表せるだろうか。

面積 10 cm² の正方形の

一辺の長さを x とする

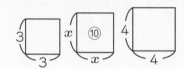

$3^2 = 9$ $x^2 = 10$ $4^2 = 16$

$3^2 < x^2 < 4^2$ なので

$3 < x < 4$

$x = 3.●●●\cdots$

正方形は面積が大きいほど

一辺の長さが大きい

授業の流れ

1 ちょうど？　およそ？

　復習もかねて，生徒に 10 cm² の正方形をか
かせて，なぜその面積になるのか説明させま
す。このとき，面積はおよそではなく，ちょう
ど 10 cm² であることを確認してから，定規で
一辺の長さを測らせます。

T：3.2 cm はちょうどですか？　およそですか。

S：誤差があるから，およそだと思います。

T：偶然ちょうどということはありえませんか？
　なぜちょうどではないと言えるのですか。

S：2乗して10にならないからです。

2 一辺の長さは3.2より大きいの？ 小さいの？

S：3.2よりは小さいと思います。2乗したら
　10より大きいので。

T：2乗した数が大きければ，もとの数も大
　きいと言えるかな。

S：x は正の数だから言える。

T：そもそも2乗を比べるってどういうこと？

S：この場合は正方形の面積を比べていること
　になるね。

S：面積が大きい正方形の方が一辺の長さも大
　きいと言えるね。

1 式の展開と因数分解

2 平方根

3 二次方程式

4 関数 $y=ax^2$

5 図形と相似

6 円の性質

7 三平方の定理

8 標本調査

本時の評価

・区間縮小法を用いた近似値の求め方を理解し，より正確な近似値を求めることができたか。

準備物

・電卓

$3.1^2 = 9.61$, $3.2^2 = 10.24$

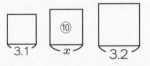

$3.1^2 < x^2 < 3.2^2$なので

$3.1 < x < 3.2$

$x = 3.1\bullet\bullet\bullet\cdots$

$3.11^2 = 9.6721$, $3.12^2 =$ $3.13^2 =$

$\cdots 3.16^2 = 9.9856$, $3.17^2 = 10.0489$

$3.16^2 < x^2 < 3.17^2$なので

$3.16 < x < 3.17$

$x = 3.16\bullet\bullet\bullet\cdots$

分数なら表せるか？

⇒表せそうにない

ちょうど10 cm²の正方形の一辺はかけるのに，2乗したらちょうど10になる数はないの？

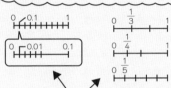

数直線をどんどん細かくできるのに…

ピタゴラスさんの結論「言っちゃダメ！」

小数，分数で数直線を細かくしてもスキマがある

（小数，分数ではうまらない）

2乗して10になる数は小数，分数では表せない

$\sqrt{10}$　ルート 10

気が済むまで確かめさせる

小数で表される数を2乗しても，ちょうど10になる数はないのだが，すぐにないという結論を教師が伝えると生徒の活動・思考が止まってしまう。続けていけばちょうど10になる数が見つかるのか，続けても見つからないのか，子どもに体験の中で予想させたい。計算機を望む生徒や，分数を2乗し始める生徒も出てくる。

小数を2乗して，10にするためには，小数の最後の数を2乗したら0になる必要があるが，1〜9の数を2乗しても0にならないという説明もできる。

数を表す別の表現の必要性を感じさせる話

生徒の関心を高めるために，ピタゴラスの逸話を話している。ピタゴラスは全ての数は，整数の比（分数）で表されるはずだと思っていたのに，どうしても見つからなかったんだ。困ったピタゴラスさんはどうしたと思う？　他言を禁止したんだ。事実を公にしようとした人を処刑したという逸話もあるんです。ひょっとしたら，これで数学の進化が遅れたかもしれませんね。数はあるけど小数・分数では表せない。だから新しい数の表現方法をつくるしかないのですね。

本時案

平方根に対する知識を整理しよう

> 最初は書かずに，しばらくしてから，困っている人のための確認として書く。

---

2 乗したら a になる数を a の平方根という
（$x^2 = a$ が成り立つ x の値）

（1）10 の平方根（$x^2 = 10$ が成り立つ x の値）

<u>2 乗したら 10 になる数は小数，分数では表せない</u>
$$= \sqrt{10}$$

⑩ ← x
$(\sqrt{10})^2 = 10$
もう1つある
$(-\sqrt{10})^2 = 10$

$-\sqrt{10}$ ── 0 ── $\sqrt{10}$

$\left.\begin{array}{}\end{array}\right\}$ 10 の平方根は $\sqrt{10}$, $-\sqrt{10}$
（$\pm\sqrt{10}$）

（2）9 の平方根

⑨ ← x
$(\sqrt{9})^2 = 9$
$=$
$3^2 = 9$
$(-3)^2 = 9$
$\left.\begin{array}{}\end{array}\right\}$ 9 の平方根は 3，-3
（± 3）

0　1　2　3
$\sqrt{8}$ $\sqrt{9}$

（3）0 の平方根

2 乗して 0 になる数は 0 のみ

$0^2 = 0$

0 の平方根は 0

（4）-4 の平方根
$$-2^2 = -4 \leftarrow -（2 \text{の} 2 \text{乗}）\ \overset{\text{マイナス}}{}$$
$$(-2)^2 = 4$$

-4 の $\quad$ 平方根はない
負の数の

3 ⟶ 9 （2 乗する）
-3 ⟲ 平方根を求める

2 乗したら負の数が必要になったら？
⇒つくるしかない。

授業の流れ

前回学んだことを自然に使う展開

　何も言わずに (1)〜(4) の問題だけ与えると，何人かの生徒が，平方根って何だっけと前回までのノートを見返すことになる。

　最初に前回までの授業を振り返る時間をとるのではなく，前回までに学んだことを生かせる問題を提示することで，子どもたちが自ら振り返るようにしたい。何のために振り返るのか分からない状況ではなく，必要性に迫られて振り返ることを定期的に繰り返せば，自然と今までに習ったことを生かせないか考える生徒になっていく。

1　−4 の平方根はない？

S：2乗すると必ず正の数になるので負の数の平方根はありません。

T：今学んでいる数の世界ではありませんね。

S：実際はあるのですか？

T：2乗して2になる数が見つからなくて困ったときはどうしましたか？

S：平方根をつくった。

T：何かできないことがあって，2乗したら負の数になる数の存在が必要になったら？

S：そういう数をつくればよい。

1 式の展開と因数分解
2 平方根
3 二次方程式
4 関数 $y=ax^2$
5 図形と相似
6 円の性質
7 三平方の定理
8 標本調査

本時の評価

・数の平方根とは何か，しっかり分かっていて説明できていたか。
　（意味が分かっていないと説明できない）

○か × か。その理由

（1）4の平方根は2　　　　×
　　　4の平方根は2，−2

（2）0の平方根はない　　　×
　　　0の平方根は0
　　　$x^2=0$ が成り立つ x の値

（3）−5の平方根は $-\sqrt{5}$　　×
　　　負の数の平方根はない

（4）$\sqrt{9}=\pm3$　　　　×

$\sqrt{9}=3$

（5）$\sqrt{9}$ の平方根は ±3　　×
　　　$\sqrt{9}$ の平方根は $\pm\sqrt{3}$
　　　　＝
　　　　3

（6）$(\sqrt{2})^2=4$　　　　×
　　　$(\sqrt{2})^2=2$　　$(\sqrt{a})^2=a$

（7）$(-\sqrt{3})^2=-3$　　×
　　　$(-\sqrt{3})^2=(-\sqrt{3})\times(-\sqrt{3})$
　　　　　　　　$=3$　$(-\sqrt{a})^2=a$

（8）$\sqrt{5^2}=25$　　　　×
　　　　　$\sqrt{a^2}=a$　$\sqrt{5^2}=5$

（9）$-\sqrt{6^2}=6$　　　　×
　　　$-\sqrt{6^2}=-6$
　　　　　＝
　　　　　6

（10）$\sqrt{(-7)^2}=-7$　　×
　　　$\sqrt{(-7)^2}=\sqrt{49}=\sqrt{7^2}=7$

自分でまとめてみよう。

> まとめ終わってから，教科書の問題で演習する。生徒の問題を採用してもよい。

---

2 理由を説明しましょう

S：分かっているけど，うまく説明できないな。
　根号や平方根などの意味をなんとなく理解していることが多いように思う。こういう時は○×にして迷わせながら理由を考えさせることで，曖昧な部分が整理されていく。
　また，次回に向けて，間違ってしまいそうな問題を持ってきてほしい旨を伝える。実際に採用していくと，次第に生徒から○×問題が出てくるようになってくる。この授業では分数や小数の問題も生徒から出させたい。

3 自分でまとめてみよう

T：これまでの平方根で学んだ知識を自分で整理しましょう。私は板書しません。
S：教科書を見てもよいですか？
T：何を見ても，調べても大丈夫です。みなさんが見つけたことを分かって，今後できる，使えるようにすることが目的です。
　途中で他者と交流する時間を設け，他の人の記述を見たり，自分が書いたことを点検してもらったりすることで，苦手な人も参加できるようにする。

本時案

ルート数直線を
つくろう

ルート数直線をつくってみよう。$\sqrt{1}$, $\sqrt{2}$, $\sqrt{3}$, ……は
どのような間隔で並ぶだろうか。

> $\sqrt{11}$ 以降は，計算機もしくは，
> 検索して近似値を調べる。

$\sqrt{11}$：3.3166…
$\sqrt{12}$：3.4641…
$\sqrt{13}$：3.6055…
$\sqrt{14}$：3.7416…
$\sqrt{15}$：3.8729…
$\sqrt{16}$：4
$\sqrt{17}$：4.1231…
$\sqrt{18}$：4.2426…
$\sqrt{19}$：4.3588…
$\sqrt{20}$：4.4721…
$\sqrt{21}$：4.5825…
$\sqrt{22}$：4.6904…
$\sqrt{23}$：4.7958…
$\sqrt{24}$：4.8989…
$\sqrt{25}$：5

$\sqrt{3}$：1.7320…
$\sqrt{6}$：2.4494…
$\sqrt{7}$：2.6457…

> 3 cm²，6 cm²，7 cm²の正方形については，「作図できないかな」という問いを価値付け，棚上げしながら，近似値を求める。(p.94-95)

授業の流れ

ルート数直線の作り方

　3 cm²，6 cm²，7 cm²を除いて10cm²までの正方形は第 1 時でかいているので，それをコンパスで数直線に写し取る。（3 cm²，6 cm²，7 cm²をかいた生徒がいたら，その正方形を利用してもよい）

　3 cm²，6 cm²，7 cm²および11cm²以降は，mmまであるものさしと，電卓で求めた近似値をもとに数直線にとっていく。

　$-\sqrt{11}$ は 0 から $\sqrt{11}$ の長さを反対方向にとればできる。**2** であるように子どもの意見を共有しながら進めたい。

1 気付いたことかいておいて

S：ルートの値の間隔狭いですね。

S：数がつまっていてかきづらいです。

　コンパスで長さを写していくと，1 cm の中に数多くの点を打つことになり，かくことが大変になる。実際に数直線に点を打つことで実感することある。小学校の時と同様，量感を大切にしたい。$\sqrt{20}$ を越えても 5 以下であるなど，生徒は思っていたより小さく感じたりもする。

　教師が伝える必要はない。子どもが体験の中で気付いたり，感じるものである。

1 式の展開と因数分解

2 平方根

3 二次方程式

4 関数 $y=ax^2$

5 図形と相似

6 円の性質

7 三平方の定理

8 標本調査

本時の評価

・数の平方根の数直線をつくりながら，数の平方根の大小関係の特徴を調べ，まとめようとしていたか。

準備物

・電卓または PC 等検索できるもの
・コンパス

生徒のプリントを投影する。

間隔は一定でない
狭くなっていく。

[気づいたこと]

◦ $\sqrt{4}=2$，$\sqrt{9}=3$　$\boxed{\sqrt{a^2}=a}$

根号の中の数が大きい方が大きい

$$\boxed{a<b \text{ ならば } \sqrt{a}<\sqrt{b}}$$

◦ 負の数では絶対値が大きいほど小さい

　$\cdots<-\sqrt{3}<-\sqrt{2}<-\sqrt{1}<0<\sqrt{1}<\sqrt{2}<\sqrt{3}<\cdots$

◦ 自然数の間の $\sqrt{}$ が2つずつ増えていく

　1〜2の間は $\sqrt{2}$，$\sqrt{3}$ の2つ　┐
　2〜3の間　　　　　　　4つ　├ 2つずつ
　3〜4の間　　　　　　　6つ　┘ 増える

　足して1引くと？　いつでも成り立つ？

◦ ルートの値って意外と小さい
◦ $\sqrt{2}$ が2つ分で $\sqrt{8}$

$\sqrt{2}$: 1.414…
$\sqrt{3}$: 1.732…
$\sqrt{5}$: 2.236…
$\sqrt{5}$ の整数部分は2
$\sqrt{5}$ の小数部分は
$\sqrt{5}-2$

---

2 負の数もあるのですか？

T：○○さんから負の数もあるかという質問がでましたけど，どう思いますか？
S：正方形の一辺の長さなら負の数はない？
S：数直線なら，あると思います。
T：あるなら，どこに点を打てばよいのですか。
S：反対でしょ。
T：反対というと？
S：$+\sqrt{5}$ と $-\sqrt{5}$ は反対。
S：0に対して，対称。原点からの距離が等しい。
S：中1の内容と同じだね。

3 いつでも成り立つと言えるの？

S：4〜5の間には $\sqrt{17}$ 〜 $\sqrt{24}$ の8つ。5〜6の間には $\sqrt{26}$ 〜 $\sqrt{35}$ の10個ある。成り立ちそう。
S：証明にはなってないよね。文字を使って説明しなしと。
T：a〜b の間にはいくつあると言えるかな。
S：$\sqrt{a^2}$ と $\sqrt{b^2}$ の間の数の個数を調べればよい。
T：2乗ー2乗ってどこかで見たことありますよね。
S：因数分解だ。証明できそう。
　可能なら見つけたことは，考えさせたい。

本時案

平方根の大小関係を考えよう

本時の目標
・数の平方根の大小関係について，既習事項を基にして説明することができる。

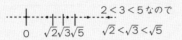 2＜3＜5なので
$\sqrt{2}<\sqrt{3}<\sqrt{5}$

0 $\sqrt{2}\sqrt{3}\sqrt{5}$

---

2 と $\sqrt{3}$ と $\sqrt{5}$ の大きさを比べよう
（2とおり以上の方法で説明しよう）

$2^2=4, (\sqrt{3})^2=3, (\sqrt{5})^2=5$

$(\sqrt{3})^2<2^2<(\sqrt{5})^2$　なので

$\sqrt{3}<2<\sqrt{5}$　　 2乗する

根号の中の数が大きい方が大きい

$2=\sqrt{4}$

$\sqrt{3}<\sqrt{4}<\sqrt{5}$　なので

$\sqrt{3}<2<\sqrt{5}$

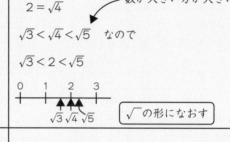

0　1　2　3

$\sqrt{3}\sqrt{4}\sqrt{5}$　　 $\sqrt{}$ の形になおす

---

④ 2　一辺が2の正方形の面積は4
③ $\sqrt{3}$　一辺が$\sqrt{3}$ 面積は3
⑤ $\sqrt{5}$　一辺が$\sqrt{5}$ 面積は5

面積が大きい正方形の方が一辺の長さも大きいので

$\sqrt{3}<2<\sqrt{5}$　　 正方形の面積で考える

$\sqrt{3}=1.732\cdots$

$\sqrt{5}=2.236\cdots$

よって　$\sqrt{3}<2<\sqrt{5}$

近似値

授業の流れ

大小関係を考える理由と多様な説明を探究することの必要性

　根号を用いた表現を導入することで，数の大小関係が判断しづらくなること，それゆえ，大小関係を判断する方法が必要になることを理解した上で問題提示する。

　答えが分かると，生徒は考えることをやめてしまうことがある。他の人に分かりやすい説明や別解を求めることで，考え続けるようになる。そして，多様な解き方・考え方を身につけることで，今後の問題解決では，場面に応じた方法の選択が可能になる。

解き方・考え方に名前をつけておく

　今回だけではなく，また出てくる考え方（2回以上出てくる考え方）には名前をつけておくことで，頭の中に残りやすくなる。名前があることでその考え方を認識するという場合もあるだろう。間違っていなければ生徒らしい名前のつけかたでも構わないと思う。

　例えば，○○さんが，平方して比べる考え方を「平方比較法」と名付けたと，授業で扱えば，その考え方の印象が強く残りやすくなる。

　生徒の名前をそのまま使って○○法と名付けることもある。

1 式の展開と因数分解

2 平方根

3 二次方程式

4 関数 $y=ax^2$

5 図形と相似

6 円の性質

7 三平方の定理

8 標本調査

本時の評価

・数の平方根の大小関係をいくつかの考え方で説明することができたか。

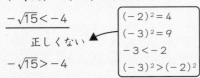

-4 と $-\sqrt{15}$ はどちらが大きいか

どの考え方が使える？

2乗する

$(-4)^2 = 16$

$(-\sqrt{15})^2 = 15$

$(-\sqrt{15})^2 < (-4)^2$ なので

$-\sqrt{15} < -4$

正しくない

$-\sqrt{15} > -4$

$(-2)^2 = 4$
$(-3)^2 = 9$
$-3 < -2$
$(-3)^2 > (-2)^2$

正方形の面積

$0 < x$ なので $-4, -\sqrt{15}$ は
正方形の一辺としてはおかしい

√ の形になおす

$-4 = -\sqrt{16}$

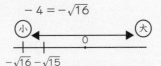

小 ← 0 → 大

$-\sqrt{16}$ $-\sqrt{15}$

負の数は絶対値が大きいほど小さい

近似値

$-\sqrt{15} = -3.872\cdots$

よって

$-4 < -\sqrt{15}$

教科書の問題で演習する。

---

1 どの考え方が使えそうですか？

T：すべての考え方が使えるのかな？

S：正方形の一辺の長さはマイナスではないから，正方形の面積の考え方は使えないです。

T：2乗して比べるやり方でやってみましょう。$(-\sqrt{15})^2 < (-4)^2$ なので $-\sqrt{15} < -\sqrt{4}$ はできますね。

S：間違っていますよ。

S：近似値で比べるやり方ならできます。

　複数の考え方をもっていることのよさを感じる体験を積み重ねたい。

2 2乗する考え方は間違いですか？

S：$-4 < -\sqrt{15}$ ですけど，2乗すると大小関係が逆転します。

T：どういう場合，不等号は逆転するのかな？

S：負の数の場合は必ず不等号が変わります。

S：それを覚えておけば，2乗した数を比べることで，もとの数の大小関係も分かるから，間違いとも言えないか。

　−をかけると不等号の向きが変わるという意見が出ることもあり，間違いで終わらせるともったいない考え方が含まれてある場合がある。

有限・無限小数と無限数・有理数の関係

本時の目標
・有理数や無理数の意味を理解することができる。

小さい順に並べよう
$\dfrac{10}{7}$, $\dfrac{17}{12}$, 1.436, $\sqrt{2}$, $\dfrac{357}{250}$

小数，分数，根号を含む数の大小関係を考えるときは，小数の表現にすると分かりやすい。

近似値で考える

$\dfrac{10}{7} = 1.42857142857\cdots$　循環小数

$\dfrac{17}{12} = 1.41666\cdots$　（循環する無限小数）

$\dfrac{357}{250} = 1.428$　有限小数

$\sqrt{2} = 1.41421356\cdots$　循環しない無限小数

2乗する

$\left(\dfrac{10}{7}\right)^2 = \dfrac{100}{49}$　$\left(\dfrac{17}{12}\right)^2 = \dfrac{289}{144}$

$1.436^2 =$　面倒!!

$\sqrt{}$になおす

$\dfrac{10}{7} = \sqrt{\dfrac{100}{49}}$　$\dfrac{17}{12} = \sqrt{\dfrac{289}{144}}$

$1.436 = \sqrt{}$

$\dfrac{357}{250} = \sqrt{}$　面倒

よって

$\sqrt{2} < \dfrac{17}{12} < \dfrac{357}{250} < \dfrac{10}{7} < 1.436$

棚上げ問題①（割り切れない場合は循環する理由の説明）

分数はわりきれる（有限小数）
または
わりきれないが同じ数がくり返される（循環小数）

授業の流れ

1 なぜ困っているのですか?

T：一番小さいのはどれですか?　せーの……。
S：時間ください。
T：なぜ時間かかっているの?　なぜ困るの?
S：分数・小数・ルートと，そろっていないから。
T：では，そろえればよいでしょう。ルートがあるので2乗してみましょうか。それから分数にして通分すればよいですね。
S：面倒くさいです。他の方法が簡単です。
　「形をそろえる」とか「簡単な方法がある」という意見が生徒から出るとよい。

2 4つの数を小数で表しましたが，何か気づいたことはありますか?

S_1：途中で止まる場合とずっと続く場合がある。
S_2：続いている場合は，途中から同じ数が繰り返されている。
S_3：有限小数以外は，かならず循環するのかな。
S_4：$\sqrt{2}$ は循環しないけど，分数では表せないのかな。
　生徒とやりとりしながら，循環小数，有限小数，無限小数の用語を確認する。

1 式の展開と因数分解
2 平方根
3 二次方程式
4 関数 $y=ax^2$
5 図形と相似
6 円の性質
7 三平方の定理
8 標本調査

本時の評価

・有限小数，無限小数および無理数，有理数の意味を理解し，その関係を分析することができたか。

根号がついた数，有限小数，循環小数は分数で表せるか。
（$\sqrt{3}$，$\sqrt{4}$）（0.4）（3.3333…）

$\sqrt{3}=\dfrac{\sqrt{3}}{1}$

$\sqrt{3}=1.7320508\cdots$ 循環しない無限小数は分数で表せない

무理数

┌ 分数の定義 ─
$\dfrac{m}{n}$　n，m は整数
　　　ただし $n \neq 0$
└─

$0.4=\dfrac{2}{5}$　有限小数は分数で表せる

$3.3333\cdots\cdots=\dfrac{10}{3}$　循環小数は分数で表せる ┐
　　　　　　　　　　　　　　　　　　　　　 │ 有理数
$\sqrt{4}=2$　整数は分数で表せる　　　　　 ┘
　$=\dfrac{2}{1}$

$x=3.333\cdots$ とする
$10x=33.333\cdots$
$-)\quad x=\ \ 3.333\cdots$
───────────
$9x=30$
$x=\dfrac{30}{9}$
$x=\dfrac{10}{3}$

定義をみたす

棚上げ問題②
（$\sqrt{3}$ は $\dfrac{整数}{整数}$ で表せない理由の説明）

$\sqrt{3}=\dfrac{a}{b}$（これ以上約分できない）と仮定した背理法を使った証明を紹介してもよい。

---

3 そもそも分数って何？

S：$\dfrac{\sqrt{3}}{1}$ なので分数で表せます。

T：みなさん，どう思いますか？
　　そもそも分数って何？

S：分からない……。

T：分数が分からないのに，分数で表されるか考えるのも無理がありますね。言葉の意味をはっきり述べておく必要がありますね。

　言葉を定義しておくことは重要だと実感する場面を体験させたい。

棚上げ問題の取り扱い

　そういうことが分かっていますと押さえて，証明は先送りにするが，これまでの知識で説明しようとする生徒もいる。①は分母が 7 つまり，7 で割る場合の余りを a とすると $0 < a < 7$ なので，多くても 7 回割ると，どこかで同じ余りが出てくるので循環することが分かる。②は

$\sqrt{3}=1+\sqrt{3}-1=1+\dfrac{(\sqrt{3}-1)(\sqrt{3}+1)}{\sqrt{3}+1}=1+\dfrac{2}{1+\sqrt{3}}$

と式変形し，最後の $\sqrt{3}$ に $1+\dfrac{2}{1+\sqrt{3}}$ を代入していくと，同じことが繰り返され，整数／整数の形になることはないという説明もできる。

本時案

数の世界を広げよう

本時の目標

・数の世界の広がりを理解しようとしている。

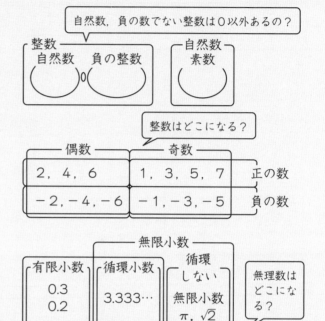

数の集合の関係をベン図で表そう

分数	$\frac{1}{2}$, $\frac{5}{3}$
小数	0.1, 0.5
整数	-2, -1, 0, 1, 2
正の数	$\frac{1}{2}$, 5, 0.3
負の数	$-\frac{2}{3}$, -4, -0.2
自然数	1, 2, 3, 4, …
素数	2, 3, 5, 7, 11, …
偶数	2, 4, 6, 8, …
奇数	1, 3, 5, 7, …
有限小数	2.5, 3.2
無限小数	3.1415…, 3.3333…
有理数, 無理数	

自然数, 負の数でない整数は0以外あるの？

整数 ─ 自然数 負の整数　0

自然数 ─ 素数

整数はどこになる？

偶数	奇数	
2, 4, 6	1, 3, 5, 7	正の数
-2, -4, -6	-1, -3, -5	負の数

無限小数

有限小数	循環小数	循環しない無限小数
0.3 0.2	3.333…	π, $\sqrt{2}$

有理数

無理数はどこになる？

授業の流れ

1 ○○数と言えば, 何がある？

T：小学校から学んできた数について整理しておきましょう。○○数と言えば何がありますか。

S：整数, 分数, 小数。

S：偶数, 奇数。

T：それらの数のうちいくつか選んで, 関係性をベン図で表してみましょう。1年生のときにも, 似たようなことをやりましたね。

生徒の発想を一緒に楽しむ

この問題を与えると, こちらが予想していない図も含めて, 多くの考え方が出てくる。

数の拡張ではないものや, 数学的な集合としては間違っている図が出てくることもあるが, 小学校から学んできた数についての知識が整理されていく。生徒同士の交流を途中で挟むことでさらに多様な意見が出る。

生徒の多様な意見, つぶやきを板書していくので, 授業のたびに板書は変わる。生徒の発表に対して, 質問したり, 間違いを指摘したりしながら, 生徒の豊かな発想を楽しめる時間になる。

本時の評価

・これまでに学んだ数の関係性をまとめようとしていたか。
・数の世界の広がりと，広がったことによるよさを理解しようとしていたか。

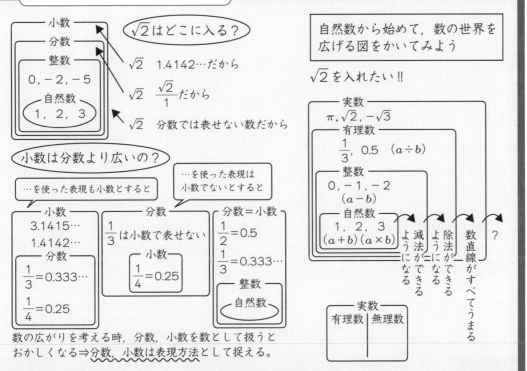

2 何がおかしいの？

S：小数の中に整数があるのがおかしい。

S：分数は $\frac{1}{2}$ も $\frac{1}{3}$ も小数に表されるから分数
　＝小数と考えてよいと思う。

S：$\sqrt{2}$ は分数の定義はみたさない。1.41とい
　うように小数では表されるので，小数の方
　が分数より大きい。

S：1.41は近似値で $\sqrt{2}$ は小数では表せていな
　い。

　生徒の意見を使いながら，有理数を使った拡
張の図につなげたい。

3 数の世界を広げる理由は？

T：何ができるようになったの？

S：整数に広げることで，減法ができるように
　なった。

S：有理数まで広げることによって除法ができ
　るようになった。

T：無理数を含めた数にすることによってでき
　るようになったことは？

S：2乗したら2になるような数も表せるよ
　うになった。

S：まだ数の世界は広がるの？

1 式の展開と因数分解

2 平方根

3 二次方程式

4 関数 $y=ax^2$

5 図形と相似

6 円の性質

7 三平方の定理

8 標本調査

本時案

根号を含む式の乗法・除法を考えよう

・平方根の積と商のきまりが成り立つことを考えることができる。

一辺が $\sqrt{6}$ cm の正方形と縦が $\sqrt{5}$ cm，横が $\sqrt{7}$ cm の長方形とでは，どちらの面積が大きいか

$\sqrt{6} \times \sqrt{6} = 6$
$= \sqrt{36}$

$\sqrt{5} \times \sqrt{7} = \sqrt{35}$
$\sqrt{5} \times \sqrt{7} = \sqrt{5 \times 7}$
と言えるかも？

$\sqrt{6} \times \sqrt{6} = \sqrt{6 \times 6}$ になっている

$\sqrt{5} \times \sqrt{7} = \sqrt{35}$ だとしたら正方形が大きいと言える

$\sqrt{5} \times \sqrt{7} = \sqrt{35}$ としてよいのか？

正方形の面積で考える

$\sqrt{a} \times \sqrt{b} = \sqrt{a \times b}$ ？

$\sqrt{5} \times \sqrt{7}$ なら？

5×7 なら

1 cm² が35個だから35 cm²

1 cm² の正方形はしきつめられない
$\sqrt{35}$ cm² かな？

いつでも成り立つと言えるか（一般化）

近似値　$5 \div 2.2360$
6
$\sqrt{7} \div 2.6457$
$2.236 \times 2.646 = 5.9164$
$\sqrt{35} \div 5.9160$

等しいと言えるか？

2乗して比べる

$(\sqrt{5} \times \sqrt{7})^2 = (\sqrt{5} \times \sqrt{7}) \times (\sqrt{5} \times \sqrt{7})$
$= \sqrt{5} \times \sqrt{5} \times \sqrt{7} \times \sqrt{7}$
$= 5 \times 7$
$= 35$
また $(\sqrt{35})^2 = 35$
$(\sqrt{5} \times \sqrt{7})^2 = (\sqrt{35})^2$ なので
$\sqrt{5} \times \sqrt{7} = \sqrt{35}$

$\sqrt{36} > \sqrt{35}$ なので一辺が $\sqrt{6}$ cm の正方形の面積の方が大きい

$(\sqrt{a} \times \sqrt{b})^2 = (\sqrt{a} \times \sqrt{b}) \times (\sqrt{a} \times \sqrt{b})$
$= \sqrt{a} \times \sqrt{a} \times \sqrt{b} \times \sqrt{b}$
$= ab$
また $(\sqrt{ab})^2 = ab$
$(\sqrt{a} \times \sqrt{b})^2 = (\sqrt{ab})^2$ なので
$\sqrt{a} \times \sqrt{b} = \sqrt{ab}$

授業の流れ

1　問題を解決するために，追求していくことを焦点化する

S₁：$\sqrt{5} \times \sqrt{7} = \sqrt{35}$ です。

T：なぜ，そう言えるのですか。

S₁：$5 \times 7 = 35$ だからです。

S₂：根号がついても九九のように計算してよいの？

S₃：$\sqrt{6} \times \sqrt{6} = \sqrt{6 \times 6}$ になっています。

T：同じ数なら，正しいと言えそうですね。異なる数の積の場合も同じように言えるのでしょうか。ここを今日の授業の焦点にしましょう。

2　このあとの授業展開を私はどう考えていると思いますか？

S：√のかけ算を考えたから，次は√の割り算を考える。

S：いつでも成り立つかどうか考えさせる。

T：いつでも成り立つことを示すためにはどうすればよいですか。

S：文字を使って一般化しておく。

　授業展開を予想させていると，問題を解き終わったとき，自分1人で次の問いを考えていくようになる。

本時の評価

・平方根の積と商のきまりはなぜ成り立つのかを説明できたか。

準備物

・電卓

1 式の展開と因数分解

2 平方根

3 二次方程式

4 関数 $y=ax^2$

5 図形と相似

6 円の性質

7 三平方の定理

8 標本調査

割り算も同じように言えるの？

$\sqrt{a}\div\sqrt{b}=\sqrt{a\div b}$ は成り立つ？

$\left(\dfrac{\sqrt{a}}{\sqrt{b}}=\sqrt{\dfrac{a}{b}}\right)$

一般化

具体的に考える

$\sqrt{2}\div\sqrt{3}=\sqrt{2\div3}$ としてよいか？

$\left(\dfrac{\sqrt{2}}{\sqrt{3}}\right)^2=\left(\dfrac{\sqrt{2}}{\sqrt{3}}\right)\times\left(\dfrac{\sqrt{2}}{\sqrt{3}}\right)$

$=\dfrac{\sqrt{2}\times\sqrt{2}}{\sqrt{3}\times\sqrt{3}}$

$=\dfrac{2}{3}$

また $\left(\sqrt{\dfrac{2}{3}}\right)^2=\dfrac{2}{3}$

$\left(\dfrac{\sqrt{2}}{\sqrt{3}}\right)^2=\left(\sqrt{\dfrac{2}{3}}\right)^2$ なので

$\dfrac{\sqrt{2}}{\sqrt{3}}=\sqrt{\dfrac{2}{3}}$

$\left(\dfrac{\sqrt{a}}{\sqrt{b}}\right)^2=\left(\dfrac{\sqrt{a}}{\sqrt{b}}\right)\times\left(\dfrac{\sqrt{a}}{\sqrt{b}}\right)$

$=\dfrac{\sqrt{a}\times\sqrt{a}}{\sqrt{b}\times\sqrt{b}}$

$=\dfrac{a}{b}$

また $\left(\sqrt{\dfrac{a}{b}}\right)^2=\dfrac{a}{b}$

$\left(\dfrac{\sqrt{a}}{\sqrt{b}}\right)^2=\left(\sqrt{\dfrac{a}{b}}\right)^2$ なので

$\dfrac{\sqrt{a}}{\sqrt{b}}=\sqrt{\dfrac{a}{b}}$

平方根の乗法・除法

$\sqrt{a}\times\sqrt{b}=\sqrt{ab}$ 　　$\sqrt{a}\div\sqrt{b}=\sqrt{a\div b}$

$\dfrac{\sqrt{a}}{\sqrt{b}}=\sqrt{\dfrac{a}{b}}$

教科書の問題で演習する。

---

3 具体的に考える？
一般的に考える？

S：数で考えるのですか？　いきなり文字で
やってよいのですか。

T：文字で説明できる人はそれで構いません。
文字だと難しい人は具体的な数で考えてみ
てください。

S：具体的に考えるなら，数は何でもよいので
すか？

T：どう思いますか？

S：何でもよいけど，簡単な数の方がよいと思
います。

具体のよさも感じるように

　文字で考える生徒は，いつもいきなり文字で
考えがちである。確かに具体的なもので説明し
ても，いつでも成り立つことは言えない。しか
し，具体的な例の方が予測しやすかったり，式
の変形が簡単だったりする。

　二次方程式の解の公式など，いきなり文字で
証明することは難しい場合がある。このような
ときに，文字で考える前に，具体的な数で一度
やってみることで，それを参考にすることがで
きる。困ったときは一度具体的にやってみると
いう選択肢をもってもらいたい。

本時案

根号を含む数を簡単な形で表そう

本時の目標

・根号を含む数を，目的に応じて変形することができる。

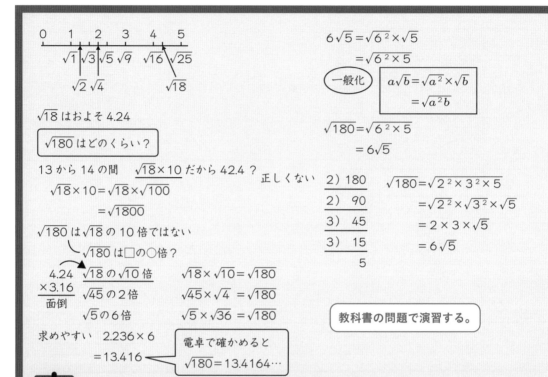

$6\sqrt{5} = \sqrt{6^2} \times \sqrt{5}$

$\quad\quad = \sqrt{6^2 \times 5}$

一般化 $\boxed{\begin{array}{l} a\sqrt{b} = \sqrt{a^2} \times \sqrt{b} \\ \quad = \sqrt{a^2 b} \end{array}}$

$\sqrt{180} = \sqrt{6^2 \times 5}$

$\quad\quad = 6\sqrt{5}$

$\sqrt{18}$ はおよそ 4.24

$\boxed{\sqrt{180} \text{ はどのくらい？}}$

13 から 14 の間　$\sqrt{18} \times 10$ だから 42.4 ？　正しくない

$\sqrt{18} \times 10 = \sqrt{18} \times \sqrt{100}$

$\quad\quad = \sqrt{1800}$

$\sqrt{180}$ は $\sqrt{18}$ の 10 倍ではない

$\sqrt{180}$ は □ の ○ 倍？

4.24　$\sqrt{18}$ の $\sqrt{10}$ 倍　　$\sqrt{18} \times \sqrt{10} = \sqrt{180}$
×3.16　$\sqrt{45}$ の 2 倍　　$\sqrt{45} \times \sqrt{4} = \sqrt{180}$
面倒　$\sqrt{5}$ の 6 倍　　$\sqrt{5} \times \sqrt{36} = \sqrt{180}$

求めやすい　2.236×6

$\quad\quad = 13.416$　$\boxed{\begin{array}{l}\text{電卓で確かめると} \\ \sqrt{180} = 13.4164\cdots\end{array}}$

```
2) 180
2)  90
3)  45
3)  15
     5
```

$\sqrt{180} = \sqrt{2^2 \times 3^2 \times 5}$

$\quad\quad = \sqrt{2^2} \times \sqrt{3^2} \times \sqrt{5}$

$\quad\quad = 2 \times 3 \times \sqrt{5}$

$\quad\quad = 6\sqrt{5}$

$\boxed{\text{教科書の問題で演習する。}}$

数直線：0　1　2　3　4　5
$\sqrt{1}$ $\sqrt{3}$ $\sqrt{5}$ $\sqrt{9}$ $\sqrt{16}$ $\sqrt{25}$
$\sqrt{2}$ $\sqrt{4}$ $\sqrt{18}$

授業の流れ

1 間違っているけど使える考え方は修正すればよい

T：$\sqrt{180} = \sqrt{18} \times 10$ は間違いですけど，○ ×□と 2 数の積にする考え方はよいですね。

S：$\sqrt{18} \times \sqrt{10}$

T：4.24×3.16 くらいですね。

S：2 数の積のうち 1 つは自然数の方が分かりやすい。

S：もう片方も根号の中の数が小さい方が計算しやすいね。

2 私は何が言いたいのでしょうか？

T：180＝（6 の 2 乗）×5 とひらめけばよいのですけど，ひらめかない場合はどうすればよいと思いますか？　累乗の積の形に変形することをやっていますね。

S：素因数分解。

T：はい。ただしこれは素数に分解することが目的ではなく 2 乗をつくることが目的です。ということは，私は何が言いたいのでしょうか。

S：割るのは素数でなくてもよい。

S：3 乗をつくっても仕方ない。

1 式の展開と因数分解

2 平方根

3 二次方程式

4 関数 $y=ax^2$

5 図形と相似

6 円の性質

7 三平方の定理

8 標本調査

本時の評価

・$\sqrt{1}$ 〜 $\sqrt{100}$ を数の特徴や法則を考えながら，簡単な形に変形することができたか。

準備物

・電卓

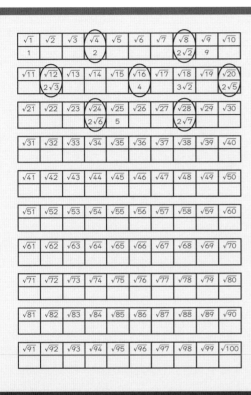

$\sqrt{1}$〜$\sqrt{100}$ までで簡単な形になおせるものはどれ？

気づいたこと，コツ

$\sqrt{1}$	$\sqrt{4}$	$\sqrt{9}$	$\sqrt{16}$	$\sqrt{25}$	$\sqrt{36}$	$\sqrt{a^2}$
1	2	3	4	5	6	a

根号の中が a^2 と表せる数は自然数

$\sqrt{4}$	$\sqrt{8}$	$\sqrt{12}$	$\sqrt{16}$	$\sqrt{20}$	$\sqrt{24}$	$\sqrt{28}$
2	$2\sqrt{2}$	$2\sqrt{3}$	4	$2\sqrt{5}$	$2\sqrt{6}$	$2\sqrt{7}$
$(2\sqrt{1})$			$(2\sqrt{4})$			

根号の中が4の倍数→$2\times\bigcirc$の形

$\sqrt{4n}=2\sqrt{n}$

$\sqrt{9}$	$\sqrt{18}$	$\sqrt{27}$	$\sqrt{36}$	$\sqrt{45}$	$\sqrt{54}$
3	$3\sqrt{2}$	$3\sqrt{3}$	$3\sqrt{4}$	$3\sqrt{5}$	$3\sqrt{6}$

---

3 コツを探してみよう

T：$\sqrt{1}$〜$\sqrt{100}$ までで，簡単な形になおせるものはどれでしょうか。実際になおしてみましょう。

S：え〜。全部ですか？　面倒くさい。

T：そうですね。$\sqrt{1}$ から1つずつ考えていってもよいのですけど，やっていくうちに早く変形するコツとか考え方とかが見つかるかもしれませんね。何か気づいたことがあった人は教えてください。全体で共有していきましょう。

経験と繰り返しも大切

　一度$\sqrt{1}$〜$\sqrt{100}$ まで経験すると，以後は一度はやったことのある問題となり，自信もつく。さらにコツを共有し，繰り返し変形していくと，素因数分解を書かずに簡単な形になおせるようにもなる。

　授業では2人1組で，ペンを使わずに口頭で$\sqrt{}$の中を簡単な形になおしていく活動もしている。（100問の時間を測ったり，ランダムで問題を出しあったりしている）

　$\sqrt{}$の中が大きい数のときなど，困ったときはいつでも素因数分解を使えばよいことを確認する。

本時案

どのくらいの数？

本時の目標
- 根号を含む式の乗法・除法の計算ができる。
- 目的に応じて表現を $\sqrt{a}$ の形や $a\sqrt{b}$ の形に変えることができる。

縦が $\sqrt{18}$ cm，横が $\sqrt{20}$ cm の
長方形の面積はどのくらい？

$\sqrt{18} \times \sqrt{20}$ を簡単な表現になおそう。

$\sqrt{18} \times \sqrt{20} = \sqrt{360}$

$\qquad = \sqrt{2^3 \times 3^2 \times 5}$

$\qquad = \sqrt{2^2 \times 3^2 \times 10}$

$\qquad = 2 \times 3 \times \sqrt{10}$

$\qquad = 6\sqrt{10}$ (cm²)

根号の中に
2乗をつく
りたい

$\sqrt{18} \times \sqrt{20} = 3\sqrt{2} \times 2\sqrt{5}$

$\qquad = 3 \times 2 \times \sqrt{2} \times \sqrt{5}$

$\qquad = 6\sqrt{10}$ (cm²)

$\sqrt{10} = 3.16$ とすると

$6\sqrt{10} = 18.96$

電卓で確かめると
$\sqrt{360} = 18.973\cdots$

```
2) 360
2) 180
2)  90
3)  45
3)  15
     5
```

練習　工夫して計算しよう

（1） $\sqrt{35} \times \sqrt{14} = \sqrt{490}$

$\qquad\qquad = \sqrt{7^2 \times 10}$

$\qquad\qquad = 7\sqrt{10}$

$\sqrt{35} \times \sqrt{14} = \sqrt{7} \times \sqrt{5} \times \sqrt{7} \times \sqrt{2}$

$\qquad\qquad = 7\sqrt{10}$

根号の中の値が7の倍数

（2） $\sqrt{27} \div \sqrt{6} \times \sqrt{50} = \dfrac{\sqrt{1350}}{\sqrt{6}}$

$\qquad\qquad = \sqrt{\dfrac{1350}{6}}$

$\qquad\qquad = \sqrt{225}$

$\qquad\qquad = \sqrt{5^2 \times 3^2}$

$\qquad\qquad = 15$

$\sqrt{27} \div \sqrt{6} \times \sqrt{50} = \dfrac{\sqrt{27} \times \sqrt{50}}{\sqrt{6} \times \sqrt{2}}$

$\qquad\qquad = 3 \times 5$

$\qquad\qquad = 15$

授業の流れ

1　面積はどのくらい？

S_1：$\sqrt{18}$ も $\sqrt{20}$ も4より少し大きいくらいだから，20cm² より小さいくらいかな？

S_2：$\sqrt{360}$ ってどのくらいだろう？

T：どのくらいの数か分かりやすいように，式を簡単な表現にしてみましょう。

　目的なく，計算しなさい，根号の中の数を小さい自然数にしなさいと言うのではなく，必要だから表現を変えるという点を強調していきたい。そのために「どのくらいの数か？」と予想させる導入にしている。

2　どういう工夫をしたのですか？

S_1：$\sqrt{35}$ を $\sqrt{7} \times \sqrt{5}$ に，$\sqrt{14}$ を $\sqrt{7} \times \sqrt{2}$ に変形しました。

T：どうしてそういう変形をしたの？

S_1：$\sqrt{7} \times \sqrt{7} = 7$ と整数がつくれるからです。

S_2：$27 \div 6 \times 50$ を計算するときは，27×50 をせず，6で約分するので，同じように計算しました。

　計算した生徒とは別の生徒に，板書から工夫を読み取らせて説明を求めることも効果的である。

1 式の展開と因数分解

2 平方根

3 二次方程式

4 関数 $y=ax^2$

5 図形と相似

6 円の性質

7 三平方の定理

8 標本調査

本時の評価

・長方形や正方形の面積や辺の長さを求めることを通して，必要に応じて式を変形して，どのくらいの数かを求めることができたか。

準備物

・電卓

次の正方形の一辺の長さはどのくらい？

300 cm² | 30000 cm²

$\sqrt{300} = \sqrt{3} \times \sqrt{100}$ $\sqrt{100}$ 倍＝10 倍

$\quad\quad = \sqrt{3} \times 10$

$\sqrt{3} = 1.73$ とすると

$1.73 \times 10 = 17.3$ （cm）

$\sqrt{30000} = \sqrt{3} \times \sqrt{10000}$ $\sqrt{10000}$ 倍＝100 倍

$\quad\quad\quad = \sqrt{3} \times 100$ $\overset{=}{100^2}$

$1.73 \times 100 = 173$ （cm）

$\sqrt{3} = 1.73$ 根号の中の数の小数点が

$\sqrt{300} = 17.3$ 2 桁ずれると値の小数点

$\sqrt{30000} = 173$ は 1 桁ずれる

$\sqrt{0.03} = 0.173$ ？

$\sqrt{0.03} = \sqrt{\dfrac{3}{100}}$

$\quad\quad = \dfrac{\sqrt{3}}{\sqrt{100}}$

$\quad\quad = \sqrt{3} \div 10$

$\quad\quad = 1.73 \div 10$

$\quad\quad = 0.173$

[一般化] $0 \leqq n \leqq 9$

$\sqrt{100n} = \sqrt{n} \times \sqrt{100}$

$\quad\quad\quad = \sqrt{n} \times 10$

$\sqrt{\dfrac{n}{100}} = \dfrac{\sqrt{n}}{\sqrt{100}}$

$\quad\quad\quad = \sqrt{n} \div 10$

3000cm²の正方形の一辺の長さはどのくらい？

$\sqrt{3000} = \sqrt{3} \times \sqrt{1000}$ $\sqrt{1000}$ 倍？

$\quad\quad\quad = \sqrt{3} \times \sqrt{10} \times \sqrt{100}$

$\quad\quad\quad = \sqrt{3} \times \sqrt{10} \times 10$

$\sqrt{10}$ 倍＝3.16 倍

$1.73 \times 3.16 \times 10 = 54.668$ （cm）

教科書の問題で演習する。

---

3 なぜ$\sqrt{\ }$の中が 2 桁ずれると，値は 1 桁ずれるの？

T：何が言えますか？

S：根号の中の数の小数点が 2 桁ずれると，値の小数点は 1 桁ずれる。

T：その理由を説明してください。

S：文字を使って説明した方がよいですか？

T：まず具体的な数で考えてみてください。余裕のある人は文字を使った説明も考えてみてください。

できない問題を与えてみる

$\sqrt{3000}$ は，$\sqrt{3}$ や $\sqrt{300}$ の近似値が分かっても求められない。$\sqrt{10}$ 倍は整数倍ではないからである。この場合は $\sqrt{30}$ または $\sqrt{10}$ の近似値が必要なのだが，最初から $\sqrt{30}$ を与えず求められるか考えさせてみるのもおもしろい。

しばらく考える時間を与えると，「求められません」，「$\sqrt{30}$ はいくつですか？」「$\sqrt{10} = 3.16$ としてよいですか？」という声が聞こえてくる。そんなやりとりをしながら $\sqrt{3000}$ は $\sqrt{3}$ の近似値だけでは求められない理由を考え，演習問題につなげる。

本時案

分母の有理化

 11/15

本時の目標

・分母の有理化の方法を説明することができる。
・数の平方根を含む除法の計算ができる。

横の長さが $\sqrt{2}$ で面積が 1 である長方形の縦の長さはいくつだろうか

① $1 \div \sqrt{2} = \dfrac{1}{\sqrt{2}}$ ②縦の長さを x とすると

（面積 ÷ 横 ＝ 縦） $x \times \sqrt{2} = 1$

（縦 × 横 ＝面積）

$x \times \sqrt{2} \times \dfrac{1}{\sqrt{2}} = 1 \times \dfrac{1}{\sqrt{2}}$

$x = \dfrac{1}{\sqrt{2}}$

③縦の長さを x とする
面積を自然数にするために
仮に $x = \sqrt{2}$ とする
すると面積は 2 になるので
半分にして $x = \dfrac{\sqrt{2}}{2}$

$\dfrac{1}{\sqrt{2}} = \dfrac{\sqrt{2}}{2}$ といってもよいのだろうか？

大小関係, ②乗してみる

$(左辺)^2 = \left(\dfrac{1}{\sqrt{2}}\right)^2$ $(右辺)^2 = \left(\dfrac{\sqrt{2}}{2}\right)^2$

$= \dfrac{1}{2}$ $= \left(\dfrac{\sqrt{2}}{2}\right) \times \left(\dfrac{\sqrt{2}}{2}\right)$

$= \dfrac{1}{2}$

$\left(\dfrac{1}{\sqrt{2}}\right)^2 = \left(\dfrac{\sqrt{2}}{2}\right)^2$ よって $\dfrac{1}{\sqrt{2}} = \dfrac{\sqrt{2}}{2}$

左辺を式変形して右辺にする

$(左辺) = \dfrac{1}{\sqrt{2}}$

$= \dfrac{1 \times \sqrt{2}}{\sqrt{2} \times \sqrt{2}}$

$= \dfrac{\sqrt{2}}{2} = (右辺)$

分母に $\sqrt{2}$ をかけたら
分子にも $\sqrt{2}$ をかける
（約分に似た考え）

分母の有理化…分母を根号のない形にすること

授業の流れ

1 等しいと言ってよいの？

T：$\dfrac{1}{\sqrt{2}}$ と $\dfrac{\sqrt{2}}{2}$ は等しいと言ってよいのでしょうか？

S：2 つとも，$\dfrac{1}{\sqrt{2}}$ も $\dfrac{\sqrt{2}}{2}$ も，横の長さが $\sqrt{2}$ で面積が 1 の長方形の縦の長さを表しているので等しいと言ってよいと思う。

T：等しいのか，またはどちらかが大きいのかというのは大小関係ですね。大小関係の考え方にはどんなものがありましたか？

S：ルートになおす。

S：2 乗する。

S：近似値で考える。

2 小学校のときに似たようなことをしませんでしたか？

T：$\dfrac{1}{\sqrt{2}} = \dfrac{\sqrt{2}}{2}$ ということが分かりましたね。ということは $\dfrac{1}{\sqrt{2}}$ は $\dfrac{\sqrt{2}}{2}$ に変形できます。どうすれば変形できるのでしょうか。

T：分数の形をかえることは小学校の時にも経験しませんでしたか？

S：約分。通分。

T：その時に使った考え方を使って，分母の有理化を説明してください。

1 式の展開と因数分解

2 平方根

3 二次方程式

4 関数 $y=ax^2$

5 図形と相似

6 円の性質

7 三平方の定理

8 標本調査

本時の評価

・分母を整数になおす方法を既習の方法と関連づけて説明することができたか。

・数の平方根を含む除法の結果がどのくらいの数か求めることができたか。

準備物

・電卓

近似値で考える $\sqrt{2}=1.414$ とすると

$\dfrac{1}{\sqrt{2}} = 1 \div \sqrt{2}$

$= 1 \div 1.414$

$= 0.7072$

$\dfrac{\sqrt{2}}{2} = \sqrt{2} \div 2$

$= 1.414 \div 2$

$= 0.707$

$$
\begin{array}{r}
0.7072 \\
1414\overline{)\,1000.0} \\
\underline{989\,8} \\
10\,200 \\
\underline{9898} \\
3020 \\
\underline{2828} \\
192
\end{array}
$$

$\dfrac{\sqrt{2}}{2}$ の方がどのくらいの数か分かりやすい

問 | $\sqrt{5}=2.236$ とすると
$6\sqrt{15} \div 2\sqrt{3}$ はどのくらいの数だろうか

$6\sqrt{15} \div 2\sqrt{3} = 6 \times \sqrt{15} \div 2 \times \sqrt{3}$

$2\sqrt{3}$ という 1つの数

$= 3\sqrt{15} \times \sqrt{3}$ ✕

$= 3\sqrt{45}$

$2\sqrt{3} = \sqrt{12}$

$9\sqrt{5}$　正しくない

$6\sqrt{15} \div 2\sqrt{3} = \dfrac{6\sqrt{15}}{2\sqrt{3}}$

$= \dfrac{6\sqrt{15} \times \sqrt{3}}{2\sqrt{3} \times \sqrt{3}}$

$= \dfrac{6 \times \sqrt{45}}{2 \times 3}$

$= \sqrt{45}$

$= 3\sqrt{5}$

$= 3 \times 2.236$

$= 6.708$

$\dfrac{6\sqrt{15}}{2\sqrt{3}} = \dfrac{6\sqrt{3} \times \sqrt{5}}{2\sqrt{3}}$

$= 3\sqrt{5}$

あえて有理化しない方が計算が簡単なこともある

教科書の問題で演習する。

---

3 有理化ってなんのためにするの？

S：表し方を1つにそろえるため？

T：それもあるかもしれませんが，他にも有理化することで都合がよいことがありそうですね。近似値で考えると分かりやすいかもしれません。

S：$\dfrac{\sqrt{2}}{2}$ の方が計算しやすい。

S：どのくらいの数か，検討つけやすい。

　分母が無理数であると大変なことを実際に経験させることで，有理化するよさを実感できるとよい。

目的を与えることで，思考が変わる

　無理数÷無理数は，その結果がどのくらいか見積もりづらいので，分かりやすい形に変えた方がよいという目的を意識付けする。

　分母の $\sqrt{3}$ を見ると，すぐに有理化しようとする生徒が出てくる。これは目的意識がなく分母に無理数があれば有理化しなくてはならないと，有理化すること自体が目的となっている。変形することでどのくらいかの数か分かりやすくするという目的意識があれば，この問題は，あえて有理化しない方が計算しやすいことが理解できる。

根号を含む式の 加法・減法を考えよう

12/15

・これまでの考え方を使って，根号を含む式の 加法・減法の計算方法を考えることができ る。

$\sqrt{2}+\sqrt{8}$ と $\sqrt{10}$ はどちらが大きいか？

$\sqrt{2}+\sqrt{8}=\sqrt{10}$ ？

$\sqrt{a}\times\sqrt{b}=\sqrt{ab}$ だった
$\sqrt{a}+\sqrt{b}=\sqrt{a+b}$ も 成り立つ？

近似値で考える

$\sqrt{2}=1.414,\ \sqrt{8}=2.828$
$\sqrt{2}+\sqrt{8}=1.414+2.828$
$\qquad\quad =4.242$
$\sqrt{10}=3.162$
よって $\underline{\sqrt{2}+\sqrt{8}>\sqrt{10}}$

$\sqrt{a}+\sqrt{b}=\sqrt{a+b}$ は
いつでも成り立つとは言えない

$\sqrt{2}+\sqrt{8}$ はいくつ？

2乗して比べる

$(\sqrt{2}+\sqrt{8})^2=(\sqrt{2})^2+2\times\sqrt{2}\times\sqrt{8}+(\sqrt{8})^2$
$\qquad\qquad\quad =2+2\times\sqrt{16}+8$
$\qquad\qquad\quad =2+2\times4+8$
$\qquad\qquad\quad =18$
$(\sqrt{10})^2=10$
$(\sqrt{2}+\sqrt{8})^2\neq(\sqrt{10})^2$ なので $\sqrt{2}+\sqrt{8}\neq\sqrt{10}$

$(\sqrt{2}+\sqrt{8})^2=\square^2$ をつくりたい

$(\sqrt{18})^2=18$
$(\sqrt{2}+\sqrt{8})^2=(\sqrt{18})^2$ なので $\underline{\underline{\sqrt{2}+\sqrt{8}=\sqrt{18}}}$

どのように 計算しているの？

授業の流れ

1 加法でも同じように考えてよい のでしょうか？

S_1：$2+8=10$ だから，$\sqrt{2}+\sqrt{8}=\sqrt{10}$ と してよいと思う。

S_2：乗法のときは，$\sqrt{5}\times\sqrt{7}$ は $\sqrt{35}$ だった。

T：確かに $\sqrt{a}\times\sqrt{b}=\sqrt{ab}$ が言えました。同 じように $\sqrt{a}+\sqrt{b}=\sqrt{a+b}$ と言ってよい か考えましょう。$\sqrt{5}\times\sqrt{7}$ のときはどん な考え方をしましたか？

S：近似値で考える。

S：2乗してみる。

S：正方形で考える。

教えず，やらしてからあとで学ぶ

乗法公式や分配法則を利用して√を含む計算 をすることは，今回初めてだがあえて何も言わ ずに活動を始める。

2乗して比べる考え方が出てくるので，そ こで必然的に乗法公式を利用することになる。 机間指導をしていてそこで困っている人がいれ ば，1章の展開を思い出すよう助言をした り，教科書の何ページか，あるいは，ノートの 日付はいつだった等を全体で確認・共有したり する。全体でも触れておくことで，次回の内容 につなげる。

1 式の展開と因数分解

2 平方根

3 二次方程式

4 関数 $y=ax^2$

5 図形と相似

6 円の性質

7 三平方の定理

8 標本調査

本時の評価

・根号を含む式の加法・減法の計算方法を既に学習した計算の方法と関連付けて，考察し表現することができたか。

準備物

・電卓

$\sqrt{2}+\sqrt{8}=\sqrt{18}$ であることを説明しよう

$\sqrt{2}+\sqrt{8}=\sqrt{2}+2\sqrt{2}$
$\qquad =(1+2)\sqrt{2}$
$\qquad =3\sqrt{2}$
$\qquad =\sqrt{18}$

$\sqrt{2}=a$ とすると
$a+2a$
$\qquad =(1+2)a$

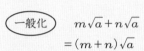

一般化　$m\sqrt{a}+n\sqrt{a}$
$\qquad\qquad =(m+n)\sqrt{a}$

（例）　$3\sqrt{5}-7\sqrt{5}$
$\qquad =(3-7)\sqrt{5}$
$\qquad =-4\sqrt{5}$

減法も加法と同じように計算できる。

正方形で考える

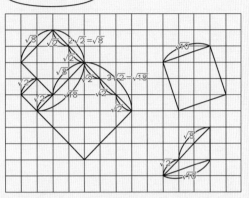

面積 $2\,\mathrm{cm}^2$ の正方形と面積 $8\,\mathrm{cm}^2$ の正方形の1辺の長さの合計が面積 $18\,\mathrm{cm}^2$ の正方形の1辺と等しくなっている。

教科書の問題で演習する。

---

2 既習の内容と関連づける

T：$\sqrt{2}+\sqrt{8}=\sqrt{18}$ だと分かりました。ではどのように計算することで $\sqrt{18}$ になるのか考えてみましょう。

S：$\sqrt{8}$ は $2\sqrt{2}$ になおせる。

T：$\sqrt{2}+2\sqrt{2}=\sqrt{18}$ なの？

S：$\sqrt{2}+2\sqrt{2}=3\sqrt{2}$ だから $\sqrt{18}$ です。

T：$\sqrt{2}+2\sqrt{2}=3\sqrt{2}$ となぜ言えるのですか？

　既習の分配法則と結びつけて，数の平方根の加法の計算方法を考えるように指示する。また減法も同じ考えで計算できることを確認する。

3 図でも説明できますか？

T：$\sqrt{2}+\sqrt{8}=\sqrt{10}$ ではなく $\sqrt{18}$ であることを図でも説明できますか。

S_1：$2\,\mathrm{cm}^2$ の正方形の一辺の長さが $\sqrt{2}$ cm。

S_2：$2\,\mathrm{cm}^2$ の一辺の長さと，面積 $8\,\mathrm{cm}^2$ の正方形の一辺の長さの合計が $(\sqrt{2}+\sqrt{8})$ cm。

S_3：$(\sqrt{2}+\sqrt{8})$ cm を一辺とする正方形をかいて面積を求めればよい。

S_4：私は面積 $10\,\mathrm{cm}^2$ の正方形と面積 $18\,\mathrm{cm}^2$ の正方形を先にかきました。

本時案

いろいろな計算をしよう

本時の目標

・根号を含む式の計算に，分配法則や乗法公式を適用することができる。

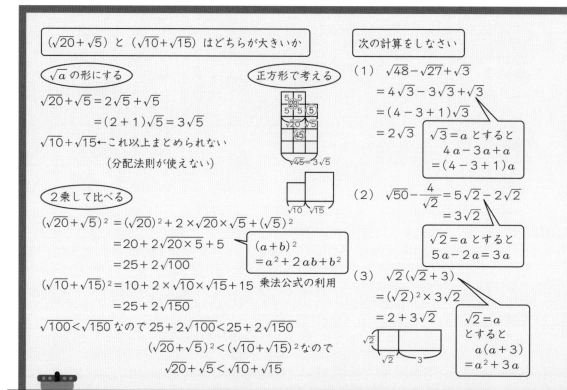

授業の流れ

1 大小関係を比べる方法は何がありましたか？

S_1：$\sqrt{a}$ の形にする。

S_2：2乗する。

S_3：正方形で考える。

S_4：近似値を出す。

T：まず $\sqrt{a}$ の形にそろえられるかやってみましょう。

　単元を通して，大小関係の場合の考え方を繰り返し言語化しているので，この頃には考え方が定着していて，生徒から自然と出る。授業展開を考えて，どの発言から取り上げるか選択する。

2 解き終わってから問いが生まれることがある

T：$\sqrt{20}+\sqrt{5}$ も $\sqrt{10}+\sqrt{15}$ も2乗すると整数部分が25になるので，結局 $2\sqrt{20\times5}$ と $2\sqrt{10\times15}$ の比較になります。

S：根号の中の数の和が両方25だからか。

S：根号の中の数の和が同じ場合は，根号の中の数の積が大きい方が大きいと言える。

T：なるほど。では，「根号の中の和が25の場合，最も大きな数は何か？」これを棚上げ課題とします。（根号の中が12.5と12.5の時と推測できる）

1 式の展開と因数分解

2 平方根

3 二次方程式

4 関数 $y=ax^2$

5 図形と相似

6 円の性質

7 三平方の定理

8 標本調査

本時の評価

・分配法則や乗法公式を適用することで，いろいろな式の計算ができたか。

(4) $(\sqrt{2}-\sqrt{5})^2$

$=(\sqrt{2})^2-2\times\sqrt{2}\times\sqrt{5}+(\sqrt{5})^2$

$=2-2\sqrt{10}+5$

$=7-2\sqrt{10}$

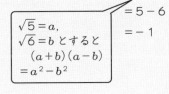

$\sqrt{2}=a,$
$\sqrt{5}=b$ とすると
$(a-b)^2$
$=a^2-2ab+b^2$

(5) $(\sqrt{5}+\sqrt{6})(\sqrt{5}-\sqrt{6})=(\sqrt{5})^2-(\sqrt{6})^2$

$=5-6$

$=-1$

$\sqrt{5}=a,$
$\sqrt{6}=b$ とすると
$(a+b)(a-b)$
$=a^2-b^2$

(6) $(\sqrt{3}+5)(\sqrt{3}+4)=(\sqrt{3})^2+9\sqrt{3}+20$

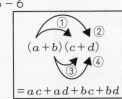

$=3+9\sqrt{3}+20$

$=23+9\sqrt{3}$

$\sqrt{3}=a$ とすると
$(a+5)(a+4)$
$=a^2+9a+20$

(7) $(\sqrt{6}-2)(2\sqrt{6}+3)$

$=\sqrt{6}\times2\sqrt{6}+\sqrt{6}\times3-2\times2\sqrt{6}-2\times3$

$=12+3\sqrt{6}-4\sqrt{6}-6$

$=6-\sqrt{6}$

$(a+b)(c+d)$
$=ac+ad+bc+bd$

(8) $(2\sqrt{3}+4)(2\sqrt{5}-2)$

$=2\sqrt{3}\times2\sqrt{5}+2\sqrt{3}\times(-2)$
$\qquad+4\times2\sqrt{5}+4\times(-2)$

$=4\sqrt{15}-4\sqrt{3}+8\sqrt{5}-8$

計算を中心とした小テスト（総括的評価）を行う。

3 他の人が分かるように書こう

T：何を利用して計算しているのか，他の人が見て分かるように書いてみましょう。

S：途中式を省略してはダメですか。

T：模範解答をつくるつもりで説明を書いてみてください。他の人に説明できれば，分かったと言えます。

「できる」が実は「分かっていない」生徒もいる。分かった上でできるようになるために説明を求めている。分かった後は，省略して答えに早く正確にたどりつく力も必要だと思う。

できる形にしてみる

展開公式は覚えていて，文字式の展開はできるのに，文字がなく根号を含む式になると困っている生徒がいます。

そういう生徒へは，文字に置き換えることで，今までやってきたものと同じ形することができると助言します。

慣れてくれば，文字への置き換えはしなくても済むようになります。また，「すでにできること，わかっていることにつなげればよい」という考え方も身についていきます。

本時案

紙のサイズの秘密を発見しよう

本時の目標

・数の平方根を具体的な場面で活用することができる。

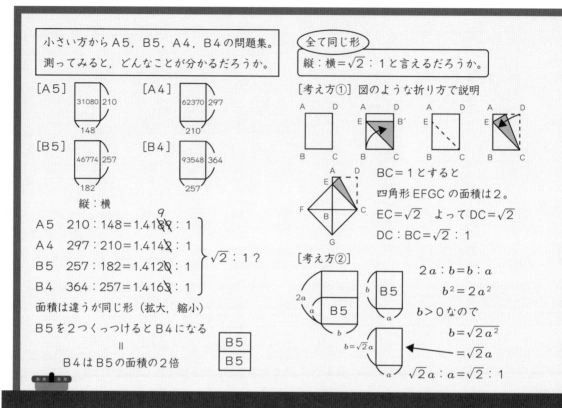

小さい方からA5，B5，A4，B4の問題集。
測ってみると，どんなことが分かるだろうか。

[A5] 31080　210 / 148
[A4] 62370　297 / 210
[B5] 46774　257 / 182
[B4] 93548　364 / 257

縦：横

A5　210：148＝1.4189…：1
A4　297：210＝1.4142…：1
B5　257：182＝1.4120…：1
B4　364：257＝1.4163…：1

$\sqrt{2}$：1？

面積は違うが同じ形（拡大，縮小）
B5を2つくっつけるとB4になる
＝
B4はB5の面積の2倍

B5
B5

全て同じ形

縦：横＝$\sqrt{2}$：1と言えるだろうか。

[考え方①] 図のような折り方で説明

BC＝1とすると
四角形EFGCの面積は2。
EC＝$\sqrt{2}$　よってDC＝$\sqrt{2}$
DC：BC＝$\sqrt{2}$：1

[考え方②]

$2a$：b＝b：a
$b^2＝2a^2$
$b>0$なので
$b＝\sqrt{2a^2}$
　＝$\sqrt{2}a$
$\sqrt{2}a$：a＝$\sqrt{2}$：1

授業の流れ

1 どこかで見たことある図形ではないですか？

T：この図を参考に実際に折ってみてください。何が分かるでしょうか。

S：ECとDCが等しい。でもECの長さが分からない。

T：EC一辺とする△EBCに着目すると，どこかで見たことある図形ではありませんか？四角形EBCB′はどんな図形ですか？

　これまでの学習を振り返り，面積が$2\,\text{cm}^2$の正方形を利用すればよいことを共有する。

2 面積が$2\,a^2$の正方形の一辺の長さは？

S：$\sqrt{2}a \times \sqrt{2}a ＝ 2\,a^2$になるから$\sqrt{2}a$

S：2乗したら10になる数が$\sqrt{10}$だったから，2乗したら$2\,a^2$になるのは$\sqrt{2\,a^2}$。

T：方程式としては，$x^2 ＝ 2\,a^2$の場合，$x ＝ \pm\sqrt{2\,a^2}$ですが，$x>0$なので$\sqrt{2\,a^2}$です。

　二次方程式は未習なので，平方根を求めた時を振り返りながら，丁寧に説明する。この単元の最後に二次方程式の一部に触れさせて，次の単元につなげたい。

1 式の展開と因数分解

2 平方根

3 二次方程式

4 関数 $y=ax^2$

5 図形と相似

6 円の性質

7 三平方の定理

8 標本調査

本時の評価
・自分たちが見つけた紙のサイズの特徴を説明する活動を通して，数の平方根について学んだことを生かそうとしていたか。

準備物
・A5，A4，B5，B4の問題集または用紙
・電卓

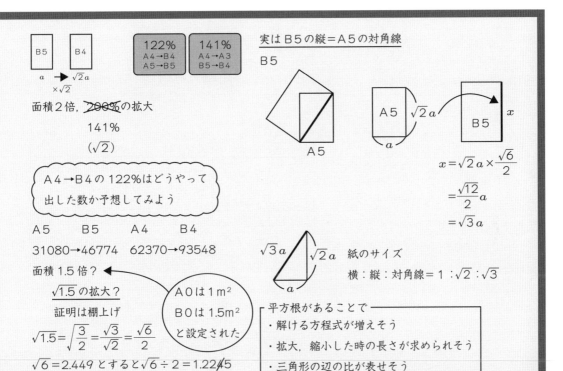

B5　B4

a ➡ $\sqrt{2}a$
　×$\sqrt{2}$

面積2倍，~~200%~~の拡大
　　　141%
　　　($\sqrt{2}$)

122% A4→B4 A5→B5　141% A4→A3 B5→B4

実はB5の縦＝A5の対角線
B5

A5

A5 $\sqrt{2}a$　B5 x

$x = \sqrt{2}a \times \dfrac{\sqrt{6}}{2}$

$= \dfrac{\sqrt{12}}{2}a$

$= \sqrt{3}a$

A4→B4の122%はどうやって出した数か予想してみよう

A5　　B5　　A4　　B4
31080→46774　62370→93548

面積1.5倍？

$\sqrt{1.5}$ の拡大？
証明は棚上げ

$\sqrt{1.5} = \sqrt{\dfrac{3}{2}} = \dfrac{\sqrt{3}}{\sqrt{2}} = \dfrac{\sqrt{6}}{2}$

$\sqrt{6} = 2.449$ とすると $\sqrt{6} \div 2 = 1.2245$

A0は1m²
B0は1.5m²
と設定された

$\sqrt{3}a$ $\sqrt{2}a$　紙のサイズ
　横：縦：対角線＝1：$\sqrt{2}$：$\sqrt{3}$

平方根があることで
・解ける方程式が増えそう
・拡大，縮小した時の長さが求められそう
・三角形の辺の比が表せそう

3 面積と長さの関係は？

T：これはコピー機の写真です。面積が2倍のB5からB4の拡大は200%ではなく141％となっていますね。これは辺の長さが $\sqrt{2}$ 倍ということです。ではA4からB4の拡大はなぜ122%なのでしょうか。

S：面積は1.5倍かな？

T：そうです。もともとA0は1m²，B0は1.5m²と設定されました。A0を半分にするとA1，さらに半分にするとA2です。

S：面積が2倍のとき，長さが $\sqrt{2}$ 倍だから…。

単元をつなぐ学習

A5を $\dfrac{\sqrt{6}}{2}$ 倍するとB5になることから，A5の横を a とするとB5の縦は $\sqrt{3}a$ であることが分かる。B5の紙は，A5の対角線とぴったり重なることで，紙のサイズの横：縦：対角線＝1：$\sqrt{2}$：$\sqrt{3}$ であることを確認する。

平方根があることで，三角形の比率が正確に求められる。三平方の定理や三角関数へつなげられ，√の必要性を感じさせることができる。

この題材は，平方根から二次方程式，相似な図形，三平方の定理と単元と単元をつなげることが可能な題材である。

本時案

近似値の理解を深めよう

本時の目標

・誤差や近似値，数を $a \times 10^n$ の形で表すことを理解している。

A5サイズの紙の対角線を測ろう

（最小目盛りの $\frac{1}{10}$ まで読もう）

測定値
256.6mm　真の値に近い

近似値

真の値は $\sqrt{}$ を使わないと
表せないので誤差はある

誤差＝近似値－真の値

（例）円周率の近似値を3.14とすると
　　　誤差＝3.14－π
　　　　　　　　↑
　　　　　　　真の値

近似値はどんな場面で使われてる？

・身長165cm　・駅から家まで3000m

・昨日2時間勉強した。およその数

（1）家庭科

栄養成分表示（40g当たり）	
エネルギー	41 kcal
たんぱく質	6.0 g
脂　　　質	1.3 g
炭 水 化 物	1.4 g
ナトリウム	406 mg
食塩相当量	1.0 g

6gではなく6.0gに意味はある？

・6.0の方がぴったりっぽい

・6だと6.4や5.6かも

真の値を a とする

近似値が6gの場合　　$5.5 \leqq a < 6.5$

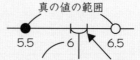

真の値の範囲

信頼できる

近似値　誤差　真の値

近似値が6.0gの場合　　$5.95 \leqq a < 6.05$

授業の流れ

数学と他教科をつなぐ

　生徒が現実の問題を解くとき，どの単元とか，どの教科なのか関係なく考えていく必要がある。日ごろから他教科の学習の中で数学につながりそうな問題があれば積極的に使っていくとよい。

　理科では，最小目盛りの $\frac{1}{10}$ まで読むことになっているので，今回の授業でもそれに合わせた。目で読み取った小数第1位も有効数字と言い，その次の位は四捨五入したと考える。

　他教科の教科書を使うことで，数学を他教科や現実の世界へつなぐことを意識している。

1　近似値って普段どんなところで使われていると思う？

S：駅から家まで3000m。ぴったりではない。

S：昨日2時間勉強したとかでもよいのかな。

T：よいでしょう。真の値は2時間ではなく2時間1分27秒かもしれないしね。今日は，他教科の教科書から近似値を探してきました。まずは家庭科の教科書から。何か気になることありますか？

S：6.0gや1.0gが気になる。0は必要なのかな。

S：脂質や炭水化物が小数第1位まであるから，それに合わせたのかな。

1 式の展開と因数分解

2 平方根

3 二次方程式

4 関数 $y=ax^2$

5 図形と相似

6 円の性質

7 三平方の定理

8 標本調査

（2）社会

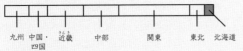

九州　中国・　近畿　　中部　　　　関東　　　東北　北海道
　　　四国

北海道の人口：530万人（4.2%）

530万人って，どのくらい正確なの？

530万人

↖この0が信頼できる数か分からない

①

一万の位を四捨五入してたら0は信頼できない

　　　有効数字は5，3の2桁

②

千の位を四捨五入してたら0は信頼できる

　　　有効数字は5，3，0の3桁

①$5.3\times10^6$　②$5.30\times10^6$

（整数部分が1桁の数）×（10の累乗）の形で表す
ことで有効数字をはっきりさせることができる。

（3）理科

太陽系の天体の特徴

天体の名前	直径（地球＝1）
太陽	109.13
水星	0.38
金星	0.95
地球	(12756km)

[問題] 地球の直径を $a\times10^n$ の形で表せ

（1）有効数字4桁

　　　　　　　　　1.276×10^4km

（2）有効数字3桁

　　　　　　　　　1.28×10^4km

（3）有効数字2桁

　　　　　　　　　1.3×10^4km

近似値について自分でまとめてみよう。

2 どのくらい正確なの？

T：530万人はおそらく近似値でしょう。調査
　した日が本当にぴったり530万人ってこと
　は考えにくいので。ではどのくらい正確な
　のかな。

S：1万人未満を四捨五入しているのかな。

S：一万の位を四捨五入しているかもしれないよ。

T：先ほどの6.0の0は明らかに意図的に残し
　ている感じがしましたが，530万の書き方
　だと0は，信頼される0なのかどうか区
　別つきませんね。

3 近似値はどこで使われている？

T：近似値，誤差，有効数字について自分でま
　とめてください。

S：意味をかけばよいですか。

T：知識をまとめるだけではなく，必要性と
　か，どこで使われているかとか書けるとよ
　いですね。他教科で使われている場面もあ
　りますし，数学にこだわらなくて大丈夫で
　す。今回，北海道の人口とか地球の直径と
　か大きな数の概数を近似値として扱いまし
　が，小さい数の場合もありますよ。

「学びに向かう力」が発揮されたと言えたのはどのような姿なのか。これまでの授業を振り返ると、2つの場面が考えられる。

1つは、問題が解けた時に、生徒が自分でさらなる問いを見つけて考え続けた場面である。知識・技能が同じくらいの生徒でも、解けて満足して考えることをやめる生徒と、答えが出た後でもまだ考え続けている生徒に分かれる。

もう1つは、問題が解けない時に、諦めずに考え続けた場面である。やはり知識・技能が同じくらいの生徒でも、解けないときに、諦めて何もしなくなる生徒、すぐに他の人に聞く生徒、そして自分で考え続ける生徒に分かれる。人と意見を交換していくことも大切だが、自分の考えにこだわることも大切だと思う。解けないと、その考えを捨ててしまう生徒が多いのだが、実はその中に素晴らしい考え方がある場合があるからだ。これは、せっかくのお宝を捨てているようなものである。自分の考えをじっくり少しずつ修正して、じわじわ正解に近づいていく姿こそ学びに向かう力が発揮されたと言えるのではないだろうか。分からないときに自分で正解に近づいていくためには「前に似たような問題はなかったかな?」とか「何と何が関係しているのかな?」などの数学的な見方・考え方を働かせていく必要がある。

1時間目の様々な面積の正方形をかく授業では、面積が1、2、4、5、8、9、10cm²の正方形に限定するのは、不自然さがある。このような問題のときには、与えられた面積がかけたときに、「他の面積はかけないのかな」と自然に問い続ける生徒になってほしいものである。与えられた面積が解けて満足する生徒もいるだろうが、勝手に他の面積を考え始める生徒や、「他の面積はかけないのですか」と質問してくる生徒が出てほしい。

3cm²、6cm²、7cm²の正方形の面積をかくためには、「直径に対する円周角は直角」または「三平方の定理」が必要である。現段階ではいったん棚上げしておいて、その定理が出た時に、再度同じ問題を提示することも考えられる。それまでできなかったことが、できるようになり、その定理のよさをより実感できるだろう。

私は、この授業においてそのまま考えさせたいので、2年生の三角形の性質を利用した演習問題として「直径に対する円周角は直角」を証明している。(図1)

まず、3cm²、6cm²、7cm²は1cmごとの点を結んでもかけないのでコンパスを使うことを確認する。

「今までの考え方が生かせないか」という見方・考え方が身についていると、面積が1、2、4、5、8、9、10cm²の正方形のかき方を生かそうとする。生徒の状況に応じて「すでにかけた正方形の考え方を使ってごらん」と助言する。私はこの授業において、2、5、8、10cm²の正方形のときに、6cm²、7cm²、3cm²を考えるときに使えそうな考え方をしている生徒を意図的に指名することで、その考え方が板書に残るようにしている。

これまでの授業では、多くの生徒が8cm²のかき方（図2）4+1×4＝8に着目し、三角形の4つの面積を1cm²のものから0.5cm²に変えれば、4＋0.5

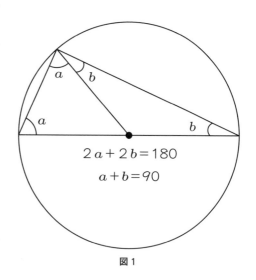

$$2a + 2b = 180$$
$$a + b = 90$$

図1

×4＝6になると考え，図3のような図形をかいた。（コンパスがあるので高さを2等分できる）しかし正方形ではないので，生徒はこの四角形に三角形を加える考えを捨てようした。しかしこの考え方をすぐに捨てるのはもったいない。面積は，6cm²であっているわけなのだから，それを修正していくという方向に導くことが教師の役割である。「面積は6cm²であっているけど，形が正方形ではないよね」，「そもそも正方形の定義は何？」なんて言葉を生徒とやりとりしていると，「生徒が等積変形だ」とか「三角形が直角三角形ならよいのでは？」，「直角ってどうやってかくの？」とかアイディアを出してコンパスを動かし始める。（図4が6cm²の正方形）。自分の考え方を修正していく，これが粘り強く調整していく姿なのではないだろうか。

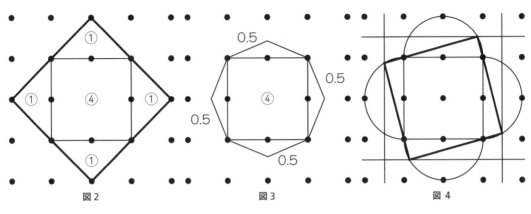

図2　　　　　　　　　　図3　　　　　　　　　　図4

なお7cm²は三角形の高さを$\frac{3}{4}$にすれば，$4+\frac{3}{4}×4＝7$となる（図5）。3cm²は6cm²の中点を結ぶとでかくことができる。（図6）

三平方の定理を学んだ後で，同じ課題を与えると，図7，図8のように簡単に長さをかくことができ，三平方の定理のよさを味わうとともに，三角形の比と平方根の関係をつなぐことになる。

授業は『「？」（疑問）で始まり「！」（驚き・納得）で終わる』イメージで私は授業をしてきたが，徐々に「？」が残ったまま授業を終えるのも場合によってはよいと考えるようになってきた。完全に解決するより

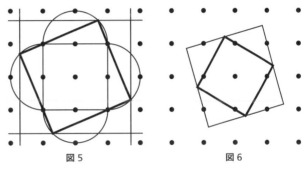

図5　　　　　　　　　図6

考える余地を残した方が，問い続ける生徒が増えているようにも思うからである。それが正しいかどうか，どこまで「？」を残すのか…授業をしている私はいつも「？」が続いている。

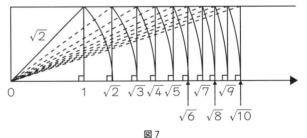

図7

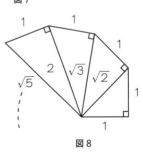

図8

3 二次方程式 （13時間扱い）

単元の目標

・二次方程式の意味及び必要性を理解するとともに，二次方程式を解く。
・二次方程式を具体的な場面で活用する。
・二次方程式のよさを実感して粘り強く考え，よりよく問題解決しようとする。

評価規準

知識・技能	①二次方程式の必要性と意味及びその解の意味を理解している。 ②因数分解したり平方の形に変形したりして二次方程式を解くことができる。 ③解の公式を知り，それを用いて二次方程式を解くことができる。 ④事象の中の数量やその関係に着目し，二次方程式をつくることができる。
思考・判断・表現	⑤因数分解や平方根の考えを基にして，二次方程式を解く方法を考察し表現することができる。 ⑥二次方程式を具体的な場面で活用することができる。
主体的に学習に 取り組む態度	⑦二次方程式の必要性と意味について考えようとしている。 ⑧二次方程式について学んだことを生活や学習に生かそうとしている。 ⑨二次方程式を活用した問題解決の過程を振り返って評価・改善しようとしている。

指導計画 全13時間

次	時	主な学習活動
第1次 二次方程式 （二次方程式やその解の意味理解するとともに，二次方程式を解くことができるようになろう）	1	二次方程式をつくることを通して，必要性や意味を理解する。
	2	二次方程式の解を見つけ，その理由を説明する。
	3	因数分解を使って二次方程式を解く。
	4	これまで学んだ方程式を振り返り，元の数や次数を落として解くことができることを説明する。
	5	平方根の考えを使って二次方程式を解く。
	6	平方の形に直して二次方程式を解く。
	7	二次方程式の解の公式を導く方法を説明する。
	8	解の公式を使って，二次方程式を解く。
	9	いろいろな二次方程式を解く方法について，よりよい方法を判断して解く。
第2次 二次方程式の利用 （二次方程式を使って，日常や数学の問題解決ができるようになろう）	10	ある条件を満たす2数を求め，求める方法を説明する。
	11	条件に合うような道幅を求め，求める方法を説明する。
	12	正方形の辺上を点が動いた時間を求め，求める方法を説明する。
	13	試合数からチーム数を求め，求める方法を説明する。

単元の基礎・基本と見方・考え方

(1)二次方程式や解の意味についての知識，二次方程式を解く技能や方程式をつくる技能の習得

　第１学年では一元一次方程式，第２学年では連立二元一次方程式を学習し，第３学年で一元二次方程式を学習するが，一貫して「何を文字で置くか」「何に着目して等式（方程式）をつくるか」に目を向けさせ，方程式の意味理解や立式の技能の習得につなげたい。また，本単元では x の２乗を含む方程式を扱うことになるが，因数分解や平方根の考えを使うことにより，次数を落として一元一次方程式とすることでこれまでの方程式を統合的にみることを単元のストーリーに組み込み，３年間で学んできた方程式を改めて振り返る機会を設けている。

　二次方程式を解く方法について，小単元１の終末で二次方程式を解く方法を振り返る活動を設けている。その際，式の形や文字の係数に着目して，よりよい解法を判断しようと考えたり評価・改善しようとしたりする場面を設けることを大切にしたい。

(2)二次方程式における思考力，判断力，表現力の育成

　本単元では活用の場面だけでなく，二次方程式の解について成り立つ理由の説明や，方程式を解く方法の説明などについて，生徒が考え，表現する場面を設けている。このような説明し合う活動を通して，生徒が思考したことを表現する場面を多く設定したい。

　また，活用の場面では数学的活動における「日常や社会の事象の問題解決」と「数学の事象の問題解決」をバランスよく扱いたい。特に本単元では事象を数学の舞台に上げ，方程式をつくって解き，その解を事象に戻したときに何を意味しているのかを考察する「解が問題に適すること」について，これまで扱ってきた方程式の学習より一層大切になる。このことからも，３年間の方程式指導における集大成として，方程式を使った問題解決のサイクルを大切にしたい。

(3)二次方程式における主体的に学習に取り組む態度の涵養

　小単元１の終末（９時）では，「正しく解くために気をつけること」について，小単元２の終末（13時）では日常や数の事象から「方程式を使った問題解決で，大切だと思うこと」についての振り返りを自立的，協働的に行い，自己の学びを振り返る場面を設定した。ここで考えたことや大切なことなどをノートや振り返りシート等に記入させ，次の学習につなげられるようにしたい。

　また，振り返りの記述だけでなく，机間指導を通じて捉えた生徒の学習の取組や発言の内容，ノートの記述等，多様な評価の方法で生徒の学習を評価することも大切である。そのため，授業における生徒が何に着目し，どのように考えているのかを表現する時間を確保できるようにしたい。

1 式の展開と因数分解
2 平方根
3 二次方程式
4 関数 $y=ax^2$
5 図形と相似
6 円の性質
7 三平方の定理
8 標本調査

本時案

二次方程式とは？

本時の目標
・与えられた条件から，方程式をつくることができる。
・二次方程式の必要性と意味を理解する。

> 方程式という言葉が出た後で板書する

方程式を利用して問題を解決しよう

┌─ 学習問題 ─
長さ 24 m のロープで囲んで，面積が 32 m² の長方形を作るときの，縦と横の長さはそれぞれ何 m にすればよいだろうか。
└─

── 24 m ──

⇓

32 m²

どうすれば
求まりそう？

⇓

方程式をつくって，求める。

授業の流れ

1 方程式の意味を振り返り，方程式をつくろう

T：縦と横の長さを求めるためには，どうすればよいかな。

S：方程式を立てて解く。

S：方程式って，何だっけ？

S：分かっていない値を文字で置いた等式です。

S：つけたしです。x の値によって成り立ったり成り立たなかったりする式です。

T：すばらしいですね。1，2 年でやりましたね。

　まず，「方程式とはどのようなものだったか」を振り返り，解決の見通しを立てる。

2 何を文字で置く？

T：何を文字で置いて，方程式をつくろうと考えていますか？

S：縦の長さを x m，横の長さを y m として方程式をつくれるのではないかな。

S：ロープの全体の長さが 24 m だと分かっているから，縦の長さを x m とすると，横の長さは決まるのではないかな。

T：方程式をつくるとき，どのような数量に着目して方程式をつくったか，そのつくり方を説明できるようにしましょう。

　既習の一次方程式，連立方程式と関連付け，2 通りの方法があることを共有する。

3 どのように方程式をつくった？

T：どのように方程式をつくりましたか？

S：私は 1 つ目の式を長さについての式，もう 1 つを面積について連立方程式をつくりました。

S：私は面積に着目して，縦の長さ x m とすると，横の長さが（$12 - x$）m になるので，積が 32 になる方程式をつくりました。

　今後の方程式の学習でも，どのようにして方程式をつくったか，どのように式変形をして方程式を解くかなど，方法の説明を丁寧にさせるよう指導する。

本時の評価

・与えられた条件から方程式をつくることができるとともに，その方程式が x の二次式として表されることを理解していたか。

方法1　連立方程式の考え

縦の長さを xm，

横の長さを ym とすると，

$$\begin{cases} 2x+2y=24 \cdots ① \\ \text{長方形の周りの長さに着目} \\ xy=32 \qquad \cdots ② \\ \text{面積に着目} \end{cases}$$

方法2　一次方程式の考え

縦の長さを xm とすると，

$$x(12-x)=32$$

横の長さ

面積に着目

方法1，方法2，同じに見える？

$$2x+2y=24$$
$$x+\ \ y=12$$
$$y=12-x$$

この式を，
②に代入すると

$$x(12-x)=32$$

同じ式になった！

$$x(12-x)=32$$
$$12x-x^2=32$$
$$12x-x^2-32=0$$
$$-x^2+12x-32=0 \ \Big)\ \substack{\text{両辺}\\ -1\text{倍}}$$
$$x^2-12x+32=0$$

二次式

このような方程式を
二次方程式といいます。

この方程式の解は…？ （次回）

解いたことが
ない方程式

 4　x，y を使った方程式と，x だけの方程式の関係は？

T：方法1の方程式と，方法2の方程式は，式の形が違うね。でも，先生には同じに見えるんだけど……。みんなはどう？

S：去年，連立方程式で学んだ「代入法」を使うと……。①を y についての式にして，②の式に代入すると……。

S：方法2と同じ方程式になった！

T：2つの方法は，同じ式としてみることができますね。

5　解いたことのない方程式……どのように解く？

T：今まで解いたことのない二次式の方程式が出てきましたね。どのようにしたら解けそう？

S：方程式の x に数を代入していけばわかりそうな気がする。

S：2つの数の積が32になるから，$x=4$ と $x=8$ になりそう。

T：次回，解く方法を考えましょう。

1 式の展開と因数分解
2 平方根
3 二次方程式
4 関数 $y=ax^2$
5 図形と相似
6 円の性質
7 三平方の定理
8 標本調査

本時案

二次方程式の
解の意味

授業の流れ

1 代入しなきゃ，いけないの？

T：前回は，これまで解いたことのない方程式
$x^2-12x+32=0$ の解はいくつなのか，
考えようとしていましたね。見当，つきそ
うですか？

S：前回考えていたけど，4とか8が解にな
りそうだけど……。

T：では，実際に確かめてみましょう。方程式
を成り立たせる x の値を，1から10まで
の数から探してみましょう。

S：全部，代入するの？　面倒くさい……。

T：代入してみて，「なぜその数が解になっ
て，それ以外の数が解でない」といえる
か，説明できるとよいですね。

二次方程式の解の意味と，解く方法
を考えよう

学習問題

二次方程式 $x^2-12x+32=0$ を
成り立たせる x の値を，1から
10までの中から探そう。方程式
の解は，いくつだろうか？

x	1	2	3	4	5	6	7	8	9	10
$x^2-12x+32$	21	12	5	0	−3	−4	−3	0	5	12

事前に「説明の正答の条件」を考えて，授業に臨む

　教師が理由や方法の説明を求めるとき，その
「正答の条件」を予め考え，授業に臨むことは
とても大切である。今回は，次の3つを踏ま
えて説明することを正答の条件として考えた。

① x に1から10までを代入したとき，左辺
と右辺の値が等しくなるのは，4と8の
ときだけである。（それ以外は，左辺と右
辺は等しくならない。）

② 方程式を成り立たせる文字の値が，この方
程式の解である。

③ よって，この方程式の解は，4と8である。

2 どれが解で，なぜそういえるの？

S：x が4と8のとき，左辺が0になるか
ら，解になると思います。それ以外は，
0にならないので解ではないです。

T：何が0になるの？

S：$x^2-12x+32$の値です。

T：何で0になると解になるの？

S：左辺と右辺が等しくなって方程式が成り立つ。

T：x に4と8を代入したとき，左辺と右辺
が等しくなるので，4と8はこの方程式
の解なのですね。

本時の評価

・方程式の文字（x）に数を代入したとき，左辺と右辺が等しいことが成り立たせる数が方程式の解であることを理解していたか。
・二次方程式の解が２つあることを理解していたか。

$x=4$ と $x=8$ のとき，0になる

何が0になるの？

左辺　$x^2-12x+32$ に
$x=4$ と $x=8$ を代入すると
0になる
右辺と等しくなる。

左辺に $x=4$ と $x=8$ を 代入すると (左辺)＝(右辺) になる

$x=4$，$x=8$ が
方程式の解（かい）

二次方程式 $x^2-12x+32=0$ の
解は，$x=4$，$x=8$ である

この方程式の解は $x=4$，$x=8$ 以外に本当にない？　x の値が1から10以外でも，そう言える？

x	1	2	3	4	5	6	7	8	9	10
$x^2-12x+32$	21	12	5	0	−3	−4	−3	0	5	12

←真ん中→

x が負の数になったら…？

$x=6$ のときを真ん中に，x に代入した値は，両端にいくにつれて（対称に）増えていく。

本当に？

(左辺)＝(右辺) になるのは，
0　　0
$x=4$，$x=8$ の２つだけ！

それ以外はちがう

3　この方程式の解は，$x=4$，$x=8$ の２つだけ……本当に？

S：x の値が１から10以外の数で考えても，この方程式の解は，$x=4$ と $x=8$ だけといっていいのかな？
T：みんなは，どう思う？　そういってよさそう？
S：表を見ると，$x=6$ のときを真ん中にして数が左右対称になっているよ。
S：両端にいくにつれて，数は大きくなっているね。
S：右辺と左辺が等しくなるのは，４と８だけだね。

4　解を求める方法に向けて

$x^2-12x+32$の値の変化については高等学校での二次関数を待たなければならないが，生徒の問いや発想を，板書でも大切にしたい。併せて，$y=x^2-12x+32$として x と y の関係を座標にとり，変化の様子を考察する生徒がいれば，全体で共有する。

本時の最後に，授業冒頭の「代入は面倒くさい」という生徒の言葉を取り上げ，「今度は，手際よく解を求める方法を考えていこう」と伝え，次時につなげていく。

本時案

二次方程式の解き方①
因数分解を使った解き方

本時の目標

・因数分解や平方根の考えを使って二次方程式を解く方法を考察し表現できる。
・因数分解を使って二次方程式を解くことができる。

（前時）

二次方程式 $x^2 - 12x + 32 = 0$ を解く方法
x に数を代入して，（左辺）＝（右辺）
になるか，確かめる　面倒!!

↓

効率よく，解く方法は？

┌ 学習問題 ─────────
次の方程式の解は，いくつでしょうか。
① $x^2 + 5x - 6 = 0$
② $x^2 = 4$
③ $x(x - 8) = 0$
└─────────────

（予想）

②は簡単に求まりそう。

③は $x \times (x - 8) = 0$ だから…

①は……？

② $x^2 = 4$

$x = 2$　だけじゃない！

ある数を2乗して，4になる数

4の平方根

$x = 2,\ x = -2$

③ $x(x - 8) = 0$

┌─────────────┐
どちらかが，0ならば，
積は0になる！
└─────────────┘

$x = 0$ または $x - 8 = 0$

何で，または？　➤　x は同時に0と8にはならない。

$x = 0,\ x = 8$

授業の流れ

1　前回のように，代入して求める？

T：前回は，数を代入して解を求めていましたね。同じように，いくつか練習してみる？
S：面倒だよ！　時間がかかる。
T：もっと効率よく解く方法を考えたいね。まずは，二次方程式を3問。どの方程式の解だったら，すぐにわかりそう？
S：①は複雑。②は，すぐわかりそう。
S：③は，わかるかも……。

2　②は，2つの数の積だから……

T：②は，平方根の考えを使ったんですね。③は，どう？　②と違うところはどこだろう？
S：右辺が0です。
T：そうですね。左辺は2つの式の積の形だから。
S：左辺が両方0か，どちらか片方が0でも，積は0になります。
T：両方0は，この場合あり得ますか？
S：両方0は無いんじゃない？　$x - 8 = 0$ を解くと $x = 8$ になるけど，$x = 0 = 8$ は，おかしいです。

1 式の展開と因数分解

2 平方根

3 二次方程式

4 関数 $y=ax^2$

5 図形と相似

6 円の性質

7 三平方の定理

8 標本調査

本時の評価

・「A×B＝0ならばA＝0またはB＝0」であることを基に，因数分解による二次方程式の解く方法を説明することができていたか。

・因数分解を使って二次方程式を解くことができていたか。

① $x^2+5x-6=0$

③と同じように，できないか？

$$\underset{\sim\sim\sim}{\qquad}\times\underset{\sim\sim\sim}{\qquad}=0 \quad 因数$$
$$\underset{\sim\sim\sim}{(x+6)}\times\underset{\sim\sim\sim}{(x-1)}=0 \quad 分解！$$

> どちらかが，0ならば，積は0になる！

$x+6=0$ または $x-1=0$

$\qquad x=-6 \qquad\qquad x=1$

$x=-6, \ x=1$

（$x=-6, \ 1$ でもよい）

②も，因数分解できる！

$\qquad x^2 \qquad =4 \quad x+2=0$ または $x-2=0$

$\qquad x^2-4=0 \quad \underline{x=-2, \ x=2}$

$(x+2)(x-2)=0$

> 教科書では…
> 2つの数を A，B とするとき，
> AB＝0ならばA＝0またはB＝0

練習

① $x^2+5x-14=0$ ② $x^2+6x+9=0$

$\quad (x+7)(x-2)=0 \qquad (x+3)^2=0$

$\quad x+7=0$ または $\qquad\qquad x+3=0$

$\quad x-2=0 \qquad\qquad\qquad\qquad \underline{x=-3}$

$\quad \underline{x=-7, \ x=2}$

$\qquad\qquad\qquad (x+3)(x+3)=0$

本当は，$x=-3, \ x=-3$

3 ①も，③と同じようにできない？

T：③は，2つの数の積が0になることで，解くことができましたね。①も，③と同じようにできない？

S：この式を2つの式の積の形にするの？

S：左辺を因数分解して，$(x+6)(x-1)$ にすれば，2つの式の積の形になります。

S：これだったら，③と同じようにできそうだね。

T：左辺を因数分解することで，二次方程式を解くことができるのですね。

4 振り返ってみると……

T：これで，解決できましたね。黒板やノートを見ながら学びを振り返ってみて，どうでしたか？

S：②も，因数分解できるんじゃないかな？右辺の4を左辺に移項すれば……。

S：やっぱり，解は $x=-2, \ 2$ になるね。

　この後，改めて2数の積が0ならば片方が0になることを生徒と振り返り，教科書の内容を確認した後，練習問題に取り組ませる。

本時案

これまで学んだ 方程式を振り返ろう

4/13

┌ 学習問題 ─────────────────────

文字が1種類

A. $\underline{2x} + 2 = 8$　（一元一次方程式）

一次の項
　　　　　　　　　　$2x - 6 = 0$
　　　　　　　　　　　↓一次式

B. $\begin{cases} x + 2y = 3 \\ \underline{3x} - 4y = -11 \end{cases}$　（連立二元一次方程式）

一次　一次 ⇒ 一次式

C. $\underline{x^2} + \underline{2x} - 24 = 0$　（一元二次方程式）

二次　一次 ⟹ 二次式 $\left(\begin{array}{l} \text{各項の次数のうち，} \\ \text{もっとも大きいもの} \end{array} \right)$

Aだけでなく，B，Cも，

「一元一次方程式になる」といえます。

どういう意味かわかりますか？

解いてみると，

A. $2x + 2 = 8$

　　$2x = 8 - 2$

　　$2x = 6$

　　　$x = 3$

── 文字が2種類

授業の流れ

1 元や次の前の数は？

T：「元」と「次」の前の数は，何を表していたか，周りで話して確認しましょう。

S：元の前の数は，文字の種類だね。

S：次の前の数は，何乗の数じゃなかったっけ？

T：単項式ではかけ合わされている文字の個数。左辺は多項式なので，次数が一番大きい項の次数が多項式の次数になるのでしたね。

　問題解決のため，文字の種類である元と，多項式の次数を確認する。

2 何に，困っていますか？

T：B，Cの式は，実はすべて一元一次方程式になるといえます。どういう意味かわかりますか？

S：よくわかりません。文字の種類も，次数も違います。

S：解決方法に関係があるのかな。

T：いいところに目をつけましたね。解決方法に着目して考えてみましょう。

　生徒の「困ったこと」を説明させ，解決への見通しを共有して個人思考の時間につなげる。

1 式の展開と因数分解

2 平方根

3 二次方程式

4 関数 $y=ax^2$

5 図形と相似

6 円の性質

7 三平方の定理

8 標本調査

本時の評価

・連立二元一次方程式や一元二次方程式は，元の数や次数を落として一元一次方程式として解いているということを統合的にみることで，二次方程式を解くことを説明できていたか。

B. $\begin{cases} x+2y=3 & \cdots① \\ 3x-4y=-11 & \cdots② \end{cases}$

$\quad\quad 2x+4y=\quad 6 \quad ①×2$

$+)\ 3x-4y=-11 \quad ②$

$\boxed{5x\quad\quad =-5}$

$\quad\quad x\quad\quad =-1$

一元一次方程式
文字の種類を
減らした

$x=-1$ を，①に代入

$-1+2y=3$

$\quad 2y=4$

$\quad\ y=2$

$\underline{x=-1,\ y=2}$

C. $\quad x^2+2x-24=0$

$\quad (x+6)(x-4)=0$

$\boxed{x+6=0}$ または $\boxed{x-4=0}$

$\quad x\quad =-6 \quad\quad x\quad =4$

$\underline{x=-6,\ 4}$

一元一次方程式
次数を減らした
（落とした）

B，C も 結局

一元一次方程式として，解いている

---

3 一元一次方程式に変わるときは？

S：B の式は，加減法で y を消去すると，x だけの式になります。

S：C の式は，因数分解してそれぞれの式が 0 になるときを考えると，一元一次方程式になっています。

T：なぜ B の方程式も C の方程式も一元一次方程式にしているのでしょうか。

S：そうしないと，方程式が解けないからです。

S：確かに，連立方程式も二次方程式も，一元一次方程式にしないと解けないね。

4 解決を振り返って，どのようなことがわかる？

T：この結論から，どのようなことがいえそうですか？

S：もし文字の数が多くても，文字を消去して元の数を落としていけば，方程式が解けるのではないかな。

S：もし次数が多くても，次数を落としていくと，最後は一元一次方程式になるのではないかな。次数のぶんだけ多項式の積ができそう。

本時案

二次方程式の解き方②
平方根の考えを使った解き方

5/13

本時の目標

・平方根の考えを使って二次方程式を解く方法を説明することを通して，$ax^2 + c = 0$ の二次方程式を解くことができる。

┌ 学習問題1 ─────────────
  ある数の2乗を4倍すると，36になります。
  ある数を求めよう。
└──────────────────────

ある数を x とする。

$$4x^2 = 36$$
$$x^2 = 9$$ 右辺の9を
              左辺に移項
$$x^2 - 9 = 0$$
              因数分解
$$(x + 3)(x - 3) = 0$$
$$x = -3, \ x = 3$$

┌──────────┐
│ 因数分解の考え │
└──────────┘

$$x^2 \times 4 = 36$$
$$4x^2 = 36$$ 両辺を4でわる
$$x^2 = 9$$
              9の平方根を求める
$$x = \pm 3$$

┌────────┐
│ 平方根の考え │
└────────┘

(どちらが，簡単？)

変わらない。
平方根　：式が少ない。
因数分解：慣れている。

授業の流れ

1　2つの解き方の「違い」は？

　問題を提示，個人思考の時間をとった後，解き方を生徒に板書させる。その際，最初は説明はさせないでおく。

T：2人がそれぞれ書いてくれた方法は，どのようなことをしているか説明できそう？

S：左側の解き方は右辺の9を左辺に移項した後，因数分解をしています。

S：右側の解き方は2乗したら9になる数だから，その平方根を考えています。

2　どちらの解き方が簡単？

T：どちらの解き方が簡単かな？

S：そんなに変わらない気がする。

S：いや，平方根の方が式の行数が少ないよ。平方根の方がいい。

S：因数分解する方法に慣れてるから，そんなに行数が変わらないなら因数分解かな。

　本時は2問構成だが，両方とも「どちらが簡単？」と問うことで，平方根の考えを使う良さを実感する場面を設けたい。

二次方程式の解き方②　平方根の考えを使った解き方

1 式の展開と因数分解

2 平方根

3 二次方程式

4 関数 $y=ax^2$

5 図形と相似

6 円の性質

7 三平方の定理

8 標本調査

本時の評価

・平方根の考えを基にして，$ax^2+c=0$ の形の二次方程式を解く方法を説明することができていたか。

・平方根の考えを使って二次方程式を解くことができていたか。

学習問題2
ある数に 4 を加えて 2 乗すると 36 になります。
ある数を求めよう。

ある数を x とする。

$(x+4)^2=36$

$x^2+8x+16=36$

$x^2+8x-20=0$

$(x+10)(x-2)=0$

$x=-10,\ 2$

因数分解の考え
①

$(x+4)^2=36$

$(x+4)^2-36=0$

$(x+4+6)(x+4-6)=0$

$(x+10)(x-2)=0$

$x=-10,\ 2$

因数分解の考え
②

$x+4$ が 36 の平方根だから

$(x+4)^2=36$

$A^2\qquad =36$

$(x+4)^2=36$

$x+4=\pm 6$

$x+4=-6\quad x+4=6$

$x=-10\qquad x=2$

平方根の考え

どっちが，簡単？

平方根：式が少なくてすむ。

因数分解は大変。

練習
① $x^2-6=0$ ③ $(x+2)^2=16$
② $5x^2-80=0$

---

3 かっこをまとまりで考えると……

　問題 2 を提示，展開して因数分解の考えをしている生徒に板書させる。

T：これは，因数分解しかないかな？　平方根の考えは，これは使えなさそう？

S：いや，かっこの中をまとまりと見たら，平方根の考えが使えるんじゃないかな。

S：確かに，問題 1 と同じ事ができそう。最後は $x=$ の形にしなければいけないから，計算しなくてはいけないね。

4 どちらの解き方が簡単？

T：さっきの問題と同じことを聞きますね。どの解き方が簡単？

S：これはさすがに平方根です。因数分解の方は，展開するのが面倒。

S：問題 1 はどっちでもいいかなと思ってたけど，2 つの問題を並べてみると，この式の形なら平方根の考えを使った方がよさそう。

T：式の形を見て，解き方を判断することが大切なのですね。

本時案

二次方程式の解き方③ 平方の形に変形した解き方

6/13

本時の目標
- 二次方程式を $(x + p)^2 = q$ の平方の形に変形して解く方法を説明することができる。
- 二次方程式を $(x + p)^2 = q$ の平方の形に変形して解くことができる。

学習問題1

次の二次方程式の解を求めよう。

① $(x + 1)^2 = 25$
② $(x - 3)^2 - 5 = 0$
③ $x^2 + 6x - 27 = 0$
④ $x^2 + 6x - 1 = 0$

$\sqrt{}$ がつくこともある。

② $(x - 3)^2 = 5$
$x - 3 = \pm\sqrt{5}$
$x = 3 \pm\sqrt{5}$

平方根の考え

これ以上計算できない

① $(x + 1)^2 = 25$
$x + 1 = \pm 5$
$x + 1 = 5 \quad x + 1 = -5$
$\underline{x = 4} \qquad \underline{x = -6}$

平方根の考え

③ $x^2 + 6x - 27 = 0$
$(x + 9)(x - 3) = 0$
$x = -9, \ 3$

因数分解の考え

④ $x^2 + 6x - 1 = 0$

因数分解できない！
どうやって，解く？

授業の流れ

1 計算練習から，問題把握へ

前時で平方根の考えを使って二次方程式を解くよさを学んでいるので，改めて計算練習に取り組ませ，技能の定着を図る。

①，②では前時の復習，③では因数分解で解ける方程式を入れ，④で因数分解ができないから解けないことから新たな問題場面を設定できるようにしている。

また，④は式変形をすることで①，②の方程式の形に帰着できることを併せて実感できるようにしたい。

2 因数分解できそう？

S：④だけ，解けないです。どうすればいいの？
T：どうして解けないの？
S：因数分解できないです。これじゃ，解けない。
T：では，これを新しい問題にしましょう。この方程式を解くために，式を変形します（ここで問題2を板書）。2行目をどのように変形すると，3行目の式になるでしょうか？

どのように式変形したのか疑問がでるようにするとともに，式変形の一部分を焦点化する。

- x の係数が偶数である二次方程式を $(x + p)^2 = q$ の平方の形に変形して解く方法を説明することができていたか。
- x の係数が偶数である二次方程式を $(x + p)^2 = q$ の平方の形に変形して解くことができていたか。

┌ 学習問題2 ─────
二次方程式 $x^2 + 6x - 1 = 0$
を解くために，次のように
変形しました。

┌──────────────┐
$x^2 + 6x - 1 = 0$　$\begin{array}{l}-1を\\右辺に移項\end{array}$
$x^2 + 6x \quad = 1$
$(x + 3)^2 \quad = 10$　?
└──────────────┘
ここまで変形できたら，平方根
の考えを使って，解ける！

どのように変形したでしょうか？

$x^2 + 6x \qquad = 1$
$x^2 + 6x \boxed{+9} = 1 \boxed{+9}$

$\frac{1}{2}$ 倍

$(x + 3)^2 \qquad = 10$
2乗

$\boxed{因数分解}$

$x + 3 \qquad = \pm\sqrt{10}$
$x \qquad\qquad = -3 \pm \sqrt{10}$

$\boxed{\text{$x$ の係数の } \frac{1}{2} \text{ 倍の2乗を両辺に足す}}$

(練習) $x^2 + 10x = 6$

---

3 どのように式変形した？

S：$(x + 3)^2$ を展開すると，$x^2 + 6x + 9$ になるから，$x^2 + 6x = 1$ の両辺に9を足して，そのあと因数分解をしています。

T：問題2の枠内の3行目から先に考えたのですね。順番に式変形をするとき，2行目から両辺に9を加えることは導けそうですか？

　両辺に9を足すことを結論（3行目）から導く生徒は少なくない。発想を大切にしつつ，順番を踏まえ式変形の説明ができるようにする。

4 問題解決の大事なポイントは？

T：$x^2 + 6x = 1$ の両辺に9を足せばよいことは，どこに着目すればよいでしょうか。

S：x の係数の6に着目します。

T：x の係数に着目して，どのように考えると，両辺に9を足せばよいとわかるでしょうか。

S：6の $\frac{1}{2}$ 倍の数を2乗すればよいです。

　問題解決にあたって大切な見方・考え方を丁寧に振り返ってノートにまとめた後，練習問題に取り組むようにする。

本時案

二次方程式の解き方④
解の公式を利用した解き方①

7/13

・二次方程式の解の公式を知り，その導く方法を説明することを通して，平方根の考えを基にして二次方程式を解く方法を考察し表現することができる。

授業の流れ

1 a が 1 以外のときも，解ける？

T：（問題を板書）この二次方程式の解は，いくつでしょうか？
S：x^2 に係数の 3 があるね。
S：これ，解けるの？
T：みんなは x^2 の係数が 3 であることに困っているの？　どうしたら解けるそう？
S：x^2 の係数が 1 だったら解けそう。
S：だったら，3 で割ればいいんだよ。x^2 の係数がなくなるから。
T：ちょっと待って。何を 3 で割るの？
S：両辺を 3 で割ります。
T：x^2 の係数を 1 にしたら，前回と同じようにして解けるでしょうか。

┌─ 練習 ─
│ $3x^2+5x+1=0$ を前回と同じように解くと，解はいくつだろうか？

$3x^2+5x+1 \quad =0$ 　両辺を 3 で割る

$x^2+\dfrac{5}{3}x+\dfrac{1}{3} \quad =0$

$x^2+\dfrac{5}{3}x \quad =-\dfrac{1}{3}$ 　数の項を移項

両辺に x の係数の $\dfrac{1}{2}$ の 2 乗を加える

$x^2+\dfrac{5}{3}x+\left(\dfrac{5}{6}\right)^2=-\dfrac{1}{3}+\left(\dfrac{5}{6}\right)^2 \rightarrow \dfrac{25}{36}$

$\dfrac{1}{2}$ 倍

$\left(x+\dfrac{5}{6}\right)^2$ 　2乗　$=-\dfrac{1}{3}+\dfrac{25}{36}$

$\left(x+\dfrac{5}{6}\right)^2=-\dfrac{12}{36}+\dfrac{25}{36}$

$\left(x+\dfrac{5}{6}\right)^2=\dfrac{13}{36}$ ── 平方根の考え

2 解の公式は，便利かな？

T：解いてみて，どうだった？
S：x^2 に係数が 3 も大変だけど，x の係数が分数なのも解くのが大変。時間がかかる。
T：確かに，大変ですね。こんな公式があるんだけど，どうかな？　この公式に，a，b，c の値を代入すれば，解を求められるんです。
S：単に代入するだけ？　簡単そう！
S：でも，式が複雑だね。この式って，どのようにしたら求められるの？
T：では，みんなで考えてみましょう。

3 「困りポイント」はどこ？

T：黒板左の解き方を見ながら，$ax^2+bx+c=0$ を同じように式変形できるかな？困ったところを「困ったポイント」で共有して，みんなで解決しましょう。
S：左の式の，$\left(\dfrac{5}{6}\right)^2$ を両辺に足すところを文字式ではどうやればよいのか，困っています。
T：皆さん，一度手を止めて。○○さんの困ったポイントを解決できる人は，いるでしょうか？

1 式の展開と因数分解

2 平方根

3 二次方程式

4 関数 $y=ax^2$

5 図形と相似

6 円の性質

7 三平方の定理

8 標本調査

本時の評価

・二次方程式の解の公式を導く方法について，係数が数字で表されている二次方程式を解く手順と対比しながら説明をすることができていたか。

二次方程式 $\underline{ax^2+bx+c=0}$ の解は， $x=\dfrac{-b\pm\sqrt{b^2-4ac}}{2a}$

これを，二次方程式の解の公式といいます。

どうやって，導くの？

$ax^2+bx+c=0$
$x^2+\dfrac{b}{a}x+\dfrac{c}{a}=0$ ← 両辺を a で割る
$x^2+\dfrac{b}{a}x=-\dfrac{c}{a}$ ← 数の項を移項

困りポイント

$x^2+\dfrac{b}{a}x+\left(\dfrac{b}{2a}\right)^2=-\dfrac{c}{a}+\left(\dfrac{b}{2a}\right)^2$

$\dfrac{b}{a}\times\dfrac{1}{2}$　$\dfrac{b}{2a}$ の2乗

$\left(x+\dfrac{b}{2a}\right)^2=-\dfrac{c}{a}+\dfrac{b^2}{4a^2}$

困りポイント　　　　　　　　　　通分

$\left(x+\dfrac{b}{2a}\right)^2=-\dfrac{4ac}{4a^2}+\dfrac{b^2}{4a^2}$

$\left(x+\dfrac{b}{2a}\right)^2=\dfrac{b^2-4ac}{4a^2}$

困りポイント

$x+\dfrac{b}{2a}=\pm\sqrt{\dfrac{b^2-4ac}{4a^2}}$

$x+\dfrac{b}{2a}=\pm\dfrac{\sqrt{b^2-4ac}}{2a}$　$\boxed{\sqrt{4a^2}=\sqrt{(2a)^2}}$

$x=-\dfrac{b}{2a}\pm\dfrac{\sqrt{b^2-4ac}}{2a}$

$x=\dfrac{-b\pm\sqrt{b^2-4ac}}{2a}$

$x+\dfrac{5}{6}=\pm\sqrt{\dfrac{13}{36}}$

$x+\dfrac{5}{6}=\pm\dfrac{\sqrt{13}}{6}$

$x=-\dfrac{5}{6}\pm\dfrac{\sqrt{13}}{6}$

$x=\dfrac{-5\pm\sqrt{13}}{6}$

4　困っていることの焦点化を

　生徒が数を使った解き方を参考に解の公式を導くことができるよう，実際の数を使った方程式の解法と解の公式を導く方法の双方で，行を合わせておくようにする。

　また，机間指導を通して式変形の内容を記述させたり，生徒の手が止まっている場面を見つけて困っていることを説明させ，共有したりする場面を設定することを通して，問題を焦点化しながら解の公式を導くようにする。

5　どんな方程式も代入すればよい？

T：みんなで「困ったポイント」を解決して，解の公式が求められましたね。この公式を使えば，a，b，c の値を代入して，解を求められますね。

S：確かに便利そう。どんな二次方程式でも代入すれば解けるんでしょ？

S：本当にそうなのかな？

T：それでは次回，本当に全部代入した方が楽なのか，確かめてみましょう。

本時案

二次方程式の解き方 4
解の公式を利用した解き方②

8／13

・二次方程式の解の公式を用いて二次方程式を解くことができる。

授業の流れ

提示物

二次方程式 $ax^2 + bx + c = 0$ の解は，

$$x = \frac{-b \pm \sqrt{b^2 - 4ac}}{2a}$$

これを，二次方程式の解の公式といいます

提示は前時の黒板をタブレット端末等で撮影したものを使用。これ以外にも，前時で板書した黒板を授業の最後にタブレット端末等で撮影しておくと，次時の導入等で活用できる。

本時では，前時に板書した解の公式を，電子黒板等に写し，導入で確認する。

練習1

$\boxed{2}x^2 + \boxed{3}x\boxed{-1} = 0$ を，
　a　　b　　c

解の公式を使って解こう

これが大切

$a = 2$，$b = 3$，$c = -1$ を解の公式に代入

$$x = \frac{-3 \pm \sqrt{3^2 - 4 \times 2 \times (-1)}}{2 \times 2}$$

$$= \frac{-3 \pm \sqrt{9 + 8}}{4}$$

$$= \frac{-3 \pm \sqrt{17}}{4} \qquad \boxed{x = \frac{-3 \pm \sqrt{17}}{4}}$$

1　方程式を解く活動も，協働的に

方程式を解く活動でも，生徒が対話を通して協働的な活動にできるよう，次のような活動を取り入れる。

①問題（本時は練習2と問題3で実施）を提示。

②解き終わった生徒に挙手させ。教師が答え合わせを行う。これを数人に実施。

③正答だった生徒は，他の生徒の答え合わせを行う。併せて困っている生徒の支援も行う。

④教師は机間指導で支援が必要な生徒を確認し，必要な手立てをとったり，授業後の支援を行ったりする。

2　片方だけ約分してはダメ？

T：練習2（3）で，片方だけ約分して，解を $x = -2 \pm 2\sqrt{6}$ としてはいけないですか？

S：-4 と $2\sqrt{6}$ の2つの数は乗法でなく加法と減法をしているから，片方だけ約分できない。

S：分子を分配法則すると，2でくくれる。

問題の中に約分が必要な方程式を入れ，生徒の答え合わせがある程度進んだ段階で誤答を提示。正しくない理由の説明まで求めることで，さらに理解を深められるようにする。

1	式の展開と因数分解
2	平方根
3	二次方程式
4	関数 $y=ax^2$
5	図形と相似
6	円の性質
7	三平方の定理
8	標本調査

本時の評価

・二次方程式の解の公式を用いて二次方程式を解くことができていたか。

準備物

・前時の黒板を撮影したもの（教師用タブレット端末等）

> 方程式の a，b，c の値を必ず確認する。a，b，c の値を「何に」代入するかという説明も，意識したい。

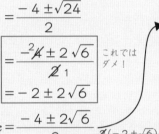

練習2 できたら挙手

(1) $2x^2 - 7x + 4 = 0$

(2) $5x^2 - 5x - 1 = 0$

(3) $\boxed{1}\,x^2 \boxed{+4}\,x \boxed{-2} = 0$
  $\quad\; a \qquad b \qquad c$

(3) $a=1$，$b=4$，$c=-2$
　　を解の公式に代入

$$x = \frac{-4 \pm \sqrt{4^2 - 4 \times 1 \times (-2)}}{2 \times 1}$$

$$= \frac{-4 \pm \sqrt{24}}{2}$$

$\boxed{\begin{array}{l} = \dfrac{-\overset{2}{\cancel{4}} \pm 2\sqrt{6}}{\underset{1}{\cancel{2}}} \\[2mm] = -2 \pm 2\sqrt{6} \end{array}}$ これではダメ！

$$x = \frac{-4 \pm 2\sqrt{6}}{2} \qquad \frac{2(-2\pm\sqrt{6})}{2}$$

$\boxed{x = -2 \pm \sqrt{6}}$ ──これが正しい

約分するときは

$$x = \frac{-\overset{2}{\cancel{4}} \pm \overset{1}{\cancel{2}}\sqrt{6}}{\underset{1}{\cancel{2}}}$$

こうするとよい

練習3 できたら挙手

(4) $3x^2 + 4x - 2 = 0$

(5) $\boxed{1}\,x^2 \boxed{+5}\,x \boxed{-6} = 0$
  $\quad\; a \qquad b \qquad c$

(5) $a=1$，$b=5$，$c=-6$
　　を解の公式に代入

$$x = \frac{-5 \pm \sqrt{5^2 - 4 \times 1 \times (-6)}}{2 \times 1}$$

$$= \frac{-5 \pm \sqrt{49}}{2}$$

$$= \frac{-5 \pm 7}{2}$$

$$x = \frac{-5 + 7}{2} \qquad x = \frac{-5 - 7}{2}$$

$$x = 1 \qquad\qquad x = -6$$

$\boxed{x = 1,\ x = -6}$

$x^2 + 5x - 6 = 0$
$(x-1)(x+6) = 0$
因数分解の方がラク？

---

3 どうして「面倒」だと思うの？

T：練習3も，a，b，c の値を明らかにして，解の公式を使って解を求めましょう。

S：(5)は，解の公式でやらなくてもいいと思う。面倒だよね。

T：どうして面倒だと思うの？

S：因数分解の方が楽です。解の公式は面倒。

　対話的な学習活動の場面では，生徒の素直なつぶやきを拾えることが多い。そのつぶやきから，次の学習につなげられるようにする。

4 どのあたりで面倒と分かったの？

S：全部解いてみて，整数になったから。

S：方程式を見たら，わかります。

T：方程式を見たら，解の公式を使うのが面倒だとわかるのですね。次回の授業の最初に「どこを見たらわかるのか」説明してもらえますか？

　本時の内容が次時にもつながる際，教師が「前回はここまでやったね」と言う手法だけでなく，生徒の説明からはじめる手法も考えられる。

本時案

二次方程式の解き方⑤
いろいろな二次方程式

本時の目標

・既習の二次方程式を解くことを通して，いろいろな二次方程式を解くことができるとともに，二次方程式の解き方を振り返り，自分の解き方をより改善しようとする。

授業の流れ

提示物（拡大用紙か電子黒板）

1　因数分解を使った解き方

2　平方根の考えを使った解き方

3　平方の形に変形した解き方

4　二次方程式の「解の公式」を使った解き方

前時の終わりに課題になった「どんなときに，どの方法を取り扱うか」を取り上げ，これまでどのようなやり方を用いていたのかを振り返る。そして，上記に掲げた4つの方法を用いていたことを確認し，本時のめあてとする。

解き方を判断して，二次方程式を解こう

学習問題1

次の方程式を解こう。また，1～4のどれを使って解いたか，選んだ理由を説明しよう。

(1) $3x^2+8x+2=0$

(2) $x^2+11x+18=0$

(3) $x^2+12x+12=0$

(4) $x^2-64=0$

(1) $a=3$，$b=8$，$c=2$

$$x=\frac{-8\pm\sqrt{8^2-4\times3\times2}}{2\times3}$$

$$x=\frac{-8\pm\sqrt{40}}{6}=\frac{-8\pm2\sqrt{10}}{6}$$

$$x=\frac{-4\pm\sqrt{10}}{3}$$

因数分解
無理そう

4 解の公式

x^2の係数が1でない

(2) $x^2+11x+18=0$

$(x+9)(x+2)=0$

1　よりよく解くために，どの解き方を選びますか？

S：どの解き方を選んでもよいですか？

T：構いません。1から4の解き方のうち，なぜその解き方を選んだか，番号とそれを選んだ理由を書くようにしましょう。また，そのときに式のどこに着目してその解き方をしようと考えたのかも書けると素晴らしいですね。

生徒の個人思考あるいは共有の前に，「説明のポイント」や「共有するポイント」をある程度示しておく。

2　なぜ，その解き方を選んだの？

S：(1)は，x^2の係数が1でないし，因数分解できないと思い，解の公式を使いました。

S：(2)もそうだけど，まずは因数分解ができたら一番楽なので，かけて18，たして11になる数を考えます。

S：(3)は解の公式を使ってもいいけど，xの係数が偶数なので，3の解き方の方がよいです。

T：自分の考えたことや，他の人の考えやポイントもノートに書いておきましょう。

1 式の展開と因数分解

2 平方根

3 二次方程式

4 関数 $y=ax^2$

5 図形と相似

6 円の性質

7 三平方の定理

8 標本調査

本時の評価

・既習の二次方程式を解く方法を判断し，二次方程式を解くことができていたか。

・自分の解き方を振り返り，自分の解き方を改善しようとしていたか。

準備物

・掲示物

→ $x=-9, -2$

① 因数分解

| かけて 18，たして 11 |

| まずこれを考える |

（3） $x^2+12x+12=0$

$x^2+12x=-12$

$x^2+12x+36=-12+36$

$(x+6)^2=24$

$x+6=\pm\sqrt{24}$

$x=-6\pm2\sqrt{6}$

③ 平方の形

| x の係数が偶数 | 解の公式より簡単 |

（4）

| $x^2=64$ | $(x+8)(x-8)=0$ |
| $x=\pm8$ | $x=-8, 8$ |

② 平方根

| $x^2=$（数）だったら平方根 |

① 因数分解

| もともとの数が左辺 |

学習問題2

次ように，方程式を解きました。

（5） $6x^2=30$

$x^2=5$

$x=\sqrt{5}$

（6） $x^2+9x+20=0$

$(x+4)(x+5)=0$

$x=4, 5$

（7） $3x^2+9x+6=0$

$a=3, b=9, c=6$ を解の公式に代入

$$x=\frac{-9\pm\sqrt{9^2-4\times3\times6}}{2\times3}$$

$$x=\frac{-9\pm3}{6}$$

$x=-1, -2$

この解き方は，正しいでしょうか。

（5） △，$-\sqrt{5}$ も解

$x^2=5$

$x=\pm\sqrt{5}$

（6） ×，$(x+4)(x+5)=0$

$x+4=0\quad x+5=0$

$x=-4,\quad x=-5$

（7） ○だけど

両辺3で割る

$3x^2+9x+6=0$

$x^2+3x+2=0$

$(x+1)(x+2)=0$ 因数分解

第1次の振り返りを行うとよい。

---

3 学習問題2における生徒の対話のポイント

これまで学んだ二次方程式を解く方法を振り返る学習問題である。教師が誤答例を示しているが，対話の場面では生徒が「これ，結構やるよね」と発言することが多い。そこで，「どんなことに気をつけてるの？」や「他にも，間違いそうな所ってある？」と机間指導等で問いかけながら生徒の発言を引き出したい。

その際，「式のどこに着目すると，間違いを少なくしたりよ簡単に解けたりするか」について生徒の対話を促すことで，「符号に着目する」ことや「係数に着目する」という発言を引き出し，さらに深い対話につなげたい。

また，そのことを生徒が振り返りを通した「方程式の形に着目して，どの解き方を選ぶか」と「正しく解くために気をつけること」等について，記述の分析，評価を行う。【参考】国立教育政策研究所「指導と評価の一体化」のための学習評価に関する参考資料（中学校数学）

本時案

数の問題を
解決しよう

授業の流れ

1 どうやって解決する？

T：このような 2 つの数を求めたいとき，ど
のように解決しますか？

S：方程式を使って求めます。

T：1，2 年の方程式を使って解決すると
き，このような手順で解決していましたね
（電子黒板等で次の内容を掲示）。

> 方程式を使って問題を解決する手順
> ① 何を文字で表すか決める。
> ② 数量の間の関数を見つけて，方程式をつくる。
> ③ つくった方程式を解く。
> ④ 方程式の解が問題に適しているか確かめる。

T：2 つの整数を求めるために，まず，何を
しますか？

S：小さい方の数を x にして方程式をつくる。

S：大きい方の数を x にしてもできるよ。

二次方程式を使って，日常や数学の問題を解決でき
るようになろう。

学習問題① → 小さい方 1と2 3と4 大きい方

2 つの続いた整数があります。それぞれを 2 乗
した数の和が 85 になるとき，2 つの整数を求
めよう。

解決する方法

① パターンA
小さい方の整数を x と
すると，大きい方の整数
は $x+1$ と表すことがで
きる。

パターンB
大きい方の整数を x と
すると，小さい方の整数
は $x-1$ と表すことがで
きる。

パターンA

②
$$x^2+(x+1)^2 =85$$
$$x^2+x^2+2x+1 =85$$
$$2x^2+2x+1 =85$$
$$x^2+x-42 =0$$
$$(x+7)(x-6) =0$$
③ $x=-7,\ x=6$

④ $x=-7$ のときは，
$-7, -6$ 小 大
$x=6$ のときは，
$6, 7$
両方，
問題に適している
両方，整数 ありえる
$-7, -6$ と $6, 7$

---

2 それぞれの場合の，もう片方の
数は？

S：小さい方の数を x にしたときは，大きい方
は 2 つの続いた数で 1 大きいから，$x+1$。

S：大きい方の数を x にしたときは，$x-1$。

T：このように何を文字で表すか決めた後，数
量に着目して方程式をつくるのでしたね。
では，それぞれの 2 乗の数の和につい
て，方程式をつくって問題解決ができそう
でしょうか。

方程式を使った問題解決をする見通しを立て
た後，和である85を板書し個人思考をする。

3 手順を基にどのように解決した？

どちらかの方法を選んで個人思考をさせた
後，両方の場合を共有し，どちらの場合も同じ
答えが求まることを確認する。

また，手順 ④ について，この場合は両方と
も問題に適することから生徒があまり気にしな
いことが考えられる。その際は，問題の条件を
変えた学習問題②を解決した後，改めて学習問
題①の場合は「整数であった」ことから解が両
方問題に適していることを確認してもよい。

1 式の展開と因数分解

2 平方根

3 二次方程式

4 関数 $y=ax^2$

5 図形と相似

6 円の性質

7 三平方の定理

8 標本調査

本時の評価

・二次方程式を活用して問題を解決する手順を基に，条件をみたす数を求める方法を説明することができていたか。

パターンB

$$x^2+(x-1)^2 =85$$
$$x^2+x^2-2x+1 =85$$
$$2x^2-2x-84 =0$$
$$x^2-x-42 =0$$
$$(x-7)(x+6) =0$$
$$x=7, x=-6$$

$x=-6$ のときは，
-7 ㋐-6

$x=7$ のときは，
6，7

両方，
問題に適している

$-7, -6$ と $6, 7$

学習問題② <u>条件を変える</u>

①で，「2つの続いた<u>整数</u>」を
「2つの続いた<u>自然数</u>」に変えると，解決の方法の何が変わる？

答えが6，7だけ　整数を自然数
　　　↓　　　　　　　に，かきかえる
　理由は？

$x=-7(x=-6)$ は，
自然数ではない

↓

~~解は問題に適さない~~

練習

3つの続いた自然数があります。
それぞれの2乗の和は365です。
この3つの自然数を求めよう。

解決する方法

まん中の自然数を x とすると
一番小さい数は <u>$x-1$</u>
一番大きい数は <u>$x+1$</u> と表すことができる。
$$(x-1)^2+x^2+(x+1)^2 =365$$
$$x^2-2x+1+x^2+x^2+2x+1 =365$$
$$3x^2 =363$$
$$x^2 =121$$
$$x =\pm11$$

x は自然数なので，-11 は適していない
　　　　　　　　　　 11 は適している
<u>10，11，12</u>

解決する方法を振り返って

・1，2年のときと同じようにやる
・問題に適しているか，ちゃんと確かめる
・わかっていないものを，x にする

学習問題①の，和が85であることを最初は板書せず，手順の振り返り，共有をした後に記入。個人思考のスタートを合わせるようにする。

---

4 問題①の条件を変えると？

T：問題②のように条件を変えたら，解決の方法の何が変わりますか？

S：①の方法の整数を自然数に書き換えます。

S：答えが6，7だけになる。負の数は自然数ではないから，成り立たないです。

T：これを「解は問題に適さない」というのでしたね。

　問題①の解決の方法を振り返り，変わるところを共有し，練習問題に取り組ませる。

5 改めて解決を振り返ると？

S：やっぱり，1，2年のときと同じようにやれば解決できる。

S：解が問題に適していないときがあるから，確かめなければいけない。

　改めて1，2年のときの手順のよさや解の吟味を行う大切さを振り返る。その後，時間に応じて生徒に問題の条件を変えさせ，新たな問題をつくりお互い解き合うような場面を設定する。

条件に合う道幅を求めよう

本時の目標

・事象の中に数量やその関係に着目し，二次方程式をつくることができる。
・条件に合う道幅を求める活動を通して，二次方程式を具体的な場面で活用できる。

授業の流れ

1 長方形の土地に，畑と道を作ります

T：図のように同じ幅の通路を作り，残りを畑にします。道の幅をいくつにすればよいか知るために，何がわかればよいですか？
S：畑の面積がわかればよいです。
S：道の面積がわかればよいです。
T：なぜ面積に着目しようと思ったのですか？
S：長方形の縦と横の長さがわかっているから，面積で方程式をつくれるかもしれないと思ったからです。
T：そうですか。では，今回は畑の面積を伝えますね。（プリント配布）

> **学習問題**
>
> 　縦の長さが 11 m，横の長さが 10 m の長方形の土地に，同じ幅の通路がある畑を作ることにしました。
> 　畑の面積を 90 m² にするには，通路の幅をいくつにすればよいでしょうか。
> 求める方法も説明しましょう。

2 どの数量に着目して立式したの？

T：どのように方程式をつくりますか？
S：道幅を知りたいから，道幅を xm にします。
T：さっき，面積で式をつくれそうって言っていましたね。では，面積についての方程式って，つくれそう？

解決の見通しを共有し，個人思考にする。

> **学習問題**
>
> ・長方形の土地に畑を作る
> ・同じ幅の道を作る
> ・畑の面積は 90 m² にしたい
>
> 道幅をいくつにすればよいか，知りたい

道幅を求めるために，どのようにすればよい？

> 道幅を xm にして，方程式をつくる

→ これを知りたいから，文字で置く。

> 畑の面積は，生徒とのやりとりの後に板書。

3 道を端に移動してもいいの？

S：4 つの畑のそれぞれの幅って，教えてくれないの？
S：道を端に寄せればよいんだよ。
T：そんなこと，してよいの？　道を勝手に動かしているのですよ？
S：そうだけど……。でも，その方が畑の面積を一つにしているから，考えやすいです。
S：畑の面積の合計も変わりません。

1 式の展開と因数分解

2 平方根

3 二次方程式

4 関数 $y=ax^2$

5 図形と相似

6 円の性質

7 三平方の定理

8 標本調査

本時の評価

・畑や道の面積に着目し，二次方程式をつくることができていたか。
・二次方程式を活用して問題を解決する流れに沿って，道幅を求める方法を説明することができていたか。

準備物

・図形の提示物（電子黒板等で掲示）

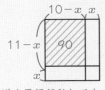

道を平行移動しても，畑の面積の合計は変わらないから。

↓

考えやすくなる

方程式①

畑の面積に着目

$(11-x)(10-x)=90$

何の数量についての方程式？

$110-11x-10x+x^2=90$
$x^2-21x+20=0$
$(x-1)(x-20)=0$
$x=1, 20$

方程式②

道の面積に着目

$11x+10x-x^2=110-90$

重なった（全体）（畑）
ところ ⇒道の面積

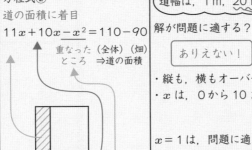

$21x-x^2=20$
$-x^2+21x-20=0$ ⎫両辺
$x^2-21x+20=0$ ⎭−1倍
$(x-1)(x-20)=0$
$x=1, 20$

道幅は，1m，20mといってよい？

解が問題に適する？

ありえない！

・縦も，横もオーバーしている。
・xは，0から10まで　$0<x<10$
　　　　　　　　　　　0と10は，含まない

$x=1$は，問題に適している。
$x=20$は，問題に適していない。

道幅は 1m

どこが，ポイントだった？

・知りたいことを，文字でおく。
・考えやすいように，道を平行移動。
・方程式の解が問題に適するか考える。

---

4 解を，問題に戻して考えると？

T：解いた解を問題場面に戻して考えると，道幅は1mと20mの二通りですね。
S：ちょっと待って。20mはあり得ないです。
T：どうしてあり得ないと思ったの？
S：縦の長さも横の長さもオーバーします。
T：解を，問題場面で考えたときにあり得るかどうかを考えるのは大切ですね。解は，どの範囲までだったらあり得るのだろう？
S：0より大きく，10未満です。

5 解決の方法を振り返ろう

T：板書した解決の方法を振り返って，大切なことは何でしょうか。
S：道を端に寄せて考えやすくしたことです。
S：どの面積に着目して方程式をつくるかということです。
S：解が元の場面に戻して確かめることです。
　板書を振り返りながら，解決の方法を確認する。その後，同様の設定で「横の通路をもう1本増やして畑の面積を80 m²にしたい」等，条件を変えた練習問題を行う。

本時案

動く点の問題を解決するには？

本時の目標
・図形の動点に関する問題を解決することを通して，二次方程式を具体的な場面で活用できる。

授業の流れ

1 ┃ 正方形上の点の動き方を確認しよう

（電子黒板等で点 P，Q の動きを見せる）

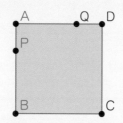

T：正方形 ABCD 上に 2 点 P と Q があって，画面のように動きます。動き方にはどのような特徴がありますか？

S：点 P は AB 上を，点 Q は DA 上を動く。

S：P と Q は同じ速さで動いています。

T：その速さを決めますね。点 P と点 Q は，毎秒 1 cm で動くことにします。

2 ┃ 時間が変わると，何が変わる？

T：点 P が A を出発してからの時間が変わると，変わる数量は何でしょうか？

S：DQ の長さや△APQ の面積が変わる。

S：五角形 PBCDQ の面積も変わる。

T：今回は，△APQ の面積に着目します。点 P が A を出発してからの時間を決めると，△APQ の面積が決まりますね。点 P が A を出発して 1 秒後の，△APQ の面積は？

S：3.5cm²です。

T：そうですね。では，△APQ の面積が 4 cm² のときは，A を出発して何秒後ですか？

正方形 ABCD 上の，A に点 P，D に点 Q があります。

｜ 点 P，Q は，どのように動く？

同じ速さ　　P は AB 上，Q は DA 上

｜ 点 P が A を出発してからの時間が変わると，変わる数量は？

DQ の長さ　　△APQ の面積　　五角形 PBCDQ の面積

学習問題①
　右のような一辺が 8 cm の正方形 ABCD で，点 P は，A を出発して辺 AB 上を毎秒 1 cm で B まで動きます。また，点 Q は，点 P が A を出発するのと同時に D を出発し，辺 DA 上を A まで動きます。
　△APQ の面積が 4 cm² になるのは，点 P が A を出発して何秒後ですか。
　求める方法も説明しましょう。

生徒とのやりとりの中で，「点 P から点 A までの距離を決めると，三角形 APQ の面積が 1 つに決まる」ことから「関数である」という発言が出ることが考えられる。その際，関数であることも板書する。

3 ┃ どうして表をかこうと思ったの？

（表を作成している生徒を見つけて）

S：2 年生でやった同じような問題で，表を書いた記憶があったからです。

S：でも，表だと面積が 4 cm² のときに何秒後かはわかりそうにありません。

T：だいたい何秒後くらいになりそう？

S：1～2 秒の間と，6～7 秒の間です。

　過去の問題解決の考え方を働かせようとする態度について認めるとともに，この後の解の吟味でも有用ある。ぜひ取り上げ共有したい。

1 式の展開と因数分解

2 平方根

3 二次方程式

4 関数 $y=ax^2$

5 図形と相似

6 円の性質

7 三平方の定理

8 標本調査

本時の評価

・二次方程式を活用して問題を解決する流れに沿って，2点が動き始めてからある面積にまでに経過した時間を求める方法を二次方程式を使って説明することができていたか。

準備物

・タブレット端末（教師，生徒用）

解決する方法の説明

表をつくる

点PがAを出発してからの時間（秒）

| | 0 | 1 | 1.2 | 2 | 3 | 4 | 5 | 6 | 6.8 | 7 | 8 |

△APQの面積（cm²）

| | 0 | 3.5 | | 6 | 7.5 | 8 | 7.5 | 6 | | 3.5 | 0 |

このあたり？

点PがAを出発してからの時間を x 秒後として，方程式をつくる

A $\frac{8-x}{}$ x D
x Q
P
8cm
B C

$$\underset{AP}{x} \times \underset{AQ}{(8-x)} \times \frac{1}{2} = 4$$

三角形の面積だから $\times \frac{1}{2}$

何の数量についての方程式？
⇩
△APQの面積

$x(8-x) = 8$ 　両辺2倍
$8x-x^2 = 8$ 　かっこをはずす
$-x^2+8x-8 = 0$ 　両辺−1倍
$x^2-8x+8 = 0$ 　因数分解できない

$x^2-8x = -8$
$x^2-8x+16 = -8+16$
$\frac{1}{2}$倍　2乗
$(x-4)^2 = 8$
$x-4 = \pm2\sqrt{2}$
$x = 4\pm2\sqrt{2}$
$x = 4+2\sqrt{2}$,
$x = 4-2\sqrt{2}$

2つの解は問題に適する？

$\sqrt{2}=1.4$ とすると，
$x = 4+2\times1.4$
$= 6.8$
$x = 4-2\times1.4$
$= 1.2$
$x=4+2\sqrt{2}$ も，
$x=4-2\sqrt{2}$ も，
問題に適する
$0\leqq x\leqq8$ 　解決
$(4+2\sqrt{2})$ 秒後，
$(4-2\sqrt{2})$ 秒後

学習問題②

点Pは，毎秒2cmの速さで，AからBまで動きます。（Bも同様）△APQの面積が，4cm²になるのは何秒後？

PがAを出発してからの時間（秒）

| | 0 | 0.6 | 1 | 2 | 3 | 3.4 | 4 |

△APQの面積（cm²）

| | 0 | | 6 | 8 | 6 | | 0 |

A $\frac{8-2x}{}$ D
2x Q
P
B C

$$2x\times(8-2x)\times\frac{1}{2} = 4$$
$x(8-2x) = 4$
$8x-2x^2 = 4$
$x^2-4x = -2$
$x = 2\pm\sqrt{2}$ → $x=3.4$ $x=0.6$
問題に適する　$0\leqq x\leqq4$
$(2+\sqrt{2})$ 秒後と
$(2-\sqrt{2})$ 秒後

---

4 2つの解は，問題に適している？

S：根号がついているから，わからないです。

S：$\sqrt{2}$ の近似値を1.4として計算すれば，x の値は6.8と1.2で，両方とも問題に適しているのではないかな。

T：さっきの表を照らしてみるとどうですか？

S：確かに1〜2秒の間と6〜7秒の間にあります。

　表と照らして確かめることで，解が2つあることの理解にもつながりやすくなる。

5 条件を変えたら，解決方法のどこを変える？

T：学習問題の速さを毎秒2cmに変えると，解決の方法のどこが変わりますか？

S：表の時間が0秒から4秒までになる。

S：点PがAを出発して1秒後のAPの長さは2cmで2倍になるので，x 秒たったときのAPの長さが $2x$ cmに変わります。

　条件を変えたとき，元の問題解決の何が変わるかを振り返りながら解決できるようにする。

本時案

試合数から
チーム数を求めよう

・試合数からチーム数を求めることを通して二
　次方程式を具体的な場面で活用できる。
・解決の過程を振り返って，評価・改善しよう
　としている。

授業の流れ

1 このリーグに所属するチーム数
は？

（電子黒板等で動画等を提示）

T：この局で放映している，あるサッカーリー
　　グの全試合数は306試合だそうです。この
　　リーグには何チーム所属しているでしょう
　　か？

S：どのような試合形式ですか？

T：まず，リーグ内のすべてのチームと試合を
　　する総当たり戦です。また，同じチームと
　　2回ずつ試合をします。

S：どうやって求めるのだろう？

T：何チームくらいだと予想しますか？

S：20チーム？

S：50チーム？　いや，70くらいあるかも？

T：予想が正しいかどうか，実際に求めてみま
　　しょう。

予想
20　50　70

学習問題
サッカーリーグの全試合数は
306 試合
チーム数は？

総当たり戦　　同じチームと2回試合

例えば…
2チーム　Ⓐ－Ⓑ　Ⓑ－Ⓐ　2試合
3チーム　Ⓐ－Ⓑ　Ⓑ－Ⓐ
　　　　　Ⓑ－Ⓒ　Ⓒ－Ⓑ　6試合
　　　　　Ⓐ－Ⓒ　Ⓒ－Ⓐ

2 チーム数を求める式は？

S：2チームのリーグ戦だと2試合，3チー
　　ムだと6試合になるね。

S：どうも，チームの数とチームの数よりも1小
　　さい数の積が，試合数になりそうです。
　　チーム数を x とすると，方程式 $x(x-1)$
　　＝306で求められそうです。

T：方程式をつくれたようですね。なぜ，チー
　　ム数とチーム数より1小さい数の積が試
　　合数になるのでしょうか？

　帰納的に考え方程式をつくった生徒の考えを
認め，さらに根拠を追究できるよう促す。

3 どのように考えたの？

　方程式の立式に焦点化し，根拠を説明させ
る。例えば運動部でリーグ戦を経験し，リーグ
表を見慣れている生徒は表を使って，また2
年生で学習した樹形図を使って考察することが
考えられる。そのような生徒を机間指導で見付
け，「いいね！　この表（樹形図）を使って，
どのように考えたの？」と聞くことで，周囲の
生徒が気付き，傾聴することで考えが広がり，
対話の場面が生まれやすくなる。

1 式の展開と因数分解

2 平方根

3 二次方程式

4 関数 $y=ax^2$

5 図形と相似

6 円の性質

7 三平方の定理

8 標本調査

本時の評価

・試合数からチーム数を求める方法を，二次方程式を使って説明することができていたか。
・共有した解決の過程を振り返って，評価・改善しようとしていたか。

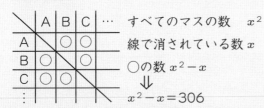

チーム数	1	2	3	4	5	×4
試合数	0	2	6	12	20	

（チーム数）×｛（チーム数）－1｝＝（試合数）
チーム数を x とすると，
$$x(x-1)=306$$
$$x^2-x-306=0$$
$$(x-18)(x+17)=0$$
$$x=18, -17$$
　　　解が，問題に適さない
18 チーム

	A	B	C	⋯
A		○	○	
B			○	
C	○	○		
⋮				

すべてのマスの数　x^2
線で消されている数 x
○の数 x^2-x
　　⇓
$x^2-x=306$

なぜ，そう言えるの？

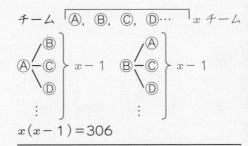

チーム ⟨Ⓐ, Ⓑ, Ⓒ, Ⓓ⋯ x チーム

$x(x-1)=306$

例えば5チームのとき
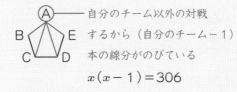
自分のチーム以外の対戦
するから（自分のチーム－1）
本の線分がのびている
$$x(x-1)=306$$

┌振り返り────
│方程式を使った問題解決の手順の
│それぞれで，あなたが大切だと思う
│ことを書きましょう。

> 電子黒板や模造紙などで第10時に提示した「方程式を使った問題解決の手順」を再掲し，方法の振り返りをする。

4 この図からは，説明できる？

T：例えば5チームだと，五角形を使うと表や樹形図と同じように説明することができます。どのように考えたか，わかる？
S：それぞれにチーム名を付けると，1つの頂点から伸びる辺と対角線の本数が試合数になります。
S：チーム数より1少ない数だね。
S：チーム数だけ頂点があるからチーム数とチーム数より1小さい数の積になるね。

5 解決の手順のポイントを振り返ろう

　単元全体の振り返りとして，改めて第10時で提示した方程式を使った問題解決の手順を掲示する。
　手順それぞれについて大切だと思うこと，気をつけなければいけないことなどを記述させ，方法の振り返りを行うことを通して評価・改善する活動を取り入れる。

4 関数 $y = ax^2$ （16時間扱い）

単元の目標

・関数 $y = ax^2$ の意味を理解するとともに，表，式，グラフの特徴を理解する。
・日常的な問題を関数 $y = ax^2$ を用いて捉え，その特徴を問題の解決に利用することができる。
・身の回りには関数関係があることを知り，その変化や対応の特徴を捉え，説明することができる。

評価規準

知識・技能	①関数 $y = ax^2$ について理解する ②関数 $y = ax^2$ として捉えられるものがあることを知っている
思考・判断・表現	③関数として捉えられる２つの数量について，変化や対応の特徴を見いだし，表，式，グラフを関連付けて考察し表現することができる ④関数 $y = ax^2$ を用いて具体的な事象を捉えて考察することができる
主体的に学習に取り組む態度	⑤関数 $y = ax^2$ を具体的な問題の解決に生かそうとする ⑥問題解決の過程を振り返って評価・改善しようとする

指導計画　全16時間

次	時	主な学習活動
第１次 関数 $y = ax^2$ の意味理解	1	時間と距離の関係を，表やグラフに表してその特徴を既習の関数と見比べながら考察する。
	2	事象の中から２つの数量関係を捉え，式に表す。
	3	２乗に比例する関数の式に表す。
第２次 関数 $y = ax^2$ のグラフ	4	関数 $y = ax^2$ のグラフの表し方を考察する。
	5〜7	関数 $y = ax^2$ のグラフの特徴を調べる。
第３次 関数 $y = ax^2$ の値	8	関数 $y = ax^2$ の値の変化のようすを調べる。
	9	関数 $y = ax^2$ の変化の割合とその意味を理解する。
	10	関数 $y = ax^2$ の変域をグラフと関連付けて理解する。
	11	変化の割合が示すことを現実事象と関連付けて考察する。
第４次 関数 $y = ax^2$ の利用	12〜14	関数 $y = ax^2$ を利用して色々な問題を解決する。
第５次 いろいろな関数	15，16	身のまわりにはいろいろな関数があることを理解するとともに，関数関係を利用して問題を解決する。

⑴関数 $y = ax^2$ の表，式，グラフの特徴の理解

　関数関係を捉えるためには，表，式，グラフが用いられる。これらの数学的な表現の特徴を確実に理解することは，相互に関連付けて考察したり問題を解決したりするために必要不可欠である。表，式，グラフの学習は，これまでの比例や一次関数の学習でも養われてきているが，それらの特徴と比較しながら丁寧に扱うことが大切である。

　表では，x と y の対応をみると一見関係していることが見えづらいが，x^2 を求めることで対応のきまりが明確になるとともに，x^2 と y の比が一定（比例定数）であることが分かる。また，変化のようすをみると，一方の値を a 倍したときに他方の値が a^2 倍になっていることや，x の値を 1 ずつ増やしたときの y の増加量は一定にならず，その y の増加量の変化が一定になることが特徴としてあげられる。グラフでは，比例定数によらず原点を通ること，y 軸について対称な曲線（放物線）になることなどの特徴を理解することが大切である。グラフが曲線になることは関数 $y = ax^2$ の大きな特徴の一つであり，単元計画の中でも多くの時間を当ててあるため，一つ一つを丁寧に扱いたい。

⑵関数 $y = ax^2$ の表，式，グラフの相互関係

　表，式，グラフの特徴を理解するだけでなく，それらを関連付けることができるようになることもこれまで同様に大切である。具体的には，式の比例定数を変えたときのグラフの変わり方や，比例定数が表ではどの部分にあたるか，グラフの増減が原点を境に変わるのは，式 $y = ax^2$ で x が 2 乗されていることに関連付けられるなどである。また，変化の割合については，単に計算の仕方を覚えてその数値を求められるようになるだけでなく，関数の考察における役割やグラフでの見方を知り，変化の割合が一定でないので，関数 $y = ax^2$ のグラフは直線にならないということも理解できるようにすることも大切である。その際，一次関数では，変化の割合が一定であるのでグラフが直線になることにも触れられると良い。このように，表，式，グラフの 3 つの表現を関連付ける活動を適宜取り入れるようにすることが大切である。

⑶関数 $y = ax^2$ を用いて具体的な事象を捉え考察し表現すること

　関数は，具体的な事象との関わりの中で事象を捉え考察することが大切である。その中では関連していそうな 2 つの数量に着目し事象を理想化したり単純化したり，得られたデータを基に関数とみなすことで式などに表して関数を問題解決に利用できるようにする活動を大切にしたい。

　例えば，車の制動距離を調べる場面を考える。ここでは，車の速さだけに着目し，それ以外の要素（例えば道路状況）を同じや考慮しないとして単純化している。また，得られたデータの数値は表やグラフに表すと"ほぼ" 2 乗に比例しているとみることができるので，速さと制動距離の間に関数 $y = ax^2$ の関係があるとみなしている。その関数を用いて未知の状況を予測し問題の解決に至る。

　このように，関数 $y = ax^2$ を用いて具体的な事象を捉え考察し表現する過程を経験することは，関数を問題の解決に利用する方法を理解するとともに，関数関係を見いだし考察し表現する力を養うために大切である。一方，得られた答えを現実の状況に合わせたときにかけ離れたものになることもありうる。その場合には別のデータをもとに考察しなおしてみたり，みなす関数を変えてみたりするなど，自らの解決過程を振り返り評価，改善することにつながる。そのような場面や題材も授業で積極的に扱っていきたい。

1 式の展開と因数分解

2 平方根

3 二次方程式

4 関数 $y=ax^2$

5 図形と相似

6 円の性質

7 三平方の定理

8 標本調査

本時案

ボールが転がる ようすを調べよう①

1/16

本時の目標

・ボールが斜面を転がるようすをみて，2つの数量の変化や対応の特徴を，表やグラフを用いて調べる。
・既習の関数と比較して2つの数量の特徴を捉えることができる。

ボールが転がるようすを調べよう

ボールが斜面を転がるときの実際のようすを見てみよう。動画

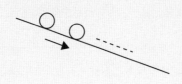

転がるようすはどうかな？
⇒だんだん速くなる？
比例している？

Q. ボールが斜面を転がり始めてから x 秒間に転がる距離を y m として，x と y の関係を調べよう。

表

x	0	1	2	3	4	5	…
y	0	0.5	2	4.5	8	12.5	…

+0.5 +1.5 +2.5 +3.5 +4.5

x の値を決めると，y の値がただ1つに決まるので y は x の関数である。

授業の流れ

1 ボールが転がるようすから，どんなことがいえるだろう？

S：だんだん速くなる。
S：比例しているんじゃない？
T：詳しく調べてみよう。

　導入場面なので，ジェットコースターや理科の実験等，生徒に身近なものをきっかけにしたい。

　その上で，ボールが斜面を転がる場面に焦点化し，動画等でその状況を提示しながらボールが転がるようすについての生徒の気づきを取り上げていきたい。

2 ボールの速さに注目しよう

S：時間と距離を知りたい。
T：時間と距離について，このようになっていることが分かっています（表を提示）。
T：時間と距離ではどんなことが言えますか。
S：こんなことはこれまでもやったことあるね。
S：関数で学習しました。
T：関数の定義を振り返ってみよう。
S：一方を決めると，他方がただ一つに決まる関係でした。
S：「距離は時間の関数である」といえます。

本時の評価

・身の回りの事象の中には既習の関数では捉えられない関数関係があることを理解することができたか。

・既習の関数との違いを，表やグラフの特徴に着目して説明することができたか。

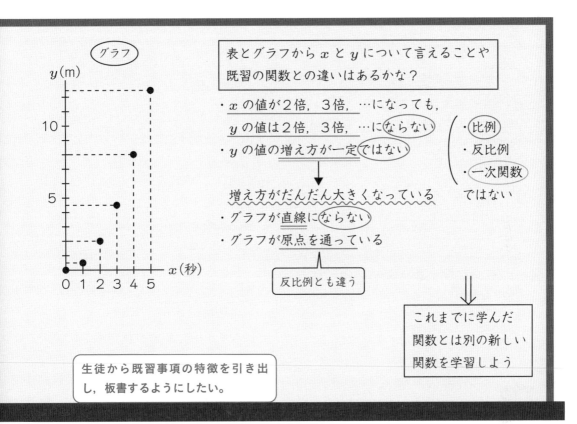

1 式の展開と因数分解

2 平方根

3 二次方程式

4 関数 $y=ax^2$

5 図形と相似

6 円の性質

7 三平方の定理

8 標本調査

生徒から既習事項の特徴を引き出し，板書するようにしたい。

3 既習の関数との違いはあるかな

S：y の値が 2 倍，3 倍，……となっていない。比例の性質とは違っています。

S：y の増え方がだんだん大きくなっている。一次関数の性質とも違っています。

S：（グラフは）直線にはならなさそう。比例や一次関数の性質とも違っています。

S：原点は通っている。反比例とは違います。

S：これまでに学習していない関数なのかな。

T：これまでにない特徴もありそうです。詳しく学習していきましょう。

既習との違いを捉え，新しい学習につなげる

　本時は関数 $y = ax^2$ の導入の授業である。伴って変わる 2 つの数量について既習の関数を振り返り，類似点と相違点を明確にする活動を設定したい。その上で，既習の関数とは異なる特徴を捉えるために，新たな関数を学習することにつなげることができれば，生徒にとっても自然と学習のきっかけになると考えられる。

　なお本時では，x 秒間に転がる距離を y m としたときのデータを教師から提示した。自分たちでデータを集めることも考えられるが，速さが変わることに注目できるようにすることが大切である。

本時案

ボールが転がる ようすを調べよう②

本時の目標

・関数 $y = ax^2$ の意味を理解することができる。

・伴って変わる 2 つの数量の特徴を捉えて式に表すことができる。

・事象の中には関数 $y = ax^2$ の形で捉えられるものがあることを理解できるようにする。

ボールが転がるようすを調べよう

ボールが斜面を転がり始めてから x 秒間に転がる距離を ym とすると，x と y の関係は下のようになりました。x^2 の値をかき入れよう

x^2 と y の間にはどんな関係があるだろう

・x^2 の値が 4 倍，9 倍，…になると y の値も 4 倍，9 倍，…になっている。

・y の値は x^2 の値の $\frac{1}{2}$ 倍になっている。

　→ 式に表すと $y = \frac{1}{2}x^2$

　　　$\dfrac{y}{x^2}$ は一定

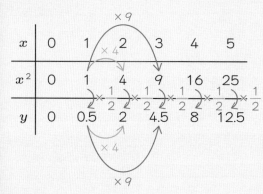

x	0	1	2	3	4	5
x^2	0	1	4	9	16	25
y	0	0.5	2	4.5	8	12.5

y が x の関数で $y = ax^2$ の式で表されるとき「y は x^2 に比例する」という。a は比例定数という。

授業の流れ

1 　x（時間）と y（距離）の間にはどんな関係があるだろう？

S：特に決まった規則はなさそう。

S：0.5 倍，1 倍，1.5 倍とだんだん増えている。

S：これが一定だといいんだけど……。

T：そうですね。例えば，x の値を x^2 の値にかえるとどうでしょう。

S：x^2 と y には決まりがありそう。

　x と y の表から生徒自身で x^2 の値を見いだすのは難しいので，x^2 の値は教師から求めるよう促す。その中で，気づいたことをあげるような活動につなげられるとよい。

2 　式に表せそうかな？

S：x^2 の値が 4 倍，9 倍，……となると y の値も同じように 4 倍，9 倍，……になっている。

S：比例と似ているね。

S：x^2 を $\frac{1}{2}$ 倍すると y の値になっている。

T：このことを式に表すことができそうかな。

S：$y = \frac{1}{2}x^2$ と表すことができます。

　比例の定義を振り返り，x^2 を X とみれば $y = aX$ となり比例として捉えられることを確認したい。

本時の評価

・関数 $y = ax^2$ の意味を理解することができたか。
・事象の中にある数量に着目し，それらの関係を $y = ax^2$ の式に表すことを通して，事象の中には関数 $y = ax^2$ の形で捉えられるものがあることを理解することができたか。

練習1　底面が1辺 x cm の正方形で高さが5cm の正四角柱の体積を y cm³ とする。

y を x の式で表すと

$y = x × x × 5$

$y = 5x^2$
y は x^2 に比例する。

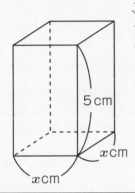

練習2

y が x^2 に比例するかどうか調べよう。

（1）1辺が x cm の正三角形の周りの長さ y cm

$\boxed{y = 3x}$

y は x に比例する。

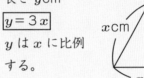

（2）半径が x cm の円の面積 y cm²

$y = x × x × \pi$

$\boxed{y = \pi x^2}$

y は x^2 に比例する。

> 練習問題の扱いでは，既習の図形の性質に関わることで2乗に比例する関数を取り上げ，改めて関数として捉え直すことで見方を豊かにすることにつなげられるとよい。

---

3 ほかの場面でも2乗に比例する関数はあるかな？

S：この場合は，$y = 5x^2$ と表すことができるね。
T：何と何が比例しているといえますか。
S：体積は底面の正方形の面積に比例しているといえます。
T：円の面積と半径についてはどうですか。
S：円の面積は半径の2乗に比例しているといえます。

　式に表すことを通して，何が何に比例しているのかを捉える活動を設定し，関数 $y = ax^2$ の理解の定着をはかりたい。

「比例する」ことの意味を理解する

　2乗に比例する関数について「比例する」ことの意味を理解することも大切にしたい。式に注目して，$y = ax^2$ の x^2 を X とみれば，$y = aX$ となり比例と捉えられることから2乗に「比例する」としていえることを確かめることが考えられる。その際，第1学年での比例の学習を適宜振り返るとともに，反比例についても $y = \dfrac{a}{x}$ の $\dfrac{1}{x}$ を X とみれば，$y = aX$ となって比例と捉えられることを扱うことができると，「比例する」ことの意味の理解がさらに深めることができると考えられる。

1 式の展開と因数分解
2 平方根
3 二次方程式
4 関数 $y=ax^2$
5 図形と相似
6 円の性質
7 三平方の定理
8 標本調査

本時案

関数 $y = ax^2$ の 式に表そう

本時の目標

・関数 $y = ax^2$ について，比例定数や変域を 負の数まで広げたときの x と y の値について 理解することができる。

・関数を成り立たせる値から式を求めることが できる。

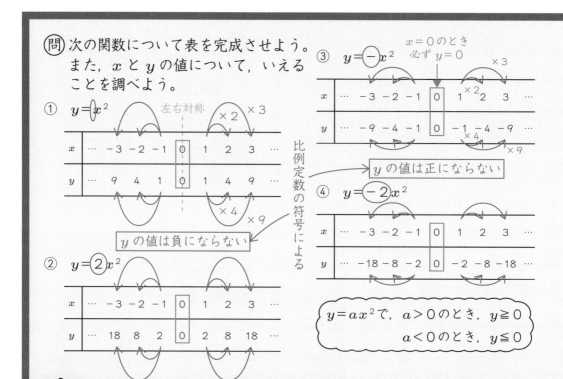

$y = ax^2$ で，$a > 0$ のとき，$y \geqq 0$
$a < 0$ のとき，$y \leqq 0$

授業の流れ

1 負の数を含めたときの表から言えそうなことは？

T：負の数を含めた場合で表を完成させよう。 何か言えそうなことはありますか。

S：正の数と負の数で，y の値が左右対称に なっています。

S：どれも，$x = 0$ のとき，$y = 0$ です。

S：比例のときは，x の値が2倍，3倍…にな ると y の値も2倍，3倍…になっていたね。

S：今回は，x の値が2倍，3倍…になる と，y の値は4倍，9倍…になっているね。

S：負の数のときもいえそうだね。

2 y の値はどのようになっているかな？

S：①と②は y が負の数になることはない。

S：③と④は正の数になることはないよ。

T：どうしてそう言えるのかな？

S：比例定数の符号と同じになっている。

S：正の数でも負の数でも2乗すると必ず正の 数になるから，比例定数の符号によって，y の値の符号も決まっていると言えます。

T：比例や一次関数と比べるとどうですか。

S：y の値の変化も一定でないし，なんだか特 徴的なことがたくさんありそうです。

・比例定数や変域を負の数まで広げたときの x と y の値について理解できたか。
・関数 $y = ax^2$ の式に表すことができたか。

$\underline{y \text{ は } x^2 \text{ に比例し}}$，$\underline{x=2 \text{ のとき } y=12}$ です。y を x の式で表してみよう。

考え方 $\begin{cases} \underline{\text{式は } y=ax^2 \text{ の形になる。}} \\ \underline{x=2, y=12 \text{ を代入する。}} \end{cases}$

解答　y は x^2 に比例するので，比例定数を a とすると，$y=ax^2$ と表すことができる。

$x=2$ のとき $y=12$ であるので，
$$12 = a \times 2^2$$
$$4a = 12$$
$$a = 3$$
よって
$$\underline{y = 3x^2}$$

練習　y は x^2 に比例し，次の条件を満たすとき，y を x の式で表そう。

(1) $x=-4$ のとき，$y=12$
$y=ax^2$ に代入
$$12 = a \times (-4)^2$$
$$12 = 16a \qquad a = \frac{3}{4}$$
$$y = \frac{3}{4}x^2$$

(2) $x=3$ のとき，$y=-36$
$y=ax^2$ に代入
$$-36 = a \times 3^2$$
$$-36 = 9a \qquad a = -4$$
$$y = -4x^2$$

---

3 式に表してみよう

T：具体的な数で比例定数を求めてみよう。
S：比例や一次関数のときも似たようなことをやったね。
S：x と y に代入して求めたね。

　関数を式に表す場面では，既習事項をもとにして考えられるようにしたい。比例や一次関数では式に代入して比例定数等を求めたことを振り返り，今回も同様に成り立たせる値を式に代入することで比例定数を求めることができることを確認することが大切である。

他領域の学習につなげる

　発展的な内容として，例えば半径 r の円の面積を S としてその関係を式に表し，半径を変えたときに面積がどのように変わるのかについて考える場面が考えられる。面積を半径の2乗に比例する関数として捉え，半径が2倍になると面積は4倍になることを確かめながら，半径と面積を動的に見る視点を養うことも，事象を捉える視点を学習する上で大切である。
　また，そのような内容は相似比と面積比や体積比のような相似の学習につながる素地の学習として，教師側が意識できるとよい。

本時案

関数 $y = x^2$ の グラフの特徴

本時の目標

・関数 $y = x^2$ の値の変化に注目して，グラフの特徴を理解する。

・関数 $y = x^2$ のグラフが曲線になることを理解する。

関数 $y = ax^2$ のグラフの特徴を調べよう。

$y = x^2$ のグラフ

表

x	⋯	-3	-2	-1	0	1	2	3	⋯
y	⋯	9	4	1	0	1	4	9	⋯

⇒ x，y の値の組を座標とする点を，右の図にかき入れてみよう。

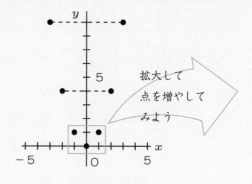

拡大して
点を増やして
みよう

グラフには，どんな特徴がありそうかな。（予想）

・原点を通る　　・x 軸より下にはいかない

・左右対称

・直線にはならない？

・曲線？

点をたくさんとってみる

確かめるには
どうしたらよいだろう

x	-1	-0.9	-0.8	-0.7
y	1	0.81	0.64	0.49

授業の流れ

1 グラフはどのようになるかな？

T：関数 $y = x^2$ のグラフはどのようになるだろうか。

S：表に表してみます。

T：x，y の値の組を座標とする点を表してみよう。グラフはどんなことが言えそうかな。

S：原点を通っています。

S：左右対称になっていそうです。

S：x 軸より上にあるね。

S：点と点を直線で結んでよいのかな？

S：直線にはならなさそうだよ。

2 グラフの形を考えよう

T：グラフはどのようになりそうかな？

S：点と点の間は直線になるかな？

T：確かめるにはどうすればよいかな？
　　比例や一次関数のときはどうしたかな？

S：点をたくさんとってみるとよいんじゃない。

S：x の値を細かくして，それぞれの値を求めてみよう。

　比例や一次関数のグラフが直線になることを，点をたくさん取って確かめたことを振り返り，ここでも生かすことができるようにしたい。

1 式の展開と因数分解

2 平方根

3 二次方程式

4 関数 $y = ax^2$

5 図形と相似

6 円の性質

7 三平方の定理

8 標本調査

本時の評価

・関数 $y = x^2$ の値の変化を，グラフに表すことができたか。
・関数 $y = x^2$ のグラフが曲線になることを理解できたか。

準備物

・生徒用端末
・教師用端末
・グラフ方眼紙
・グラフ黒板

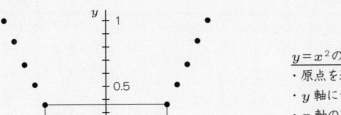

x の値を－1から1まで0.1おきにとってみよう　　もっと細かく点をとってみると…
⇒端末で見てみる

$y = x^2$ のグラフの特徴
・原点を通るなめらかな曲線
・y 軸について対称
・x 軸の下側には出ない

$y = x^2$ のときは，x の正負によらず y の値は必ず正になる

x の絶対値が等しいと y の値は等しくなる。
$x = 0.6$ のとき $y = 0.36$
$x = -0.6$ 〃 $y = 0.36$

-0.6	-0.5	-0.4	-0.3	-0.2	-0.1	0	0.1	0.2	0.3	0.4	0.5	0.6	0.7	0.8	0.9	1
0.36	0.25	0.16	0.09	0.04	0.01	0	0.01	0.04	0.09	0.16	0.25	0.36	0.49	0.64	0.81	1

3 x の値を－1から1まで0.1ずつ変えて対応する点をとってみよう

T：点を増やすとどんなことが言えそうかな？
S：曲線のようになってきた。
T：曲線と言ってよいかな？
S：もっと細かくとってみてみたい。
T：端末で細かくとった様子を見てみよう。

　点と点の間がどのようになっているかについて，x を細かく変化させたり，ズームしたりするなど手元の端末を利用して確かめる活動を設定することも考えられる。

4 関数 $y = x^2$ のグラフについてどんなことがいえるだろう？

S：曲線になる。
S：原点を通る。
S：y 軸について線対称になっている。
S：x 軸の下側にはいかない。

　表の値とグラフを対応させながら，グラフの特徴をひとつずつ共有できるようにしたい。2乗されることで常に負の数にならず，y の値が等しい点が2つあることなど，グラフから読み取れる気づきを関数 $y = x^2$ の式に関連付けて理解できるようにする。

関数 $y = ax^2$ の グラフの特徴($a > 0$)

5/16

本時の目標

・関数 $y = x^2$ のグラフをもとに，$y = ax^2$（$a > 0$）のグラフの特徴を理解する。
・比例定数の値を変えると，グラフの形がどのように変わるかを理解する。

関数 $y = ax^2$ のグラフ（$a > 0$ のとき）

比例定数 a の値をいろいろにとるとグラフはどうなるか，調べてみよう。

$y = ②x^2$ のグラフ

どのようにかけばよいかな？
・表をつくる
・$y = x^2$ のグラフをもとに 2倍する

$y = 2x^2$ のグラフ上の点は，$y = x^2$ のグラフ上の各点について，y 座標を2倍にした点である。

予想・グラフの傾き（?）が変わる
　　　比例や一次関数のときもそうだった
　　・開き方や開く方向が変わる
　　・形は $y = x^2$ のときと似ている（同じ?）

表

x	...	-2	-1.5	-1	-0.5	0	0.5	1	1.5	2	...
x^2	...	4	2.25	1	0.25	0	0.25	1	2.25	4	...
$2x^2$	...	8	4.5	2	0.5	0	0.5	2	4.5	8	...

×2　　×2

授業の流れ

1 a の値を変えるとグラフはどうなる?

S：a が大きくなると傾きが急になる。
S：開き方のことだと思う。
S：形は $y = x^2$ のときと同じだと思う。

　グラフがどのように変わるのかを予想する活動は大切にしたい。生徒の発言はそのまま板書している。なお，「同じになる」という予想に対する結論として厳密な証明を授業で扱うことは難しい。その場合でも「厳密に確かめるのは少し難しいね」としつつ，端末等で拡大縮小すると同じに見えることを確かめる程度で扱うことも考えられる。

2 $y = 2x^2$ のグラフをかこう

S：$y = x^2$ のときのように表に表す。
S：$y = x^2$ のグラフをもとにできないかな。
T：それ，具体的にはどういうこと？
S：表で x^2 を2倍すれば $2x^2$ の値がでます。
S：つまり x^2 のグラフの y 座標を2倍すると $y = 2x^2$ のグラフになると思います。

　$y = ax$ のグラフを基に一次関数グラフをかいたことにふれながら，$y = ax^2$ の比例定数が変わるとグラフがどのように変化しているかに目を向けて比例定数のグラフでの意味と関連付けたい。

1 式の展開と因数分解

2 平方根

3 二次方程式

4 関数 $y=ax^2$

5 図形と相似

6 円の性質

7 三平方の定理

8 標本調査

本時の評価

・関数 $y=ax^2$ $(a>0)$ のグラフをかくことができたか。

・関数 $y=x^2$ のグラフをもとに，関数 $y=ax^2$ $(a>0)$ のグラフの特徴を理解できたか。

準備物

・グラフ方眼紙

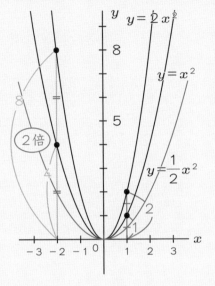

$y=\dfrac{1}{2}x^2$ のグラフをかいてみよう。（左図）

$y=2x^2$，$y=x^2$，$y=\dfrac{1}{2}x^2$ のグラフを比べて気づくことを挙げてみよう。

・どのグラフも
$\begin{cases}$ 原点を通っている \\ y 軸について対称 $\end{cases}$

・比例定数の値が
$\begin{cases}$ 大きいほど開き方は小さい \\ 小さいほど開き方は大さい $\end{cases}$

本時は正の数
→ 負の数になるとグラフはどのようになるのだろう。

3 グラフについて気付くことは？

S：どのグラフも原点を通っている。

S：y 軸について対称になるのも同じ。

S：比例定数が正だと x 軸の下側にはいかない。

S：比例定数が大きいと開き方は小さくなる。

S：比例定数が小さいと開き方は大きくなる。

T：これですべてのグラフの特徴が分かりました。

S：比例定数が負の数のときをやってないです！

S：負の数になるとどのようになるのだろう。

T：では次の時間に負の数のときをやってみましょう。

生徒の発言をその後の学習につなげる

　グラフの開き方について，**1** の『予想』場面でもあげたが生徒は「傾き」という表現をすることがある。放物線においては「傾き」という表現はせず，開き方の大小でその特徴を表すことをおさえつつ，「開き方が小さいということは増え方が大きいということだね」などと少しでも値の変化に触れておくと，第8時の学習につなげていくことができる。

関数 $y = ax^2$ の グラフの特徴（$a < 0$）

・関数 $y = x^2$ のグラフをもとに，$y = ax^2$（$a < 0$）のグラフの特徴を理解する。
・比例定数の値を変えると，グラフの形がどのように変わるかを理解する。

関数 $y = ax^2$ のグラフ（$a < 0$ のとき）

比例定数が負の数の場合について調べてみよう。

$y = -x^2$

（表）

x	…	-3	-2	-1	0	1	2	3	…
x^2	…	9	4	1	0	1	4	9	…
$-x^2$	…	-9	-4	-1	0	-1	-4	-9	…

どんなグラフになりそうかな。

（$a > 0$ のときと比べて…）

・原点を通りそう。（$a > 0$ のときと同じ）
・y の値が正の数になることはない。
（$a > 0$ のときと違い）

$y = -x^2$ のグラフはどのようにかけばよいかな？

・$y = x^2$ のグラフをかき，負の方へうつす

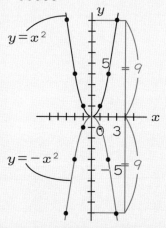

---

1 a の値が負の数になると?

T：関数 $y = ax^2$ の a の値が負の数になるとグラフはどのようになると思いますか。
S：表に表してみよう。
S：y 軸よりも下側にくる。
S：$y = x^2$ のグラフを下側にすればよい。
S：形は $y = x^2$ のときと反対になると思う。

　a の値が負の数になる場合について予想する中で，正の場合のグラフとの関係に触れられると，その後の活動につなげやすくなる。

2 $y = -x^2$ のグラフをかくためには?

S：グラフに点をとってみるとよいね。
S：$y = x^2$ のグラフを下側に折り返したようになるよね。
S：x 軸について線対称の関係ってこと?
T：どうしてそのように言えますか?
S：$y = x^2$ と $y = -x^2$ で，x に同じ値を代入したときの y の値は，絶対値は等しく符号だけが変わっているから。
T：$y = x^2$ のグラフをかいて，$y = -x^2$ のグラフをかいてみよう。

関数 $y = ax^2$ のグラフの特徴（$a < 0$）

1 式の展開と因数分解

2 平方根

3 二次方程式

4 関数 $y=ax^2$

5 図形と相似

6 円の性質

7 三平方の定理

8 標本調査

本時の評価

・関数 $y=ax^2(a<0)$ のグラフをかくことができたか。
・関数 $y=x^2$ のグラフをもとに，関数 $y=ax^2(a<0)$ のグラフの特徴を理解できたか。

準備物

・グラフ方眼紙

$y=x^2$ のグラフと $y=-x^2$ のグラフの関係

㋒グラフ

x 軸について線対称

㋒式では？

同じ x の値に対応する y の値は絶対値が等しく符号が反対

$y=-x^2$ のグラフの特徴
・原点を通るなめらかな曲線
・y 軸について対称

$y=x^2$ のグラフと共通

・x 軸の上側にはこない
　→y の変域は
　　$y\leqq0$

練習　$y=\dfrac{1}{2}x^2$ のグラフをもとに $y=-\dfrac{1}{2}x^2$ のグラフをかこう。

$a<0$ のとき
$x=ax^2$ のグラフの開き方は
・比例定数の値が大きいほど開き方は大きくなる
・比例定数の値が小さいほど開き方は小さくなる

教科書にあるような比例定数の絶対値と開き方の関係については，次時の振り返ってまとめる活動の中でグラフを比べながら扱うこととする。

グラフの特徴を理解するために

ここでは，■1，■2 の活動を通して，$y=-x^2$ のグラフを，$y=x^2$ のグラフと関連付けて理解できるようにしたい。

比例定数の絶対値が等しい2つのグラフは x 軸について線対称になることを，表からグラフの形を予想する場面やグラフのかき方を考える場面，かいたグラフを見比べる場面を通して気づくことができるようにしたい。その際，表，式，グラフの特徴を関連付けながら進めると，より深まっていくと考えられる。

3 $y=-x^2$ のグラフについて言えることは？

S：比例定数が負になっても原点を通っている。

S：y 軸について対称になるのも同じ。

S：x 軸の上側にはいかない。

T：グラフの開き方はどうですか？

S：$y=-x^2$ と $y=-\dfrac{1}{2}x^2$ を比べると $y=-\dfrac{1}{2}x^2$ の方が開き方は大きいです。

S：-1 より $-\dfrac{1}{2}$ の方が大きいから，比例定数が大きいほど開き方は大きいと言えそうだね。

グラフの開き方については，ここでは，比例定数が負の場合に限定して扱う。

関数 $y = ax^2$ の グラフの特徴(まとめ)

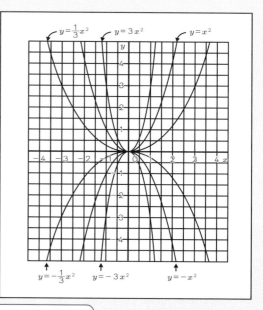

$\dfrac{7}{16}$

・$y = ax^2$ について,$a > 0$ のときと $a < 0$ のときのグラフの特徴を振り返って理解する。
・グラフの違いについて,根拠とともに説明することができる。

関数 $y = ax^2$ のグラフ

関数 $y = ax^2$ で a の値をいろいろにとりグラフをかくと,右のようになります。$y = ax^2$ のグラフの特徴をまとめよう。

$a > 0$ のとき
　　x 軸の上側,上に開いている
$a < 0$ のとき
　　x 軸の下側,下に開いている

$y = ax^2$ と $y = -ax^2$ のグラフは,x 軸について線対称

$y = ax^2$ のグラフは曲線になり,これまでの関数と異なる特徴がある。この時間で改めてグラフの特徴を振り返り,理解を確かなものにするための活動を大切にしたい。

授業の流れ

1 $y = ax^2$ のグラフの特徴を振り返ろう

S:グラフは原点を通る曲線です。
S:y 軸について線対称です。
S:開き方は,比例定数によって変わります。
T:開く向きにも違いがありますか?
S:比例定数が正だと上側に開き,負だと下側に開いている。
S:比例定数の絶対値が同じ 2 つのグラフは,x 軸について線対称です。

2 比例定数を大きくするとグラフの開き方の関係は…

S:小さくなります!
T:ほんと? いつでも言えるかな?
S:$y = 3x^2$ の方が $y = x^2$ より小さい。
S:待って,負の数のときはそうとは言えないよ!
S:-3 と $-\dfrac{1}{3}$ だと $-\dfrac{1}{3}$ の方が値は大きいよ。だけど,この場合は,$y = -\dfrac{1}{3}x^2$ の方が開き方は大きいよ!
S:負の数だと開き方は反対になっているね。
T:正負の両方をまとめて表現するには?
S:比例定数の絶対値とするとよいんじゃない?

1	式の展開と因数分解
2	平方根
3	二次方程式
4	関数 $y=ax^2$
5	図形と相似
6	円の性質
7	三平方の定理
8	標本調査

本時の評価

・関数 $y=ax^2$ のグラフの特徴を理解できたか。
・グラフの違いについて，根拠を明確にして説明することができたか。

$y=ax^2$ のグラフ
・原点を通る
・y 軸について対称
　な曲線

・比例定数 a の
　絶対値が
　大きいほど開き
　方は小さい
　絶対値が
　小さいほど開き
　方は大きい

問 右の図は３つの関数
$y=\dfrac{1}{4}x^2$, $y=3x^2$, $y=-x^2$
のグラフを同じ座標軸を使って
かいたものです。①②③はそれ
ぞれどの関数のグラフになって
いますか。その理由も説明しよ
う。

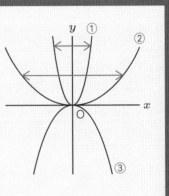

① $y=3x^2$ ② $y=\dfrac{1}{4}x^2$ ③ $y=-x^2$

理由 ①と②は上に開いているので，$a>0$。
　　①は②よりグラフの開き方が小さいので比例定数は①が
　　大きいといえる。
　　③は下に開いているので，$a<0$。

グラフの特徴を捉えて表現する

　グラフの開き方と比例定数の関係について，
生徒は比例定数が大きくなるとグラフの開き方
が小さくなるとしがちである。そのような場合
には，「本当？」「いつでもそう？」などと問う
ことで，$a<0$ のときにはそうでないことを
生徒から引き出したい。その上で，どのように
表現すればよいかを考え，すべての場合を表す
ためには比例定数の「絶対値」とすれば良いこ
とを導くことができるようにしたい。
　共通点や相違点をもとに統合することを経験
する大切な場面として位置づけたい。

3 それぞれのグラフはどの関数？

T：それぞれのグラフはどの関数のグラフで
　　しょう。
S：①と②は x 軸の上側にあるので，比例定
　　数は正の数です。
S：開き方は①のほうが小さいね。
S：比例定数が正のときは，開き方が小さいほ
　　ど比例定数は大きいよね。
S：①は $y=3x^2$ のグラフだね。
S：③だけ x 軸より下にあるね。
S：③は比例定数が負の数と分かるね。

本時案

関数 $y = ax^2$ の値の変化

8/16

本時の目標
・関数 $y = ax^2$ の値の変化について理解する。
・関数 $y = ax^2$ の値の変化を，既習事項と比較しながら捉えることができる。

関数 $y＝ax^2$ の値の変化

関数 $y＝ax^2$ で x の値が増加するとき それにともなって y の値がどのように 変化するのかを調べよう

振り返り　1次関数　$y＝②x＋1$

表

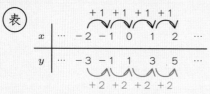

x	…	-2	-1	0	1	2	…
y	…	-3	-1	1	3	5	…

$+1\ +1\ +1\ +1$
$+2\ +2\ +2\ +2$

グラフ

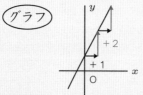

$+2$
$+1$

一次関数⇒一定の割合で増加（減少）する

$y＝ax^2$ の場合

$y＝2x^2$

表

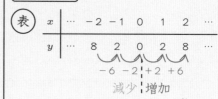

x	…	-2	-1	0	1	2	…
y	…	8	2	0	2	8	…

$-6\ -2\quad +2\ +6$
減少　増加

y

減少　増加

最小値

$a＞0$ のとき，

x の値が増加するにつれて，

$x＜0$ の範囲では減少する

$x＝0$ のとき y の値は最小値 0 をとる

$x＞0$ の範囲では増加する

授業の流れ

1 $y ＝ ax ＋ b$ を思い出そう

T：第5時で「$y＝ax^2$ のグラフの傾き」という言葉が出ました。今日は，関数 $y＝ax^2$ の値の変化を調べてみよう。

T：一次関数 $y＝2x＋1$ では y の値はどのようになっていましたか。

S：x の値が1増えると y の値は2増えます。

S：グラフは，傾き2，切片1の直線でした。

T：一次関数のときの値の変化についてどんなことがいえますか？

S：一定の割合で変化していました。

2 $y ＝ 2x^2$ の値はどう変わる？

T：関数 $y＝2x^2$ で調べてみよう。どのようにすればよいかな？

S：一次関数のときと同じように表やグラフに表してみるとよい。

S：y の変化を見ると，一定ではないね。

S：だんだん変化が小さくなって，また，だんだん変化が大きくなっていく。

S：$x＜0$ では減少して，$x＞0$ では増加しているね。

1 式の展開と因数分解

2 平方根

3 二次方程式

4 関数 $y=ax^2$

5 図形と相似

6 円の性質

7 三平方の定理

8 標本調査

本時の評価

・関数 $y=ax^2$ の値の変化の特徴を理解していたか。

$y=-2x^2$

表

x	$\cdots$	-2	-1	0	1	2	$\cdots$
y	$\cdots$	-8	-2	0	-2	-8	$\cdots$

$+6 \quad +2 \quad -2 \quad -6$

増加　減少

$a<0$ のとき，

x の値が増加するにつれて，

　$x<0$ の範囲では増加する

　$x=0$ のとき y の値は最大値 0 をとる

　$x>0$ の範囲では減少する

関数 $y=ax^2$ の値の変化のようすについて一次関数 $y=ax+b$ と比べていえること

・$y=ax^2$ では $x=0$ を境に変化のようすが
減少から増加（$a>0$），
増加から減少（$a<0$）に変わる。

$\left(\begin{array}{l}\text{一次関数は　増加のまま}\\\text{　　　　　　減少のまま}\end{array}\right)$

$y=ax^2$ は増加や減少のしかたが一定ではない。（一次関数は一定）

"変化のしかた"をうまく表すことはできないかな？

---

3 $y=ax^2$ の変化に注目すると…

S：原点を境に変わっている。

S：一次関数はずっと変わらなかった。

S：比例や反比例も変わらなかったね。

S：変化のしかたが一定でない。

S：だから，初めに言っていた "グラフの傾き"
　　は一定にならないということなのかな？

T：変化のしかたをうまく表すことができれば
　　よいね。変化の特徴をたった 1 つの数値
　　で表していたのは覚えているかな？

S：一次関数のときにやったような気がするけど…。

表やグラフから値の変化を捉えること

　本時は，関数 $y=ax^2$ で x の値が増加する
ときの y の値の変化に注目し，その様子を捉
えることが目標である。$x=0$ を境に変化の
ようすが変わることは，既習の関数にはない大
きな特徴である。そのことが明確になるように
表やグラフを比較しながら丁寧にすすめたい。

　また，**2** での活動の中で，y の値の変化を
見て，"変化の変化" が一定であることに気づ
く生徒がいるかもしれない。関数 $y=ax^2$ の
特徴の一つとして共有できるとよい。

本時案

関数 $y = ax^2$ の 変化の割合

本時の目標

・関数 $y = ax^2$ の変化の割合を求めることができる。
・関数 $y = ax^2$ の変化の割合の意味を，既習事項と比較しながら表やグラフと対応させて理解する。

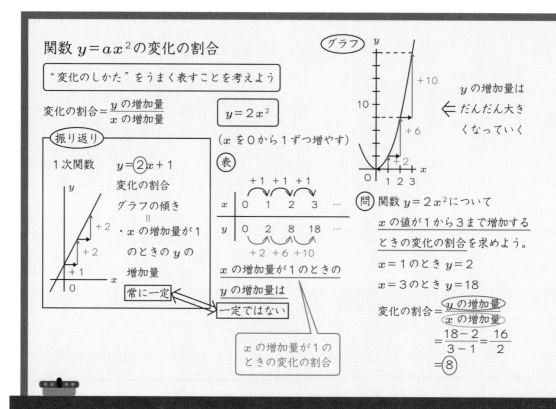

授業の流れ

1 変化の割合って？

T：これまで表やグラフで関数 $y = ax^2$ の変化の特徴を学んできました。2 年生のときには，その変化の特徴をたった 1 つの数値で表していたのは覚えているかな？
S：なんだっけ……。
S：変化の割合を学習しました。
S：一次関数の a の値だったね。
T：$y = 2x^2$ の変化の割合っていくだろう？
S：2 だと思う。
S：あれ？変化の割合ってなんだっけ。

2 $y = 2x^2$ の変化の割合を調べよう

T：x が 1 増えたときの y の変化をみてみよう。
S：x の増加量が 1 のときの y の増加量ってことだね。これも変化の割合だね。
S：一定ではないね。
S：だんだん増えていっている。
S：グラフの増え方がだんだん大きくなっていることも分かるね。
S：だから直線にならないんだ。
T：変化の割合が一定だとグラフは直線で，一定でないとそうではないといえますね。

関数 $y = ax^2$ の変化の割合
142

1 式の展開と因数分解

2 平方根

3 二次方程式

4 関数 $y=ax^2$

5 図形と相似

6 円の性質

7 三平方の定理

8 標本調査

本時の評価

・関数 $y=ax^2$ の変化の割合を求めることができたか。

・関数 $y=ax^2$ の変化の割合の意味を，グラフと関連付けて理解できたか。

<u>練習</u>　$y=\dfrac{1}{2}x^2$ について，x の値が次のように増加するときの変化の割合を求めなさい。

（1）2から4まで

$x=2$ のとき $y=2$

$x=4$ のとき $y=8$

よって

$\dfrac{8-2}{4-2}=\dfrac{6}{②}=3$

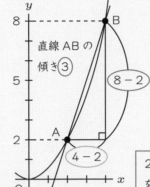

直線ABの

傾き③

$8-2$

$4-2$

2点 A（2，2），B（4，8）

を結ぶ直線の傾き

（2）−6から−4まで

$x=-6$ のとき $y=18$

$x=-4$ のとき $y=8$

よって

$\dfrac{8-18}{-4-(-6)}=\dfrac{-10}{②}$

$=-5$

x の増加量が等しくても変化の割合は等しいとは限らない

⇒$y=ax^2$ では x の値がどの値からどの値まで変化するか

によって変化の割合は異なり一定ではない。

---

3 変化の割合はグラフ上だと？

S：x が1増えたときに y がどれだけ変化するか。

S：直線の傾きのことだね。

T：どんな直線かな？

S：x がどこからどこまで増えたか，その両端の点を結んだ直線のことだ。

S：直線の傾きという点では一次関数と同じだ。

　x の値が -3 から3まで増加するときの変化の割合が0であることと，2点を結ぶ直線が x 軸に平行で傾きが0であることを関連付けると，理解の助けになるかもしれない。

4 x の増加量が同じときの変化の割合を比べると

S：2つとも x の増加量は等しいね。

S：でも変化の割合は違うね。

S：x の増加量が等しくても変化の割合が同じになるとは限らないんだね。

　練習問題では，いずれも x の値は同符号である。x の値が同符号の場合には変化の割合も同じ符号になる（$a>0$）ことと，"$x=0$ を境に変化のようすが変わる"という第8時での気づきが結びつくと，$y=ax^2$ の値の変化の理解が深まると考えられる。

本時案

関数 $y = ax^2$ の変域

本時の目標
・関数 $y = ax^2$ の変域を求めることができる。
・関数 $y = ax^2$ の変域を，グラフと対応させて理解する。

関数 $y = ax^2$ の変域 ── とりうる値の範囲

（問）
関数 $y = \dfrac{1}{4}x^2$ で，x の変域が $-2 \leqq x \leqq 4$ のときの y の変域を求めよう。

太い線の部分が対応している y 軸の部分を赤色で示そう

$\Rightarrow y = \dfrac{1}{4}x^2$ のグラフをかいて調べよう。
　$x = -2$ のとき $y = 1$
　$x = 4$ のとき $y = 4$

$-2 \leqq x \leqq 4$ に対応するグラフは右図の太い線の部分になる。

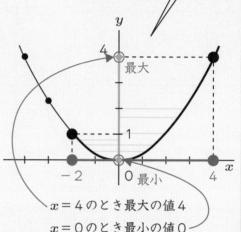

$x = 4$ のとき最大の値 4
$x = 0$ のとき最小の値 0
したがって y の変域は
$0 \leqq y \leqq 4$

一次関数 $y = 2x + 4$ で，$-2 \leqq x \leqq 4$ のときの y の変域は，$x = -2$ と 4 を代入すると，0 と 12 だったことから $0 \leqq y \leqq 12$ と求めたことを振り返りながら考えさせたい。

授業の流れ

1　変域を求めよう

T：今日は，2乗に比例する関数の変域を求めてみようと思います。関数 $y = \dfrac{1}{4}x^2$ で，$-2 \leqq x \leqq 4$ のときの y の変域はどうなるかな。

S：$x = -2$ のとき $y = 1$，$x = 4$ のとき $y = 4$ だから，$1 \leqq y \leqq 4$ になると思う。

T：どうしてそう思う？

S：一次関数のときと同じように代入しました。

S：変域を求めるためには対応する y の値を求めました。

2　グラフに表してみよう

T：一次関数のときに変域を調べるために式以外に用いたものはあるかな？

S：グラフに表しました。

T：そうでした。関数 $y = \dfrac{1}{4}x^2$ で，$-2 \leqq x \leqq 4$ のグラフをかいてみよう。

S：一次関数のときは，グラフが対応している部分に色をつけると分かりやすかったね。

S：y 軸の対応している部分を赤にしました。

S：y の値の範囲が見やすくなるね。

1 式の展開と因数分解

2 平方根

3 二次方程式

4 関数 $y=ax^2$

5 図形と相似

6 円の性質

7 三平方の定理

8 標本調査

本時の評価

・関数 $y=ax^2$の変域を求めることができたか。

$y=\dfrac{1}{4}x^2$で，xの変域が次の（1）（2）のとき，yの変域を求めなさい。

（1）$-4 \leqq x \leqq 2$

$x=-4$のとき $y=4$

$x=2$のとき $y=1$

$0 \leqq y \leqq 4$

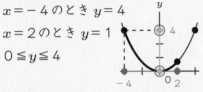

（2）$2 \leqq x \leqq 6$

$x=2$のとき $y=1$

$x=6$のとき $y=9$

$1 \leqq y \leqq 9$

$y=-\dfrac{1}{4}x^2$で，xの変域が次の（1）（2）のとき，yの変域を求めなさい。

（1）$2 \leqq x \leqq 4$

$x=2$のとき $y=-1$

$x=4$のとき $y=-4$

$-4 \leqq y \leqq -1$

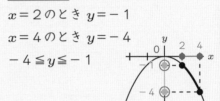

（2）$-4 \leqq x \leqq 1$

$x=-4$のとき $y=-4$

$x=1$のとき $y=-\dfrac{1}{4}$

$-4 \leqq y \leqq 0$

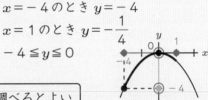

変域を考える際には，グラフと対応させながら調べるとよい

---

3 グラフをもとに変域を求めよう

S：yの最大値は 4 だね。

S：yの値は 1 から一度下がって，上がっているから yの最小値は 1 ではなくて 0 だね。

S：yの変域は $0 \leqq y \leqq 4$になるね。

S：グラフだと分かりやすいね。

T：色々な式で yの変域を求めてみよう。

S：原点を通るかを確かめないといけないね。

T：どうして？

S：原点を通っていると，最小値や最大値が代入して求めた値と異なることがあるから。

グラフに表すことで変化を見やすくする

　変域を考える際には，グラフと対応させることが大切である。一次関数のように，xの変域の両端の値から求めた値をそのまま yの変域とする生徒も多い。グラフを用いて関数 $y=ax^2$では $x=0$を境に変化のようすが変わるので，一次関数と同じようにはできないことを確認する。

　上記の板書では，誤った例は扱わず，正しいものだけにしている。生徒に混乱を与えるのを避けるためであるが，生徒の実態に応じて誤答例を示すかどうかを検討する事が望ましい。

本時案

関数 $y = ax^2$ の 変化の割合と平均の速さ

11/16

本時の目標
- 関数 $y = ax^2$ の変化の割合が現実場面で何を表すのかを理解する。
- 関数 $y = ax^2$ の特徴を，一次関数と比較しながら振り返り，確かめる。

ボールが斜面を転がり始めてから x 秒間に転がる距離を ym とすると，x と y の関係は下のようになりました。

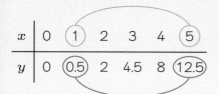

x	0	1	2	3	4	5
y	0	0.5	2	4.5	8	12.5

式 $y = \dfrac{1}{2}x^2$ $(0 \leqq x \leqq 5)$

x の値が1から5まで増加するときの変化の割合を求め，何を表しているか考えてみよう。

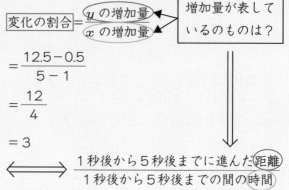

変化の割合 $= \dfrac{y \text{の増加量}}{x \text{の増加量}}$

増加量が表しているのものは？

$= \dfrac{12.5 - 0.5}{5 - 1}$

$= \dfrac{12}{4}$

$= 3$

$\Longleftrightarrow$ $\dfrac{1秒後から5秒後までに進んだ距離}{1秒後から5秒後までの間の時間}$

1秒後から5秒後までのボールの 平均の速さ

変化の割合は平均の速さを表している

授業の流れ

1 転がるボールの変化の割合って？

S：3です。
T：これは，転がるボールの何を表していますか？
S：x は時間で，y は転がった距離だったね。
S：x の増加量は4秒間のことだね。
S：y の増加量は4秒間に転がった距離ということになるね。
S：変化の割合は，転がった距離をその時間でわっていることになります。
S：距離÷時間で求められるのは速さだね。
T：変化の割合は，ボールの平均の速さだね。

現実事象と数学的な内容を結びつけて考察すること

　前時までに学習した変化の割合を，現実の場面に照らし合わせて理解を深めることをねらいとする。x と y が時間と距離を表していることから，変化の割合がその時間における平均の速さを表すことを理解できるようにしたい。

　また，変域が現実事象を考察する際に非常に重要になることを確かめたい。このときの x の変域は $1 \leqq x \leqq 5$ であるが，前時で学習した変域の意味を改めて理解するためにも，現実事象を扱う場面では，意識して変域について扱うようにしていきたい。

1 式の展開と因数分解

2 平方根

3 二次方程式

4 関数 $y=ax^2$

5 図形と相似

6 円の性質

7 三平方の定理

8 標本調査

本時の評価

・関数 $y=ax^2$ の変化の割合が平均の速さを表していることを理解できたか。

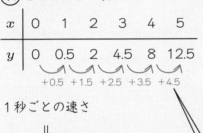

転がるボールがだんだん速くなっていることを説明してみよう

"だんだん速く"⇒1秒ごとの速さを調べる

(表) $0 \leqq x \leqq 5$ の表

x	0	1	2	3	4	5
y	0	0.5	2	4.5	8	12.5

+0.5 +1.5 +2.5 +3.5 +4.5

1秒ごとの速さ
＝
x の増加量が1のときの
変化の割合

だんだん速く
なっている
ことがわかる

⇒時間の間隔を大きくしてみよう

時間を2秒にして考えてみよう

① 0秒後から2秒後

$$\frac{2-0}{2-0} = ①$$

② 2秒後から4秒後

$$\frac{8-2}{4-2} = ③$$

速くなっている ↑

同じ時間幅の
変化の割合が
大きくなって
いる

↓ 速くなっている

時間を3秒にすると

① 0秒後から3秒後
$$\frac{4.5-0}{3-0} = 1.5$$

② 3秒後から6秒後
$$\frac{18-4.5}{6-3} = 4.5$$

---

2 だんだん速くなっている?

T：転がるボールがだんだん速くなっていることを説明するにはどうしたらよいかな？

S：変化の割合を調べていくとよいね。

S："だんだん速く"はどうしたらよいんだろう。

S：1秒ずつ変化の割合を調べてみようよ。

S：表に表してみると分かりやすくなりそう。

S：だんだん増えていることが分かるね。

S：時間の間隔を同じにして色々と調べてみるといいかもしれないね。

一連の学習をつながりの中で理解しまとめる

　第1時では，斜面を転がるボールがだんだん速くなることも予想したが，本時では，このことを変化の割合をもとに捉え，だんだん速くなっていることを改めて説明できると良い。さらに，同じ時間幅に対する平均の速さを色々と求める活動を練習問題にすると一連のつながりがあり，生徒の理解も深まることが期待される。

　また，本時は，利用の単元に入る前時を想定しておりまとめとして1次関数と $y=ax^2$ の特徴を比較したり，本時の最後にまとめの小テスト等を行うことも考えられる。

本時案

適切な車間距離を調べよう

本時の目標

・関数 $y = ax^2$ を用いて具体的な事象を捉え，考察することができる。

・具体的な事象の問題解決に，関数 $y = ax^2$ を用いようとしている。

授業の流れ

1 車は急に止まれない!

T：車で危険な思いをした経験はありませんか。

S：助手席に乗っていたら前の車が急停車してぶつかりそうになった。

T：運転手が危険を察知してブレーキを踏んでから止まるまでにも進んでしまいます。

S：距離をとって安全に走ることが大切。

T：安心できる車間距離はどれだけ必要ですか？

S：停止距離の分は必要。

S：スピードが速いと長いよね。

S：雨や雪の日は滑りやすいって聞いたよ。

2 データからいえそうなことは?

S：時速40kmで走る車は22mも進んじゃうんだ。

T：高速道路では時速100kmで走ることもあります。時速100kmで走っている時の停止距離を調べるにはどうすればよいかな？

S：グラフに表せばわかりやすくなるかも。

S：式に表すと求められると思います。

T：空走距離や制動距離は何に関係しているかな？

S：速さに関係している。

S：速くなると距離も長くなるから，距離は速さの関数と言えるんじゃないかな？

1 式の展開と因数分解

2 平方根

3 二次方程式

4 関数 $y=ax^2$

5 図形と相似

6 円の性質

7 三平方の定理

8 標本調査

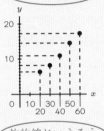
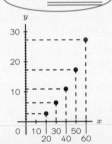

本時の評価

・関数 $y=ax^2$を用いて具体的な事象の問題を解決しようとしたか。
・関数 $y=ax^2$を用いて具体的な事象を捉え，それらを基に考察することができたか。

準備物

・教師用端末
・グラフ方眼紙

関係している数量は？

どんな関数の関係になっているか考えてみる

・速さと空走距離

空走距離は速さの関数である

比例しているとみなすことができそう

$y=ax$, $6=20a$, $a=\dfrac{3}{10}$,

$y=\dfrac{3}{10}x$

直線といえそう

・速さと制動距離

制動距離は速さの関数である

2乗に比例しているとみなすことができそう

$y=ax^2$, $3=400a$,

$a=\dfrac{3}{400}$, $y=\dfrac{3}{400}x^2$

放物線といえそう

100km／時のときを考えよう

空走距離 $x=100$ を代入

$y=\dfrac{3}{10}×100=30$

制動距離 $x=100$ を代入

$y=\dfrac{3}{400}×10000=75$

停止距離

$30+75=105$

車間距離は105mとる！

天候や路面状況，車の大きさ，重さ次第でもっと距離をとる必要がある。

色々と調べられそう！

---

3 関係している数量はどんな関数の関係かな

S：空走距離は表やグラフから速さに比例していると言えそう。

S：制動距離はどうなっているんだろう。

S：表だと速さが2倍，3倍のとき，制動距離は4倍，9倍になっていそう。

S："速さの2乗"の行を加えるとよいよ。

S：速さの2乗が2倍，3倍のとき，制動距離も2倍，3倍になっていると言えそう！

S：グラフは放物線になりそう。

S：制動距離は速さの2乗に比例していそう。

日常の事象を関数を用いて考察する

制動距離と速さが比例していないことから，速さを2乗してみるという考え方を生徒から引き出せると良い。また，速さの2乗と制動距離の関係をグラフに表すと直線になることから，2乗に比例していることを確かめる活動を設定することも大切である。

また，本時の板書では速さが20km/時のデータを用いて式に表した。数量の関係をより正確に表すためには，どのデータを用いて比例定数を決めるのがよいか，端末を用いてグラフを色々と変えながら考察することも考えられる。

本時案

効率のいいバトンパスを考えよう

本時の目標

・関数 $y = ax^2$ を用いて具体的な事象を捉え，考察することができる。
・具体的な事象の問題解決に，関数 $y = ax^2$ を用いようとしている。

効率のいいバトンパスについて考えよう

短距離走の走り始め

（だんだん速くなっていく　加速していく）

（斜面を転がるボールに似ている）

| Bさん | スタートから x 秒間に進む距離 y m |

x （秒）	0	0.5	1.0	1.5	2.0	2.5	3.0	…
x^2	0	0.25	1.0	2.25	4.0	6.25	9.0	…
y （m）	0	0.5	1.9	4.6	8.0	12.7	17.7	…

×2

x と y の関係

y は x の2乗に比例している？
この場合でもいえる？

（ x^2 を求めてみる ）

（いえそう）

Aさんの速さ 4m／秒

AさんからBさんにバトンパスをします。
Aさんがスタート地点の何m手前に来たときに，Bさんは走り始めるのがいいでしょうか。

効率のいいバトンパスって？

早すぎると追いつけない

遅いとぶつかる，追い越してしまう

→（同じ速さになるときにバトンをわたせるといい）

どうやって？　グラフ，式に表す

（同時にスタート地点を通過する）

授業の流れ

1 短距離走の走り始めって？

S：だんだん速くなっていく。
T：Bさんが走り始めるときのデータをとると，表のようになりました。
S：ボールのときと同じように，2乗に比例していると言えるんじゃないかな。
S：x を2乗してみるとわかるかもしれない。
S：確かに，x^2 を2倍すると y の値になっている。
S：走りはじめるときは2乗に比例する関係になっていると言えそうだね。

2 効率のいいバトンパスって？

S：近すぎずにギリギリのところで渡せるといい。
S：遅いとぶつかったり追い越してしまう。
T：なるほど。つまり，BさんがくるまでAさんが待っていたりすると…。
S：とんでもないことになる！
T：そのときの状況を再現できるかな。
S：Aさんが抜き，今度はBさんが追って…。
T：2人が同時にスタート地点を通過する場合から調べてみよう。この場合だと追いつくのは何秒後になるかな。

1 式の展開と因数分解

2 平方根

3 二次方程式

4 関数 $y=ax^2$

5 図形と相似

6 円の性質

7 三平方の定理

8 標本調査

本時の評価

・関数 $y = ax^2$ のグラフを現実の場面に照らし合わせながら考察し、具体的な事象の問題を解決しようとしていたか。

準備物

・PC（教師用）
・グラフ方眼紙

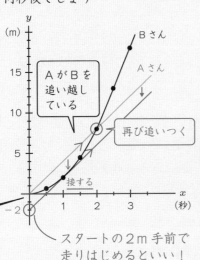

スタート地点を同時にかけぬけたとすると、再び追いつくのは何秒後でしょう

A が B を追い越している

再び追いつく

接する

スタートの 2 m 手前で走りはじめるといい！

B さん

y は x^2 に比例している。

$x = 2$ のとき $y = 8$ を $y = ax^2$ に代入して

$8 = 4a$

$a = 2$

$y = 2x^2$

A さん

一定の速さで走る y は x に比例している。

$y = 4x$

追いつく ⇔ グラフの y 座標が同じ（t 秒後）

$2t^2 = 4t$

$2t^2 - 4t = 0$　　$t > 0$ より

$2t(t - 2) = 0$　　$t = 2$

2 秒後に追いつく

うまくバトンパスするためには A さんがくる前に走り始める

A さんのグラフを平行移動して接するときを調べる

同じ速さ

---

3 2 人の関係をうまく表すには？

S : "追いつく" のは 2 年生の時にもグラフを使って考えたね。

S : 今日は 2 乗に比例しているとみなして…。

S : ちょうど、2 秒後に 8 m になっているね。これを利用すると式は $y = 2x^2$ になるよ。

T : A さんのようすをかいてみよう。

S : A さんは一定の速さだから直線になるね。

T : B さんが追いつくのは何秒後かな？

S : グラフの交点が追いついた地点だね。

S : 2 秒後に追いつくことになるね。

4 B さんのスタートのタイミングは？

S : 2 人のスピードが落ちないようにしたいね。

S : B さんは A さんが来る前に走り始めるとちょうどよくなるよね。

S : 2 人の速さが同じになるときに渡せばいい。

S : 速さが同じときってことは、グラフの傾きが同じってことじゃない？

S : A さんのグラフを平行移動すると B さんが動き始める前にも走ってきたことが表せそう。

S : 平行移動して接するときを探してみると…。

S : y 軸が、2 人の距離を表しているよね。

本時案

関数 $y = ax^2$ を利用して解こう

本時の目標

・関数 $y = ax^2$ を用いて具体的な事象を捉え，考察することができる。
・具体的な事象の問題解決に，関数 $y = ax^2$ を用いようとしている。

問 次の図のように，台形 ABCD と長方形 EFGH が直線 l 上に並んでいる

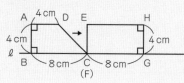

長方形を固定し，台形を矢印の方向に辺 AB と辺 EF が重なるまで移動する。

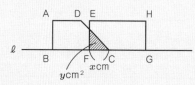

FC＝$x$cm のときの2つの図形が重なる部分の面積を $y$cm² とするとき，x と y の関係を調べよう。

重なる部分はどのようになるのかな？

・はじめは三角形，途中から台形になる

  直角二等辺三角形

・形が変わるタイミングは，4cm 移動したところ。

   変域で表す

  $0 \leqq x \leqq 4$ と $4 \leqq x \leqq 8$

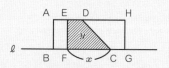

授業の流れ

1 重なる部分はどうなるかな？

S：初めは直角二等辺三角形になる。
S：途中から，台形になっている。
T：形が変わるのは何 cm 移動したときかな？
S：4 cm です。
S：重なる部分の面積はだんだん大きくなるね。

　問題の状況を理解するために，条件に合うように折り紙を切って実際に重ねて動かしてみたり，端末で教師が見せたりすることも考えられる。そのようなことを通して，変化のようすを捉えたり問題解決に生かすことができるようにしたい。

2 重なる部分の面積を調べよう

T：重なる部分の面積を調べよう。FC の長さを $x$cm，重なる面積を $y$cm² として考えよう。
S：重なる部分の形は途中で変わるね。
S：式が変わるということだね。
S：式が変わるなら x の変域は注意が必要だね。
T：形が変わる前と後を変域で表せますか。
S：x が 4 cm のときに形が変わり，最大で 8 cm になるね。
S：$0 \leqq x \leqq 4$ のとき直角二等辺三角形で，$4 \leqq x \leqq 8$ のとき台形だね。

1	式の展開と因数分解
2	平方根
3	二次方程式
4	関数 $y=ax^2$
5	図形と相似
6	円の性質
7	三平方の定理
8	標本調査

本時の評価

・関数 $y=ax^2$ を用いて具体的な事象の問題を解決しようとしていたか。

・関数 $y=ax^2$ を用いて具体的な事象を捉え，考察することができたか。

準備物

・折り紙や封筒など

・端末（教師提示用）

・グラフ方眼紙

$0 \leqq x \leqq 4$ のとき　x と y の関係をグラフに表す

$$y = x \times x \times \frac{1}{2}$$

$$\boxed{y = \frac{1}{2}x^2}$$

$4 \leqq x \leqq 8$ のとき

$$y = \{(x-4)+x\} \times 4 \times \frac{1}{2}$$

$$\boxed{y = 4x-8}$$

$y=4x-8$
$(4 \leqq x \leqq 8)$

$y=\frac{1}{2}x^2$
$(0 \leqq x \leqq 4)$

y の値が台形 ABCD の面積の半分になるのは $x=5$ のときだと分かる

問 1往復するのに x 秒かかる振り子の長さを ym とすると，$y=\frac{1}{4}x^2$ の関係があります。$(x>0)$

理科 振り子が1往復するのにかかる時間は重さやふれ幅に関係なく一定

（1）1往復するのに4秒かかる振り子の長さを求めなさい。

$$y = \frac{1}{4} \times 4^2 = 4$$

$x=4$ を代入

4m

（2）長さが1mの振り子が1往復するのにかかる時間を求めなさい。

$y=1$ を代入

$$1 = \frac{1}{4}x^2$$

$$x^2 = 4$$

$x>0$ より

$$x = \pm 2 \qquad x = 2$$

2秒

---

3 式やグラフに表してみよう

T：x と y の関係を式に表してみよう。

S：$0 \leqq x \leqq 4$ のとき，直角二等辺三角形だから，2乗に比例する関数と言えそう。

S：台形のときに ED はどう表すのだろう。

S：$(x-4)$ cm と表せます。

S：台形は一次関数になっているね。

S：やっぱり式は変わったね。

T：x と y の関係をグラフに表そう。

S：放物線と直線になるね。

S：グラフにすると変化が分かりやすいね。

4 振り子のようすを考えよう

T：振り子の1往復する時間と長さの関係も2乗に比例する関数と言えます。

S：理科でやったことあるね。

S：往復する時間は重さや振れ幅には関係なくて常に同じだってことをやったね。

S：それぞれ代入して求めてみよう。

　他教科での学習内容を思い出しながら進めると理解の深まりが出てよい。

本時案

紙を切ったとき の厚さは？

本時の目標

・いろいろな事象の中に，既習の関数と異なる 関数関係があることを理解する。
・事象の中の2つの数量の変化や対応を，表 やグラフを関連付けて考察する。

いろいろな関数
1枚の紙を半分に切り，切って できた2枚を重ねてさらに半分 に切ります。
この操作をくり返すことを考え てみよう。

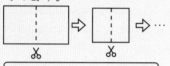

関数の関係にある数量は あるかな？

・切った回数と枚数
・切った回数と厚さ

厚さをはかるのは難しい…

まとまった枚数の厚さをはかる

紙を x 回切ったときにできる紙の枚数を y 枚 として，x と y の関係を調べてみよう。

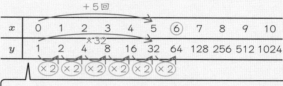

x	0	1	2	3	4	5	⑥	7	8	9	10
y	1	2	4	8	16	32	64	128	256	512	1024

x が2倍，3倍…になっても y は4倍，9…倍にならない

x^2 には比例していない。

⇒ x の値を決めると y の値もただ1つに決まるので，y は x の関数である。

式に表せそう

⇒・y は2倍ずつ増えて いく。

・2を切った回数だけ かけると枚数になる。

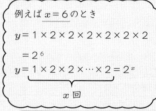

例えば $x = 6$ のとき
$y = 1 \times 2 \times 2 \times 2 \times 2 \times 2 \times 2$
$= 2^6$
$y = 1 \times 2 \times 2 \times \cdots \times 2 = 2^x$
x 回

$y = x^2$ とどう違うのかな。

授業の流れ

1 紙を切った回数とできた紙の枚 数の関係は？

S：表にすると見やすくなるのかな。
S：y は x の関数であると言えそうだね。
T：x と y の関係は式に表せるかな？
S：y は2倍ずつ増えていくね。
S：1回切ると1つの長方形が2つになるからね。
S：切った回数だけ2をかけていくと枚数になる。
S：例えば6回切ったときの枚数は，2を6 回かけて64枚と求められる。
S：x 回切ったときは2を x 回かけるから， 指数を使って $y = \cdots\cdots$。

2 $y = x^2$ と比べて増え方に特徴 はあるかな？

S：グラフを見ると途中までは似ている……。
S：回数が多くなると枚数は一気に増えます！
S：あっという間に身長くらいの高さになるん じゃない？
S：表を見ても，x が2倍，3倍になっても y は4倍，9倍にはなっていないね。
T：そうですね。ところで，枚数と紙の厚さに はどんな関係がありますか？
S：枚数が2倍になると厚さも2倍になる。
S：枚数と厚さは比例の関係になっているね。

紙を切ったときの厚さは？
154

1 式の展開と因数分解

2 平方根

3 二次方程式

4 関数 $y=ax^2$

5 図形と相似

6 円の性質

7 三平方の定理

8 標本調査

・事象の中にある2つの数量に着目し，そこに既習の関数と異なる関数関係があることを理解していたか。

・事象の中の二つの数量の変化や対応を考察するために，表やグラフを用いることができたか。

・端末（教師提示用）
・グラフ方眼紙

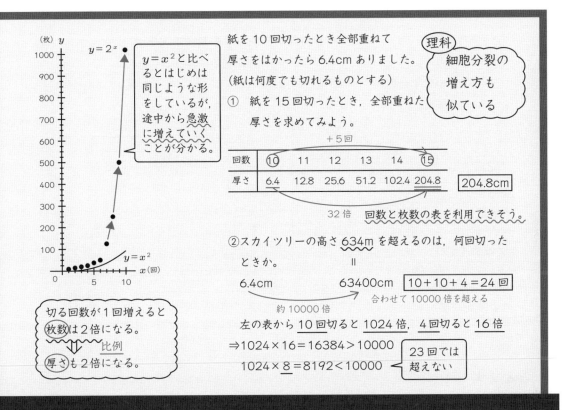

（枚）y
$y=2^x$

$y=x^2$と比べるとはじめは同じような形をしているが，途中から急激に増えていくことが分かる。

$y=x^2$

x（回）

切る回数が1回増えると枚数は2倍になる。
　比例
厚さも2倍になる。

紙を10回切ったとき全部重ねて厚さをはかったら6.4cmありました。
（紙は何度でも切れるものとする）

① 紙を15回切ったとき，全部重ねた厚さを求めてみよう。

理科
細胞分裂の増え方も似ている

＋5回

回数	10	11	12	13	14	15
厚さ	6.4	12.8	25.6	51.2	102.4	204.8

204.8cm

32倍　回数と枚数の表を利用できそう。

②スカイツリーの高さ634mを超えるのは，何回切ったときか。
　　　　　　　　　　　　‖
6.4cm　　　　　　63400cm　　10＋10＋4＝24回
　　　　約10000倍　　　合わせて10000倍を超える

左の表から10回切ると1024倍，4回切ると16倍
⇒1024×16＝16384＞10000
1024×8＝8192＜10000　　23回では超えない

既習の関数と比較して特徴をつかむ

　"（曲線で）どんどん増える関数は x^2 に比例する関数だ"と考えるかもしれない。そこで $y=ax^2$ と比較する場面を取り入れる。例えば，a を大きくして $y=100x^2$ のグラフを端末で示し比較すると，それでも圧倒的に増加することを視覚的に確かめることが考えられる。

　このような活動を通して，身の回りには既習の関数とは異なる関数関係があることを理解するとともに，一方で，2つの数量の変化や対応は，表，式，グラフに表すと捉えやすくなるというよさを実感できるようにすることも大切である。

3 15回切ったときの紙の厚さはどれくらいかな？

S：手のひらのサイズくらいかな。

S：腰くらいまで？

T：10回切ると，紙の厚さは6.4cmとします。15回だとどうだろう。

S：あと5回切るから，表で考えてみよう。

S：5回切ると32倍になるってことだね。

S：6.4×32＝204.8　2cmを超える！

T：想像以上に早く厚さは増えていきますね。何回切るとスカイツリー634mを超えるかな？

本時案

レンタサイクルの料金

本時の目標

・いろいろな事象の中に，既習の関数と異なる関数関係があることを理解する。
・事象の中の二つの数量の変化や対応を，表やグラフを関連付けて考察する。

いろいろな関数
A店でレンタサイクルをしようとしている。A店で自転車をかりるときの料金は下のようになっていた。

時間	料金
2時間まで	600 円
4時間まで	1000 円
6時間まで	1300 円
8時間まで	1500 円
12時間まで	1800 円

> 時間で料金が決まっているので関数関係がありそう

x 時間かりたときの料金を y 円として，x と y の関係をグラフに表してみよう。

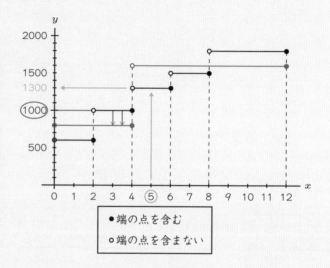

● 端の点を含む
○ 端の点を含まない

授業の流れ

1 レンタサイクルの料金って

T：レンタサイクルの料金は時間で決められていますね。
S：決めれば決まる関係といえるね。
S：ってことは時間と料金には関数の関係があるのかな。
T：2つの関係をグラフに表してみよう。
S：どんなグラフになるのだろう。
T：利用する時間を x 時間，料金を y 円としてグラフに表すとき，どのようなグラフになりますか。

2 時間と料金の関係をグラフに表すには

S：2時間までは常に600円かかるから…。
S：増えたり減ったりせずに同じ。
S：グラフはずっと横に進むことになるね。
S：2時間ちょうどは600円でいいよね。
S：2時間を超えると1000円になる。
T：うまく表す方法はないかな。
S：●と○で表したことがあったよ。
S：2時間のときの600円が●で，1000円の方は○になるね。
S：同じようにかくと階段状のグラフになるね。

1	式の展開と因数分解
2	平方根
3	二次方程式
4	関数 $y=ax^2$
5	図形と相似
6	円の性質
7	三平方の定理
8	標本調査

本時の評価

・事象の中にある2つの数量に着目し，そこに既習の関数と異なる関数関係があることを理解していたか。
・事象の中の2つの数量の変化や対応を考察するために，表やグラフを用いることができたか。

準備物

・グラフ方眼紙

時間を決めれば料金はただ1つに決まる

例）5時間つかうときは1300円

⇒「料金は時間の関数である」

料金を決めても，時間はただ1つには決まらない

例）1000円はらうときに使える時間は3時間でも4時間でもいい

⇒「時間は料金の関数であるとは言えない」

（階段状のグラフになる関数がある）

問 B店では料金は次のようになっている

どちらの店がお得かな

時間	料金
4時間まで	800円
12時間まで	1600円

お得⇒値段が安い

左のグラフにかき込んでみる

（青いグラフ）

⇒グラフをみると

2時間以内か，4時間から8時間までの間ならA店の方が安いと分かる。

普段の生活の中でもこれに似た場面はあるかな？

・タクシー料金　　・カラオケ
・ポイントカード　・携帯電話の利用料
・宅配便　　　関数が利用されている

---

3 料金と時間の関係は？

T：料金と時間の間には関数の関係がありますか。
S：時間を決めれば料金はただ1つに決まっているといえるね。
S：料金を決めると…
S：時間はただ1つには決まらないね。
T：「〜は…の関数である」と言えるかな。
S：「料金は時間の関数である」と言える。
S：「時間は料金の関数である」とは言えないね。

4 どちらがお得かな？

T：A店とB店ではどちらがお得かな？
S：A店だ。
S：いや，B店だよ。
S：借りる時間によってどちらの店で借りる方が安くなるのかが変わるね。
T：どうしたら比べやすくなるかな。
S：グラフにかき入れてみると分かりやすくなります。

5 図形と相似 （25時間扱い）

単元の目標

図形の相似について，数学的活動を通して，次の資質・能力を身に付ける。
・平面図形の相似の意味や三角形の相似条件について理解する。
・三角形の相似条件などを基にして，図形の性質を見いだして論理的に確かめるとともに，相似な図形の性質を具体的な場面で活用することができる。
・相似な図形について学んだ内容を他の場面で生かし，相似な図形の性質のよさを感得するとともに，問題解決の過程を振り返って評価・改善する態度を養う。

評価規準

知識・技能	①平面図形の相似の意味及び三角形の相似条件について理解している。 ②基本的な立体の相似の意味及び相似な図形の相似比と面積比や体積比との関係について理解している。
思考・判断・表現	③三角形の相似条件などを基にして，図形の基本的な性質を論理的に確かめることができる。 ④平行線と線分の比についての性質を見いだし，それらを確かめることができる。 ⑤相似な図形の性質を具体的な場面で活用することができる。
主体的に学習に 取り組む態度	⑥相似な図形の性質のよさを実感して粘り強く考え，図形の相似について学んだことを生活や学習に生かそうとしたり，相似な図形の性質を活用した問題解決の過程を振り返って評価・改善しようとしたりしている。

指導計画　全25時間

次	時	主な学習活動
第1次 図形と相似	1	地図ソフトの拡大・縮小や具体的な図形を基に，相似の意味について理解する（単元の導入）。
	2〜4	平面図形の相似の意味と表し方を知り，相似な図形の性質を見いだし，表現する。
	5〜7	三角形の相似条件を理解し，図形の性質を考察する。
	8	直接測定できない高さを，相似を利用して求める（活用）。
第2次 平行線と比	9	ノートの横幅を3等分する方法を見いだし，その方法が正しいことを説明する（小単元導入）。
	10〜14	三角形と比の定理を理解し，それを基に逆が成り立つことを調べたり，図形の性質を見いだしたりして，表現する。
	15〜17	中点連結定理を利用して図形の性質を追究し，見いだした性質や事柄を説明する。
	18〜19	平行線と比の定理を理解し，図形の性質を数学的に表現する。

第3次 相似な図形の計量	20〜23	具体的な問題を解決する過程を通して，相似比と面積比，体積比の関係を理解する。
第4次 相似の利用	24〜25	身の回りの事象について，相似な図形の性質を見いだし，それを利用して具体的な問題を解決する（単元の活用）。

単元の基礎・基本と見方・考え方

(1)相似の定義について

　合同では，形と大きさの2つの要素に着目したが，相似は形だけに着目する。相似の定義としては，①一方の図形を拡大または縮小したときに他方の図形と合同になる，②対応する線分の比がすべて等しく，対応する角がそれぞれ等しい，③適当に移動して相似の位置に置くことができる，の3つが考えられる。一般的には①の考え方で定義し，②を相似な図形の性質として扱うことが多い。②は論証を考えた際の実質的な定義となるが曲線図形について扱いにくく，③は相似の位置という概念を使うこと，与えられた2つの図形が必ずしも相似の位置にあるとは限らないことに配慮が必要となり，導入では扱いにくい。本事例では，①の立場をとり，小学校での拡大図や縮図をかいた経験を基にして，操作的な活動を伴いながら相似の概念を導入している。その後に②を性質として導き，多角形に限定した相似の定義の言い換えとし，論証の根拠とすべき三角形の相似条件を見いだす展開で構成している。

(2)相似な図形における数学的な見方・考え方について

　相似は合同とともに図形の分類に関する重要な観点であり，論理的に考察し表現する力を養うことが大切になるが，証明の記述指導に偏りすぎないようにしたい。図形に関する性質を発展的・統合的に考えて見いだすことを大切にし，単元全体の計画を考えることが肝要である。

　例えば，三角形と比の定理や平行線と比の定理を別々に捉えるのではなく，見いだした三角形と比の定理を発展させ，さらに新しい性質を見いだす展開が考えられる。具体的には，点P，Qが線分AB，AC上にあるとき，PQ//BCならば，AP：AB = AQ：AC = PQ：BCが成り立つことを見いだし，相似な図形の性質に基づいて論理的に確かめる。ICTを利用するなどしてPQの位置を動的に捉え，線分AB，ACの延長上にあっても同じことが成り立つのではないかと推測する。証明を振り返ることで論理的な確かさに気づき，平行線と線分の比の性質を見い

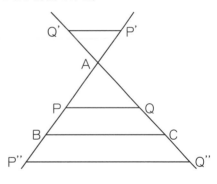

だす。また，学習した図形の性質の逆を扱う機会を設定し，中点連結定理は三角形と比の定理の逆の特別な場合であることを見いだすこともできる。これらの内容について振り返り，学習した図形の性質を統合的に捉え直す展開も可能であり，本事例でもこのような流れを意識している。性質を発展させ，統合的に捉えることで図形に対する見方をより豊かにし，その過程で論理的に考察し表現する力を養えるようにしたい。

1 式の展開と因数分解
2 平方根
3 二次方程式
4 関数 $y=ax^2$
5 図形と相似
6 円の性質
7 三平方の定理
8 標本調査

本時案

拡大と縮小を考えよう

本時の目標
・身の回りの例から拡大図と縮図の特徴について理解することができる。
・相似の意味について理解することができる。

拡大と縮小について考えよう。
　Q　地図ソフトの＋（拡大）と－（縮小）のボタンを押してみましょう。何か気づくことはありますか。

・そのまま大きく（小さく）なっている。
・縦横比が変わらない。
・クリックした場所から大きくなっている。

　Q　図形⑦と図形④〜⑤を比べると，形や大きさがどのように変化しているでしょうか。

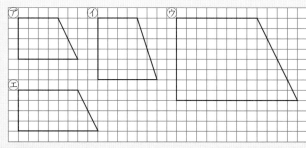

・⑦の各辺の長さを2倍にすると⑨
・⑦は⑨の半分
　　→半分って？
　　　　縦と横の両方
・④は⑦を縦長にしたもの

・実際の地図ソフトの画像を黒板に投影できるとよい。
・生徒の様々な発言を板書に追記していく。

授業の流れ

1　ズームしてみよう

T：地図ソフトの＋と－を押してみましょう。何か気づくことはありますか。**ICT**

S：そのまま大きく（小さく）なっている。

S：クリックした場所から大きくなる。

T：「そのまま」って，どういうこと？

S：形が変わらずにズームしている。

　生徒から多くの発言を引き出す。拡大図や縮図，相似の概念に関する表現について，やり取りを通して，数学的な表現を高めていく。

生徒の考えを尊重する（対話）

　生徒の発言は生徒なりの論理に基づいている。特に第1時や第2時の単元の導入では，身近な例から多くの気付きを基にして，新しい概念を学ぶ。そのために生徒の発言をよく聞き，多くの発言や気付きを板書することが大切になる。

　「そのまま大きい」のような表現であっても生徒の発言を可能な限り板書し，拡大図，縮図，相似の概念に関係する発言について掘り下げ，生徒間の対話を促すとともに，「形が変わらない」ことの意味を見いだせるように支援する。

本時の評価

・「形を変えない」ことの数学的な意味を捉え，拡大・縮小された図形がもとの図形と相似な図形であることを理解できたか。

準備物

・端末

1 式の展開と因数分解

2 平方根

3 二次方程式

4 関数 $y=ax^2$

5 図形と相似

6 円の性質

7 三平方の定理

8 標本調査

・導入なので，対応が分かりやすい向きを揃えた三角形や四角形を用いるとよい。

形を変えずに一定の割合で
大きくする→拡大
小さくする→縮小

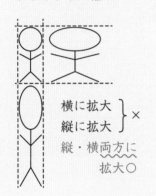

横に拡大
縦に拡大 } ×

縦・横両方に
拡大○

㋐と㋒の「形を変えない」から分かること

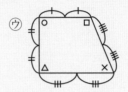

㊤ 小学校の拡大図縮図

・辺の長さが2倍→対応する線分の長さは ㋒は㋐の2倍

・対応する角の大きさが等しい

すべての辺の
長さが2倍

1つの図形を形を変えずに一定の割合に拡大または縮小して得られる図形はもとの図形と相似であるという

2 拡大するってどういうこと？

T：㋑は縦に，㋓は横に拡大していると思うけど，㋑や㋓は拡大するって言うのかな？

S：横だけ，縦だけはだめだと思います。

S：縦と横が一緒だったらよいです。

S：小学校では，縦と横それぞれ何倍したかマス目を数えて図をかきました。

　小学校で学んだ拡大する（または縮小する）とはどういうことかを確認し，次の「形を変わらないこと」の分析的な見方につなげる。

3 「形を変えず」から分かることは？

T：㋐と㋒の「形が変わらない」から分かることはあるかな？

S：対応する線分の長さは，㋒は㋐の2倍になっています。

S：対応する角の大きさが等しいです。

　形が変わらないことの意味を辺の長さや角の大きさといった構成要素に着目して分析的に捉えます。この視点から「同じ形」を数学的に捉え，相似の定義へとつなげます。

本時案

相似な図形の性質①

本時の目標

・相似な図形を観察することを通して，多角形の相似な図形の性質について理解する。

> ・相似な図形は基本図形にし，関係性が見やすいものする。
> ・ICT を利用して黒板に投影できるとよい。

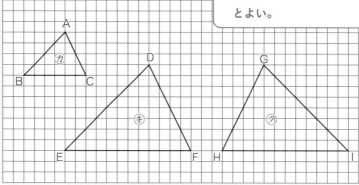

㊙

相似な図形の特徴は？

・角度が同じ→対応する角が
　　　　　　それぞれ等しい

・辺の比が同じ
　　↘対応する辺↘すべて同じ比

△ABC∽△DEF

　相似の記号　　Ⓢimilar　似ている
　　　　　　　　∽

㋖と㋗は相似？→拡大でも縮小でもない
　　　　　　　　　1倍→合同
㋕と㋗…裏返しの場合も相似

授業の流れ

1 記号の順番に意味はあるかな？

T：△ABC∽△DEF と書いたけど，記号の順番に意味はあるのかな。

S：合同では対応する順番で書きました。今回も対応する順番の方がよいと思います。

S：対応する順番で書かないと，角度が等しい場所がずれてしまうと思います。

　対応する角や対応する辺を確認しながら，中2での合同な図形と同様に，対応する順に表すことの大切さを確認する。

2 今までの性質をまとめよう

S：対応する辺の比や角の大きさは等しい。

T：対応する辺の比は，それぞれ等しいの？

S：「それぞれ」って，どういうこと？

S：「それぞれ」だと，縦横比がずれちゃう。

　小学校でも構成要素に着目しているため，相似な図形の辺や角の性質について多くの生徒は納得する。一方，「すべて」や「それぞれ」まで気にする生徒は多くない。どのような意味か確認し，表現を洗練する機会を設定するとよい。

1 式の展開と因数分解

2 平方根

3 二次方程式

4 関数 $y=ax^2$

5 図形と相似

6 円の性質

7 三平方の定理

8 標本調査

本時の評価

・相似な図形の観察を通して，対応する線分の長さの比や対応する角の大きさを比較し，それらの関係を見いだして理解することができたか。

・相似な図形の性質を，合同な図形の性質と関連付けて理解することができたか。

準備物

・定規
・コンパス,
・端末

多角形における相似
①対応する線分の比はすべて等しい
②対応する角の大きさはそれぞれ等しい

対応する線分の長さの比を相似比という

Q　いつでも相似になる図形は？

正三角形，正方形，正五角形

正多角形

相似比
$r : r'$

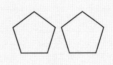

$1 : 1$ だったら　合同

※合同は相似の特殊な場合

---

3 合同と相似はどんな関係かな？

T：相似比が 1：1 の図形って，どんなかな？

S：大きくも小さくもなってない。

S：合同ってこと？

　いつでも相似になる図形を確認する過程で，相似比が 1：1 になる図形を確認する。合同が相似の特殊な場合であることを理解する中で，後の学習で必要な合同と相似な図形の性質を比較する学習へつなげられるようにする。生徒の実態に応じて，円を扱うことも考えられる。

多角形の相似の定義の捉え直し（教材）

　本事例では多くの教科書に倣い相似の定義を「一方の図形を拡大または縮小したときに他方の図形と合同になる」としている。論証を踏まえ「対応する線分の比がすべて等しく，対応する角がそれぞれ等しい」を定義としてもよいが，これは曲線図形について扱いづらい。一方，今後の学習を踏まえると，双方を根拠に推論を行うため，多角形に限ればこの性質は実質的に多角形の相似の定義の捉え直しと考えられる。この意味で，「多角形における相似」と板書している。

本時案

相似な図形の性質②

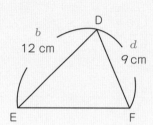

③/25

本時の目標

・相似な図形の対応する辺の長さや角の大きさを求めることができる。

Q 相似な図形の辺の長さを求めよう

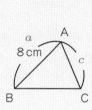

a
A
8 cm
c
B C

b
12 cm
D
d
9 cm
E F

△ABC∽△DEF のとき，AC の長さ？

AB : DE＝AC : DF ◀─ 対応する辺の長さの
8 : 12＝AC : 9　　　比はすべて等しい

> 2 : 3 から $9 \times \dfrac{2}{3}＝6$ と比の意味を用いて解く生徒も取りあげる。

×3
2 : 3＝AC : 9
×3

AC＝6

復 中1

$a : b＝c : d$ ならば
$ad＝bc$

$8 \times 9＝12 \times AC$
$72＝12AC$
$AC＝6$

授業の流れ

1 対応する辺はどれかな？

T：対応する辺はどれでしょうか。
S：AB と DE です。
S：BC と EF です。
S：CA と FD です。

　前時までに学んだ内容を確認する機会を設定する。求めたい長さの辺が他方の図形のどの辺と対応するかを丁寧に確認し，比例式をつくる場面へとつなげる。

2 比例式をつくろう

T：辺の長さはどのように求めますか。
S：何倍かを調べればよい。
S：相似比を求めればよい。
T：その通りですね。では，前時までに学んだ性質を利用して，比例式をつくりましょう。

　辺の長さを求めることだけを考えれば，比が何倍かが明らかになればよいが，ここでは一般的な方法として，また，後の学習での活用を意図して比例式をつくるように支援する。

1	式の展開と因数分解
2	平方根
3	二次方程式
4	関数 $y=ax^2$
5	図形と相似
6	円の性質
7	三平方の定理
8	標本調査

本時の評価

・2つの相似な図形について，相似比を基にして具体的な辺の長さや角の大きさを求めることができたか。

・比の性質を基に，具体的な計算を通して内項の比の交換について理解することができたか。

Q 隣り合う2辺の比で考えている人もいたよ

AB : AC = DE : DF

8 : AC = 12 : 9

12AC = 72

AC = 6

$$a:b=c:d \text{ ならば}$$
$$a:c=b:d \text{ である}$$

対応する辺をはさんだ
隣り合う2辺の比

答えが同じ！
比例式は？

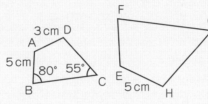

$$
\begin{array}{cccc}
a & b & c & d \\
8 & : 12 & = 6 & : 9
\end{array}
$$

$$8 \times 9 = 12 \times 6$$ 　交換

$$8 \times 9 = 6 \times 12$$ 　比の形

$$
\begin{array}{cccc}
a & c & b & d \\
8 & : 6 & = 12 & : 9
\end{array}
$$

(練) 四角形 ABCD ∽ 四角形 EFGH

（1）相似比
（2）∠G の大きさ
（3）EF の長さ

3cm D
A
5cm　80° 55°
B　　　　C
　　　5cm H
F
G
E

対応する順番に注意

対応する順番を考えることが必要な図形について適用問題やプリントを準備する。

比例式の内項の交換について（教材）

AB : DE や AC : DF は対応比，AB : AC や DE : DF は形状比である。対応比が等しいとき，すなわち相似のときは形状比も等しい。板書では，具体的な数でそのことを確認しているが，生徒の実態に応じて，文字を利用して一般的に証明することも考えられる。$a:b=c:d$ から，$ad=bc$ とし，両辺を cd で割って，$\frac{a}{c}=\frac{b}{d}$, すなわち $a:c=b:d$ となることを確認する。隣り合う2辺の比に着目した方が辺の長さが求めやすい場合もある。適用問題で確認するとよい。

---

3 図と式を対応させると？

T：比例式の図と式を対応させてみましょう。

S：AB : DE のときは，2つの図形の対応する辺どうしを考えました。

S：AB : AC だと，1つの図で2辺の位置関係を考えているみたいです。

　比の式を言葉で表現し，隣り合う2辺の比に着目する見方を扱う。円や三平方の定理など，後の学習で必要になる見方であるため，生徒の図形の見方が豊かになることを目指す。

本時案

相似な図形を
作図しよう①

本時の目標

・相似の位置にあることの意味を理解し，相似の中心を利用して相似な図形をかくことができる。

相似な図形を作図しよう

Q　△ABC に対して点 O を決め，OA′＝2OA，OB′＝2OB，OC′＝2OC となる
　　△A′B′C′をかけ

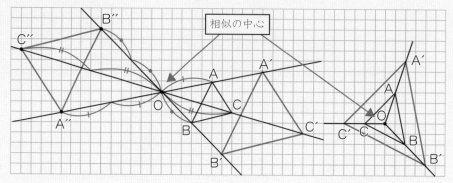

相似の中心

対応する頂点どうしを結んでみよう。

$$OA : OA' = OB : OB'$$
$$= OC : OC'$$
$$= 1 : 2$$

点 O から対応する点までの距離の比がすべて等しいとき，O を相似の中心，2 つの図形は，相似の位置にあるという

マス目を利用してかいた相似な図形について対応する頂点を結び，基準 O で 3 つの直線が交わることを確認する。

授業の流れ

1 相似な図形をかいてみよう

T：点 O を基準に△ ABC を 2 倍した△ A′B′C′をかいてみよう。

S：マス目を利用してもよいですか？

S：向きを揃える必要はありますか？

　小学校で三角形の 1 つの頂点を中心に拡大図や縮図をかくことを学習している。本時では頂点以外の 1 つの点を中心にかいたときも相似な図形がかけることを体験する。OA″＝2OA である向きが異なる図も板書するとよい。

2 対応する頂点を結んでみよう

T：対応する頂点を結んでみよう？

S：3 つの直線が 1 点で交わります。

S：△ A′B′C′の中に△ ABC が入っている図をかいても，1 点で交わっています。

　△ ABC と△ A′B′C′の対応する頂点を結ぶ。基準とする点 O が相似の中心であること，相似の位置にあることの意味を丁寧に確認し，実感を伴う用語の導入を行う。相似の位置にない相似な図形を例示することも考えられる。

相似な図形を作図しよう①
166

1	式の展開と因数分解
2	平方根
3	二次方程式
4	関数 $y=ax^2$
5	図形と相似
6	円の性質
7	三平方の定理
8	標本調査

本時の評価

・拡大図をかく過程を通して，相似の位置にあることの意味や相似の中心について理解することができたか。
・相似の中心を利用して相似な図形をかき，相似の概念についての理解を深めることができたか。

準備物

・定規
・コンパス

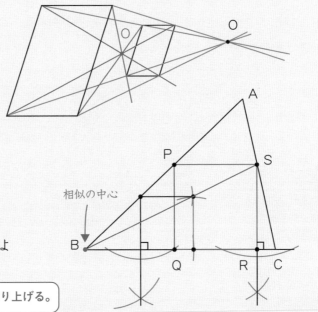

問 平行四辺形が2つ
相似の中心は？
点対称
対応する頂点は？

問 △ABC がある
辺 QR が辺 BC 上，
頂点 P，S がそれぞれ
辺 AB，AC 上にある
正方形 PQRS を作図せよ

相似の中心

別解についても積極的に取り上げる。

---

3 相似の中心はどこかな？

T：図のような位置にある平行四辺形の場合は，相似の中心はどこにあるかな？

S：外側にできました。

T：外側だけかな？

S：点対称な図形だから，対応する頂点を考えると内側にもできるよ。

　相似の位置に図形をかく活動や相似の中心を見つける活動を通して，相似の位置を意識付け，相似の概念についての理解を深める。

多様な解法を認め合う（対話）

　正方形 PQRS の作図では，相似の中心の取り方によって，多様な作図方法が考えられる。「他の点を相似の中心にして考えてみよう」など相似の中心に関する発問をして，頂点 B や頂点 C を相似の中心，BC を一辺とする正方形をかいてから縮小させる方法など生徒の多様な作図方法をとりあげる。3辺に接する作図が難しい場合は，「AB と BC に接する正方形をかこう」と声をかけ，「残り1つの頂点が AC に接するにはどうすればよいか」と順を追う発問が考えられる。

本時案

相似な図形を作図しよう②

5/25

本時の目標

・２つの三角形が相似になるための条件を見いだすことができる。

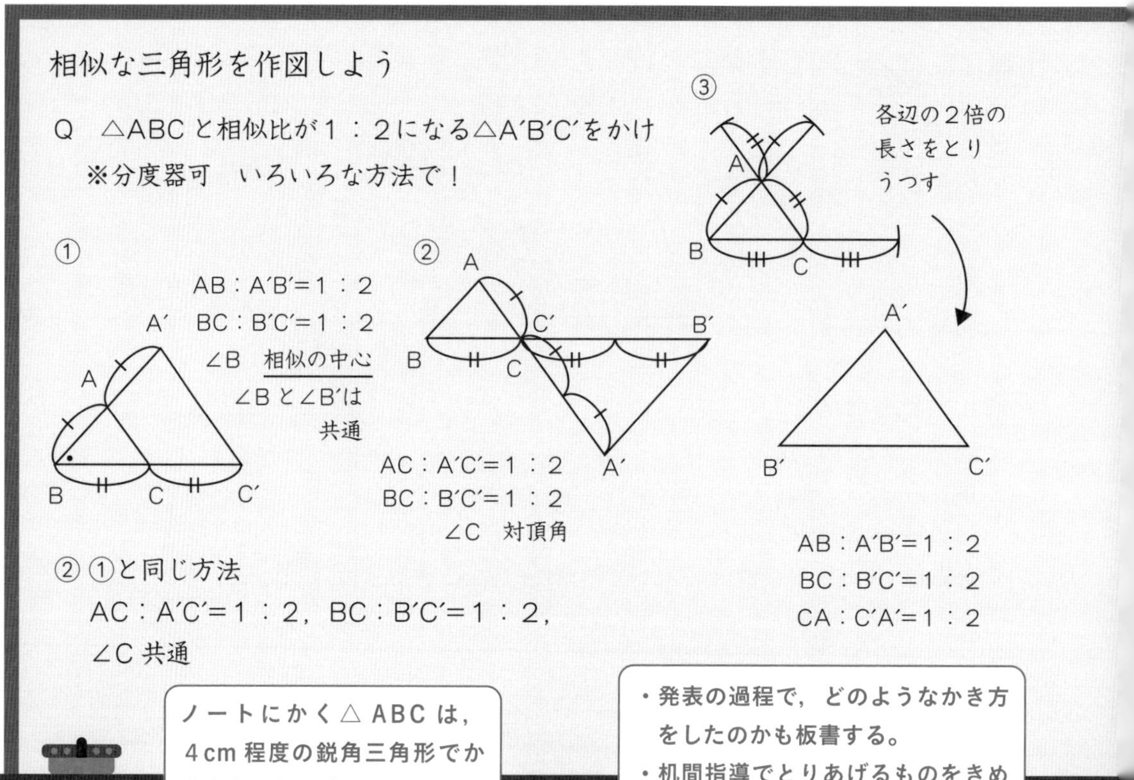

相似な三角形を作図しよう
Q △ABC と相似比が１：２になる△A′B′C′をかけ
※分度器可 いろいろな方法で！
①
AB：A′B′=１：２
BC：B′C′=１：２
∠B 相似の中心
∠B と∠B′は
共通
A′
A
B
C
C′
②
A
C′
B′
B
C
A′
AC：A′C′=１：２
BC：B′C′=１：２
∠C 対頂角
③
A
B
C
各辺の２倍の
長さをとり
うつす
A′
B′
C′
AB：A′B′=１：２
BC：B′C′=１：２
CA：C′A′=１：２
② ①と同じ方法
AC：A′C′=１：２，BC：B′C′=１：２，
∠C 共通

ノートにかく△ ABC は，4cm 程度の鋭角三角形でかきやすいものがよい。

・発表の過程で，どのようなかき方をしたのかも板書する。
・机間指導でとりあげるものをきめておくとよい。

授業の流れ

1 たくさんの方法で作図しよう

T：相似比が１：２になる△ A′B′C′ をできるだけ多くの方法でかきましょう。
S：定規とコンパスによる作図ですか？
T：今回は分度器の使用を認めます。
S：分度器を使うと角度が簡単にうつせるね。

本時では定規，コンパスだけでなく，分度器の使用を認める。多様な方法で相似な図形をかかせ，その方法もノートに記述させる。机間指導で，次の場面で取り上げるものを決める。

2 かき方の条件をまとめよう

T：どのようにして相似な三角形をかいたのかを説明してください。
S：すべての辺を２倍にしました。
S：B を相似の中心とすると，２つの辺の比を２倍にして，その間の角はそのままです。
S：平行線の同位角を利用すると，１組の辺を２倍にして，両端の角はそのままです。

かいた方法について発表し，考え方を整理させるとともに見いだした条件をまとめていく。

1 式の展開と因数分解

2 平方根

3 二次方程式

4 関数 $y=ax^2$

5 図形と相似

6 円の性質

7 三平方の定理

8 標本調査

本時の評価

・相似な図形を作図する過程を通して，3組の辺の比や2組の辺の比とその間の角など，2つの三角形が相似になるためには何が分かればよいかを考えることができたか。

準備物

・定規
・コンパス
・分度器

④ ①と同じ図

AB＝A′B′
A′から AC と 平行な線
BC との延長を C′

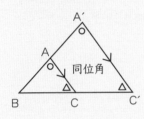

まとめると…

・3組の辺の比がすべて等しい

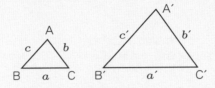

$a:b:c＝a′:b′:c′$

・2組の辺の比とその間の角がそれぞれ等しい

 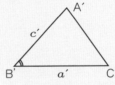

$a:a′＝c:c′$
$∠B＝∠B′$

・1組の辺の比と2組の角がそれぞれ等しい

いらない？ ──→ 次回

・三角形の合同条件と対比できるようにしてまとめる。

---

3 見いだした条件をまとめよう

T：多くの作図の方法がありましたが，共通しているものもあります。相似な図形をかく条件をまとめてみましょう。

S：3組の辺の比を2倍にしています。

S：2組の辺の比を2倍にして，その間の角はそのままです。

S：1つの辺を2倍して，その両端の角をそのままうつすとかけます。

S：辺を2倍しなくてもかけそうじゃない？

S：確かにかけそう。

既習事項と比較する（教材）

三角形の相似条件を，実際の作図過程から見いだすことができるようにする。三角形の合同条件でも同様の経験があり，**2** や **3** で生徒は自然と三角形の合同条件と比較して記述すると思われる。一方，比較することが難しい場合は，三角形には3つの辺と角，計6つの要素があることを確認する機会を設定する。「1組の辺の比とその両端の角」と考える生徒も多い。実際の作図を基に，1組の辺の比を2倍にする必要があるかどうか発問するとよい。

本時案

相似になる条件を まとめよう

6/25

本時の目標

・三角形の相似条件について理解する。

2つの三角形が相似になる条件をまとめよう

(復)三角形の合同条件

① 3組の辺の比がすべて等しい　　　　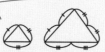　3組の辺がそれぞれ等しい

② 2組の辺の比とその間の角がそれぞれ等しい　　対応　2組の辺とその間の角がそれぞれ等しい

② 1組の辺の比とその両端の角がそれぞれ等しい　　1組の辺とその両端の角がそれぞれ等しい

　　いらない？　　2つの角？

　　なぜ？

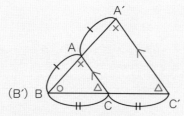

前回の作図

① ∠B が共通

② AB：A′B′＝1：2 となる点 A′

③ AC と平行になるように A′C′をひく

・見いだした相似条件と三角形の合同
条件を対比できるように板書する。

授業の流れ

1 合同条件と何が違うかな？

T：相似条件と合同条件を比較して，どこが似
ていて，どこが違いますか？

S：3組の辺は似ています。

S：でも，相似条件は「すべて」だけど，合同
条件は「それぞれ」だよ。

S：「すべて」にしないと比が一定にならないよ。
　合同条件と相似条件の異同について対比しな
がら確認していく。「すべて」と「それぞれ」
などの表現の違いに着目してまとめる。

2 どうやって図を描いたかな？

T：1組の辺の比とその両端の角について
は，どのように作図しましたか。

S：辺の長さを2倍にした後，平行線をひい
て，角をうつしました。

S：合同条件のときは，1辺の長さをうつし
た後，2つの角をうつしました。
　前時の作図過程を確認する。実際の作図過程
や合同条件およびその作図過程と比較し，
3 で違いを見いだすことができるようにする。

相似になる条件をまとめよう

170

1 式の展開と因数分解

2 平方根

3 二次方程式

4 関数 $y=ax^2$

5 図形と相似

6 円の性質

7 三平方の定理

8 標本調査

本時の評価

・三角形の合同条件と関連付けて，三角形の相似条件，特に「2組の角がそれぞれ等しい」について，作図過程を基にして考え，説明することができたか。

準備物

・定規

1：2と決めなくても相似な△A′B′C′はかけるか？

→かける‼　なぜ？

①で∠Bが決まる
③で∠A′（または∠C′）が決まる
｝

2つの角が決まれば
残りのもう1つの角も決まる
3つの角が等しい→形が同じ

③2組の角がそれぞれ等しい

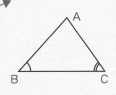
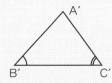

1，2，3を
三角形の相似条件という

問　教科書の問題で相似な三角形を見つけよう

・教科書の適用問題では，どの相似条件に当てはまるかを丁寧に確認する。

---

3 辺の比は作図に関係していますか？

T：辺の長さを2倍しているけれど，この作図は必要かな？

S：相似比が1：2だったら，長さを2倍にしないといけません。

S：今は2倍じゃなくて，相似になる条件を考えているよ。

S：辺の比は何倍でもいいんじゃない。

辺の比は作図のために必要なだけで，相似条件には関係ないことに気付くことができるような発問をする。

既習事項と比較する（対話）

　前時と同様，三角形の合同条件に関する既習事項を基に対話的な活動を展開する。「相似条件と合同条件を比較しよう」，「どのように作図しましたか？」のように発問し，実際の作図過程に基づいた前時の内容，過去の合同条件の内容を補いながら進めていく。合同は相似の特殊な場合であるため，類推的に考える契機にもなる。過去の学習体験や既習事項を振り返りながら，最終的に3つの相似条件にまとめていく。

本時案

相似条件を利用した図形の証明

本時の目標

・三角形の相似条件を利用して，図形の性質を証明することができる。

相似条件を利用して証明をしてみよう

Q1 ∠B＝90°の直角三角形に線分を1本ひいて
△ABC と相似な三角形をつくりなさい

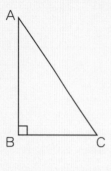

①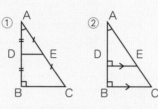

AB, AC の中点
2組の辺の比と
その間の角

BC に平行
2組の角

③

AC, BC の中点
①と同じ

④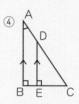

AB に平行
②と同じ

⑤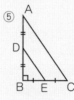

①, ③と同じ

⑥

②, ④と同じ

考え方が同じものは類別できるように板書する。

授業の流れ

1 相似な三角形をつくろう

T：直角三角形に1本の線をひいて，相似な
　三角形をつくりましょう。

S：平行な線をひきました。

S：垂線をひきました。

S：ひく場所が違っても同じひき方であれば，
　相似条件は同じです。

　生徒自ら相似な三角形をつくり，相似条件を確認する。多様な方法を認め，相似な図形を見いだす機会とする。

分類する視点を意識する（対話）

1 では多様な方法を認め合い，生徒間で確認する機会を設定し，相似条件の確認を行う。その際，「同じひき方」のような発言を取り出し，線分をひく場所が異なっても，同じひき方であれば相似条件も同じになることを確認する。また，それに気付くためには類似のものを分類する視点が必要になる。「どこに」ひいたかというより，「どのような関係をつくるように」ひいたかを班活動や教師のやり取りの中で確認することで，分類する視点を身に着けることができるようにする。

1 式の展開と因数分解

2 平方根

3 二次方程式

4 関数 $y=ax^2$

5 図形と相似

6 円の性質

7 三平方の定理

8 標本調査

本時の評価

・直角三角形をかく活動を通して，相似条件を利用し，2つの三角形が相似であるかを判断することができたか。
・直角三角形の中に見いだすことができる2つの三角形について，相似であることを証明することができたか。

準備物

・定規

Q2 ⑦の図で2つの三角形が相似であることを証明しなさい

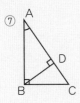

⑦
B から AC に垂線
2組の角

⑧
AB 上の点から
AC に垂線
2組の角

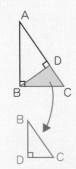

（証明）　　　　対応する順で
△ABC と△BDC において　　　　　合同のときと
仮定から　∠ABC＝∠BDC＝90°——①　かき方は同じ
共通な角だから
　　　　　　∠BCA＝∠DCB——②
①，②より，2組の角がそれぞれ等しいので
　　　△ABC∽△BDC　　　　　　⑦の三角形は
　　相似条件　　　　　　　　　　3つとも相似

他に△ABC∽△ADB，△ADB∽△BDC
まとめると△ABC∽△ADB∽△BDC

・対応する三角形を取り出し，対応が見やすいようにする。
・対応する順や相似条件など，記述指導に留意する。

---

2 相似であることを証明しよう

T：⑦の図で，2つの直角三角形を取り出し，それが相似であることを証明しましょう。
S：どれでもよいですか。
T：自分で三角形を選びましょう。

　生徒自らが三角形を選び，関心を持って証明に取り組めるようにする。本時が相似の証明の記述指導の初回となる。図形の取り出し，対応する順番，相似条件の書き方など，中2での論証指導を踏まえて，記述指導を丁寧に行う。

直角三角形の相似について（教材）

　⑦の直角三角形では，3つの三角形全てが相似になることは周知の通りである。△ADB∽△BDCとなることも授業で積極的に扱いたい。この図形は，平方根に関する作図，円周角の定理，三平方の定理に関する証明のように，他の単元でもしばしば用いられる。この図形に限らず，他領域でどのような教材を扱ったかを整理し，ある一つの図形についても多様な見方や考え方ができることを生徒が実感できるようする。

本時案

木の高さを
求めよう

本時の目標

・相似な図形の性質を具体的な場面で活用する
　ことができる。

中庭の木の高さを求めよう

Q　中庭の木の高さを求める方法？

・実際に測る←危ないからダメ
・影を利用する←影の長さで比を使う

・木の年齢を調べる　　　｝1年でどれくらい
・木の種類から予測する　｝成長するか調べる
　いつ植えた？　　　　　　比例　本当？

今回は 影に着目 して調べよう

・画像をプロジェクターで黒板に直接投影するなどして,
　必要な情報を書き込んでいくとよい。

授業の流れ

1 直接測らずに求められるかな？

T：直接測らずに木の高さを求められるかな？
S：影を利用する。
S：木の年齢を調べる。
S：木の種類から推測する。

　身近な事象の問題解決のために相似を利用することを想定しているが,生徒が必ずしも相似を利用するとは限らない。多様な方法が考えられるので,班活動などで話し合う中で,考え方をまとめる。

2 どんなことが分かればいい？

T：挙げてくれた方法の中で,何が分かれば木の高さを求めることができるかな？
S：木の影とポールの影の長さを比較します。
S：同じ種類の木が1年でどのくらい成長するか分かれば,比例で求められます。

　挙げた方法について何が分かれば解決できるかを考え,数学の問題として整理する。関数的に解決する方法も考えられるが,本時の評価と関連して影の長さに焦点化して進めるとよい。

1
式の展開と因数分解

2
平方根

3
二次方程式

4
関数 $y=ax^2$

5
図形と相似

6
円の性質

7
三平方の定理

8
標本調査

本時の評価

・直接には測定できない木の高さを求める問題を解決するために，対象を理想化・単純化して直角三角形を見いだし，三角形の相似を利用して考察し表現することができたか。

準備物

・定規
・端末

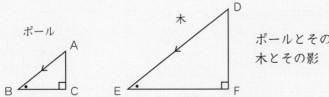

ポール

木

ポールとその影
木とその影

三角形を
相似
とみなす

AC＝110 cm，BC＝140 cm，EF＝1500 cm のとき，DF の長さ？

△ABC∽△DEF ← 2組の角が
それぞれ等しい

BC：EF＝AC：DF

140：1500＝110：DF

木とポールが垂直に立っている
太陽の光は平行

$$DF＝\frac{1500×110}{140}≒1178.57\cdots$$　約 11 m 80 cm

・前提（仮定）に関することは板書しておく。
・三角形の相似の証明は生徒の実態に応じて対応する。

3 どうして相似なの？

T：木の影とポールの影でできる三角形はどうして相似なの？

S：木もポールも垂直に立っていると仮定しました。

S：太陽の光を平行と仮定したら，角度が等しいです。

　問題を焦点化して相似を利用する場合，なぜ相似になるか，何を仮定したのかを共有し，三角形の相似条件を確認する機会を設定する。

4 似た場面はないかな？

T：今回と同様の方法が使える似た場面はないかな？

S：校舎や講堂の高さを求められます。

S：地図の2点間の距離から実際の距離を求める方法も同じ考え方だと思います。

　本時で解決した内容について類似の場面を考察することにより，身近な事象に数学が利用されていることを実感できるようにする。木の高さを求める算術の本の内容も考えられる。

本時案

ノートを
三等分する方法

⊘ 9/25

本時の目標
・合同や相似を基にして，ノートの横幅を
　3等分する方法を見いだすことができる。

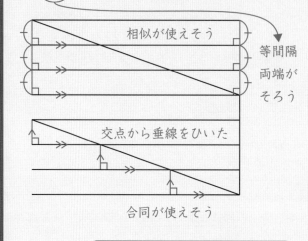

ノートを3等分する方法

Q (罫線)があるノートの横幅を3等分する方法を考えよう

相似が使えそう

等間隔
両端が
そろう

交点から垂線をひいた

合同が使えそう

今回はナシ
他の方法で

・定規で長さを測る
・斜め線をひく　どんな？
　　3行分の斜め
　　→相似と合同が使える

どうやって確かめる？

・ノートと同じ状況を図示する。
　ICT等で投影してもよい。
・生徒の発言を追記する。

合同と相似がどこに表れる
か考えよう

授業の流れ

1　3等分する方法を考えよう

T：ノートの横幅を3等分する方法を考えよう。

S：定規で横の長さを測ればよい。

T：今回は単純に長さを測ることはダメです。

S：3行分とって斜めに直線をひけば？

　単に長さを測るわけではないことを伝え，目
的意識を持たせる。班活動や個人解決の時間を
確保し，「合同や相似が使えないかな？」など
と発問し，生徒から多様な考えを引き出す。罫
線（仮定）の条件を確認しながら進める。

2　なぜその方法でできるの？

T：斜めに線を引けば，3等分できそうです
　　ね。考えた方法でできる理由は何ですか？

S：罫線はすべて平行です。

S：罫線の縦の幅は等間隔にひかれています。

S：三角形の相似や合同が使えそうです。

　考えた方法で3等分できる理由を問い，無
意識的に使用している仮定を意識させ，考えた
方法で説明する場面の指導へ生かす。三角形の
合同や相似が見えやすい図を板書に追記する。

1 式の展開と因数分解

2 平方根

3 二次方程式

4 関数 $y=ax^2$

5 図形と相似

6 円の性質

7 三平方の定理

8 標本調査

本時の評価

・罫線が平行であることや罫線の幅が等しいなど，仮定を見いだすことができたか。

・合同や相似な三角形を見いだし，ノートの横幅を3等分する方法が正しいことを説明することができたか。

準備物

・定規
・コンパス

方法1

△ABC と △ADE において

共通な角なので
　　∠BAC＝∠DAE

平行線の同位角は
等しいので
　　∠ACB＝∠AED

2組の角がそれぞれ
等しいので
　　△ABC∽△ADE

AD＝2AB なので
相似比1：2

3等分できた

方法2

仮定は？

△ABC と △CDE において

垂線をひいたので
　　∠ABC＝∠CDE＝90°

平行線の同位角は
等しいので
　　∠ACB＝∠CED

2組の角がそれぞれ
等しいので
　　△ABC∽△CDE

仮定より AB＝CD で
相似比は1：1
よって
　　△ABC≡△CDE

Q　5等分する方法は？

仮定が何かを明示し，図の中に示す。

発展的に考える問いを残しておく。

3 3等分を証明してみよう

S：罫線の幅が等しいとか罫線が平行であることは仮定としてよいですか。

S：自分で垂線を引いた場合もよいですか。

T：よいですよ。証明の中ではどのように書いたらよいかな？

「罫線は縦の幅が等間隔だから」のような根拠の書き方も認める。机間指導で「角が等しい理由は？」など発問して仮定を意識させ，相等関係を導く根拠にしているかを確認する。

既習を生かし，発展的に考える（教材）

　具体的な問題場面を設定し，生徒の反応を基に数学化する姿勢を大切にする。斜めに線をひけばよい理由や根拠に罫線の性質を用いてもよいことを確認するとよい。3等分する方法が分かれば，5等分や n 等分もできそうである。1コマ内に証明まで扱えない場合でも方法を確認するなど，問題を解決して終わらせないことを繰り返し，発展的に考える姿勢を育てていく。また，本事例は紙を4等分に折り，そこから3等分を折る方法を考えるという導入も考えられる。

三角形と
比の関係①

三角形と比の関係について調べよう（1）

Q　BC∥DEのとき，BCの長さは？

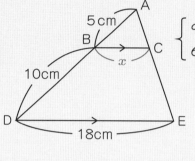

$\begin{cases} 9\,\text{cm ?} \\ 6\,\text{cm ?} \end{cases}$

どっち？
↓
6cmになりそう

前の時間に
何をした？

方法1

△ABCと△ADEにおいて
平行線の同位角は等しいので
∠ABC＝∠ADE
∠ACB＝∠AED
2組の角がそれぞれ等しいので
△ABC∽△ADE
対応する辺の比は等しいので
AB：AD＝BC：DE
5：15＝x：18
$x＝6$
BC＝6cm

授業の流れ

1　直観だけに頼らない

T：BCの長さはどのくらいですか？

S：5cmと10cmなので，9cmかな？

S：実際に測ってみると違うよ。

S：6cmくらいになるよ。

　BCの長さを問うと5：10＝x：18という式を立て，9cmと答える生徒も多い。直観だけに頼るのではなく，実際に測ることで求めた長さとかいた図の長さが異なることや相似な図形を基に対応する辺の比を考えることを促す。

2　前時と似ているところは？

T：前時と似ているところはどこかな？

S：平行線をひくのは前時と同じです。

S：△ABC∽△ADEとなりそうです。

S：対応する辺は，ABとAD，BCとDEだね。

　前時で平行線を含む三角形の相似を証明した。証明を振り返る機会を設定することで，本時でも使える条件を整理し，証明を苦手とする生徒でも課題へ取り組めるようにする。対応する辺を確認し，1の見通しとつなげる。

1	式の展開と因数分解
2	平方根
3	二次方程式
4	関数 $y=ax^2$
5	図形と相似
6	円の性質
7	三平方の定理
8	標本調査

本時の評価

・三角形の相似を利用するために，補助線として平行線をひくことや平行四辺形をつくることができたか。

・解決の過程を振り返り，三角形の相似を基にして，三角形と比の定理を見いだし表現することができたか。

準備物

・定規

補助線を引いた目的や理由を板書し，後の学習に生かす。

方法2

2組の角がそれぞれ等しいので，

△ABC∽△CFE

相似比は 1：2 なので，FE = $2x$

$x=6$

BC = 6 cm

AB：CF = AC：CE

‖

BD

平行四辺形 BDFC をつくる

点Cを通り，AB に平行な直線をひき DE との交点をFとする

△ABC と△CFE において平行線の同位角は等しいので，

∠BAC = ∠FCE

∠ACB = ∠CEF

三角形と比の定理

1 BC∥DE ならば

AB：AD = BC：DE

= AC：AE

AB，BD，AC，CE の長さの関係は？

2 BC∥DE ならば

AB：BD = AC：CE

3 どんな補助線をひいたの？

T：どうしてそこに補助線をひいたのかな？

S：CF をひけば，相似な三角形がつくれます。

S：平行四辺形にもなるよ。

補助線をひいて解決する生徒がいた場合には，積極的に取り上げる。その際，なぜそのような補助線をひいたのかと問い，「相似な三角形（△CFE）をつくる」ために補助線をひいたことを共有する。平行四辺形の性質を利用していることも確認すると，後の学習につながる。

生徒の解決方法を基にまとめる（対話）

本時の板書は，三角形と比の定理の証明を問題解決の過程で用いた証明で代替している。生徒が見いだした解決方法を基に性質をまとめることで，生徒自らが数学を創っているという感覚をもたせることを意識している。

解決の過程で△ABC∽△ADE，△ABC∽△CFE を証明した際には，相等関係の根拠を机間指導で確認して証明の記述指導をしたり，相似の証明後に「対応する辺はどこか」を発問してから性質をまとめたりすることが考えられる。

本時案

三角形と
比の関係②

本時の目標

・三角形と比の定理を基にして，発展的に考え，見いだした事柄を表現することができる。

三角形と比の関係について調べよう（2）

㊧三角形と比の定理

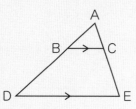

① BC∥DE ならば
　AB：AD＝BC：DE＝AC：AE

② BC∥DE ならば
　AB：BD＝AC：CE

Q この定理をもとに新しい定理をつくろう

[どうやって？]　　　　　　㋐

①平行な線をふやす？　間に入れる

②BC を動かす　BC∥DE のまま

③形を変える　三角形→四角形

④逆が成り立つか調べる

[考えた事柄を図，言葉，式で
ノートにかいてみよう]

・不十分な表現であっても板書して発展
　的に考える素地とする。

授業の流れ

1 新しい定理を考えよう

T：三角形と比の定理を学びました。この定理を基にして，新しい定理を作りましょう？

S：どういうことですか。

T：今までも発展的に考えて，新しい命題を見つけてきました。覚えているかな？

S：文字式で3の倍数から5の倍数とか。

S：図形の形を変えることもやった。

　本時で考えてもらう内容を焦点化し，班活動や個人活動の時間を十分に確保する。

2 具体的に教えて？

S：平行線を増やしたらどうかな？

S：形を変えたらよいんじゃない？

T：具体的に教えてくれるかな？

S：平行な線を2つから3つに増やしました。

S：三角形でなく四角形でも成り立つかどうかを調べるとよいと思います。

　生徒が発展的に考える内容は多様なため，多くの意見を取り上げる。その際，具体的に何をどのように変えたのかを確認し共有する。

1 式の展開と因数分解

2 平方根

3 二次方程式

4 関数 $y=ax^2$

5 図形と相似

6 円の性質

7 三平方の定理

8 標本調査

本時の評価

・三角形と比の定理を基にして,「逆が成立するか調べる」,「形を変える」など条件を変えて発展的に考え,見いだした事柄を表現することができたか。

準備物

・定規
・端末

補助線をひいた目的や理由も板書する。

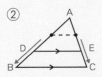

① △ABC∽△ADE∽△AFG

　AB:AD:AF
　=BC:DE:FG
　=AC:AE:AG

②の証明って？→補助線で平行四辺形

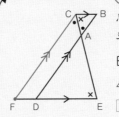

点Cを通りADと平行な直線をひき,EDとの交点をF
△ABC∽△CFE
②も成り立つ

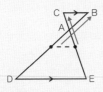

② BCが下に動いたら…
・もとの定理の記号が入れかわっただけ
・①と同じ

③

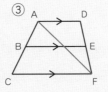

AB:AC=DE:DF
AB:BC=DE:EF

BCが上に動いたら…
△ABC∽△ADE
①は成り立つ
②は？

④

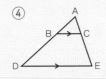

AB:AD=BC:DE
　　　　=AC:CE
ならば
BC∥DE である

・見通しが持ちやすく,教科書でも扱われているものをいくつか確認する。

---

3 図をかいてみよう

T：考えた内容を図にしてみよう。 ICT

S：BCが上下に動いても成り立ちそう。

S：証明が変わらないから,成り立つよ。

　図形ソフトで描画する等,発展的に考えるための補助としてICTを積極的に利用する。何が変わり,何が変わらないかを調べることで,証明に関する見通しを持たせる。また,前時でどのような補助線をひいたのかを再確認し,発展的に考えた命題と既習事項を結び付ける。

発展的に考えた内容の共有（対話）

　本時では考えた事柄が成り立つことの証明に時間をかけるのではなく,どのようなアイデアから新しい事柄を見いだしたかを大切にする。

　班活動や個人解決の際には,「条件のどこを変えたのか」,「考えた内容を図に表そう」などと声をかけ,「平行なままBCを上下に動かした」や「図をかいて,〇〇のような補助線をひいた」のように,生徒が発展的に考えたアイデアを未熟な表現でも板書し,共有する。生徒が見いだした命題を次回以降で扱い,主体的な学びを目指す。

三角形と
比の関係③

本時の目標

・三角形と比の定理を基に角の二等分線の性質
を見いだし，証明することができる。

三角形と比の関係について調べよう（3）

Q　AB＝6cm，AC＝4cm の△ABC がある。
　　∠A の二等分線をひき，BC との交点を D
　　とする。BD と CD の長さを測ってみよう。

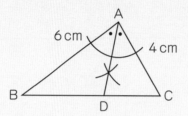

BD	DC
2.9	2.0
3.0	1.9
3.0	2.1
2.9	1.9
3.0	2.0

誤差はあるけれど，
およその比は？

3：2 に近い？
‖
6：4

AB：AC と
BD：DC は
等しいかも？

予想

成り立つ
「角の二等分線
の性質」

△ABC において
∠A の二等分線と辺 BC との
交点を D とすると
AB：AC＝BD：DC である

ICT を利用して，AB，AC の長さを
変化させ，BD と DC の長さの比を
調べることも考えられる。

証明の後に，予想が成り立つことと性質
の呼び方について確認するとよい。

授業の流れ

1　長さを測ってみよう

T：作図ができたら，長さを測ってみよう。
S：3.1cm と1.9cm になりました。
S：2.9cm と2.0cm になりました。
S：誤差はあるけど，約 3：2 になっています。

　AB：AC ＝ BD：DC は図を描いただけでは見
いだしにくいため，作図をして実際に長さを測
り予測する。誤差はあるが，BD：DC が約 3：
2になることの気付きを促し，予想を命題の
形で表し，扱う内容を焦点化する。

具体から決まりを見つける（対話）

　命題を基にして数学世界の中で構成的に扱う
ことも可能であるが，具体的な操作から成り立
つ性質を見いだすことも大切にしたい。

　本時は作図を基に長さを実際に測る活動を取
り入れている。「調べたことから分かることは
何か」を発問することで，角の二等分線の性質
を予測させるとともに，帰納的に考えることの
よさにも触れたい。ICT を利用して AB や AC
の長さを変え，班活動の中で予想が他の場合で
も正しそうか確認する展開も考えられる。

1	式の展開と因数分解
2	平方根
3	二次方程式
4	関数 $y=ax^2$
5	図形と相似
6	円の性質
7	三平方の定理
8	標本調査

本時の評価

・作図する活動や実際に計測する活動を通して，辺の比に関する性質を予測し，表現することができたか。
・三角形と比の定理や既習事項を基にして，角の二等分線の性質に関する証明の見通しを持つことができたか。

準備物

・定規
・コンパス
・端末

> 補助線のひいた目的や理由をかいておく。

平行線をひく補助線

◎点 D を通り，CA に平行な直線をひき，AB との交点を E とする。

ED∥AC より，平行線の錯角は等しいので，∠EAD＝∠EDA
よって，△EDA は ED＝EA の二等辺三角形——①

△BDE と△BCA で，三角形と比の定理より
　　BE：EA＝BD：DC——②
　　BE：BA＝DE：CA——③

①，②より BE：ED＝BD：DC——④

③は　　　BE：DE＝BA：CA——⑤とかける

④，⑤より BD：DC＝BA：CA

すなわち　AB：AC＝BD：DC

他の方法
向きを変える
C を通り DA に平行な直線

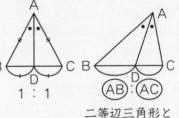

1：1　　AB：AC

二等辺三角形と似ている

> 三角形と比の定理が見やすくなる形で教師が補助線を与える展開も考えられる。

---

2 証明するために何が必要かな？

S：どこにも相似な三角形がない。
T：辺の比を証明するために何が必要かな？
S：相似な三角形をつくりたいです。
T：どうすると相似な三角形がつくれるかな？
S：今までは平行線の補助線をひいてきたよ。
S：D から AC に平行な補助線はどうかな。
S：C から AD に平行な補助線も考えたよ。
　生徒の実態に応じて，教師から補助線を与え，相似な三角形はどれかを問う展開もある。

補助線の見いだし方と展開（教材）

　相似な三角形をつくればよいと考えても，補助線を見いだすことが難しい場合がある。前時までの補助線に関する内容を振り返り，平行線への着目を確認するとよい。他方，教師から補助線を与えて，なぜこの補助線でよいかを確認しながら証明の見通しを持たせる展開も考えられる。例えば，△ABC の向きを留意事項のように変え，C から DA に平行な補助線をひいた場合，AC ＝ AE になればよいことを確認する。生徒の実態に応じて補助線の扱いと展開を工夫するとよい。

本時案

三角形と
比の定理の逆①

三角形と比の定理の逆を調べよう（1）

㊷ 三角形と比の定理

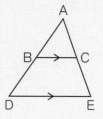

①BC∥DE ならば，
　AB：AD＝BC：DE＝AC：AE

②BC∥DE ならば，
　AB：BD＝AC：CE

①は2つに
分けて
考える

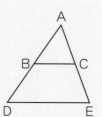

①′（1）AB：AD＝BC：DE ならば，
　　　　BC∥DE　　成り立たない

　　（2）AB：AD＝AC：AE ならば，
　　　　BC∥DE　　成り立つ

②′　AB：BD＝AC：CE ならば，
　　　BC∥DE　　成り立つ

三角形と比の定理の逆

㊢
a ならば b である
　　╳
b ならば a である

必要に応じて，逆の復習を行う。

授業の流れ

1 逆を考えてみよう

T：第11時で考えてくれた人がいたので，三角形と比の定理の逆を考えてみましょう。

S：3つの比はどうすればよいですか。

T：2つに分けてそれぞれで逆を考えましょう。

　第11時で生徒が見いだした内容を確認する場面である。必要に応じて，「逆」の復習を扱う。連比は2つにわけ，それぞれで逆をつくることに留意する。

2 図をかいて考えよう

T：「AB：AD＝BC：DE ならば BC∥DE である」は成り立つかな？

S：どうやって考えればよいですか。

T：図をかいて考えてみたら？

S：こんな相似条件はないよ。

S：反例になる図がかけるんじゃないか？

　念頭操作だけでなく，図をかくことを促す。相似条件に該当すれば成り立つ見通しが立ち，該当しなければ反例となる図を考える。

1 式の展開と因数分解
2 平方根
3 二次方程式
4 関数 $y=ax^2$
5 図形と相似
6 円の性質
7 三平方の定理
8 標本調査

本時の評価

・三角形と比の定理の逆をつくることができたか。

・つくった事柄（逆）に対して，相似条件に当てはまるかどうかを考察
 し，成り立たない場合には反例を挙げ，成り立つ場合には証明をする
 ことができたか。

準備物

・定規
・コンパス

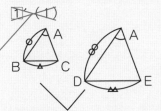

① 相似条件にあてはまらない

②′ 平行線を ひく補助線

反例

AB：AD と等しくなる点が
AE 上に 2 点（C と C′）存在する

①′（2）

2組の辺の比と
その間の角
△ABC∽△ADE
各自で確かめる
∠ABC＝∠ADE
同位角が等しいので
BC∥DE

②′

うまくいかない
△ABC∽△EFC
AB：EF＝AC：EC
仮定より
AB：BD＝AC：CE
よって BD＝EF
BD∥EF，BD＝EF より
四角形 BDEF は平行四辺形
よって BD∥FE

錯角が
等しい
2組の
角

念頭操作だけでなく，図をかき，
相似条件を基に考える。

---

3 どんな補助線をひいたの？

S：C から AD に平行な補助線をひいたけど，
　うまく証明できません。

T：どうして平行な補助線をひいたの？

S：相似な三角形をつくりたいから。

S：平行四辺形の性質が使えるから。

T：よい考えだね。ひく場所を変えてみたら？

　補助線をひく目的が正しくてもうまくいかな
いことがある。考え方を生かして，他の場所に
補助線がひけないか促し，解決へつなげる。

---

4 証明したことから分かることは？

T：証明したことから分かることは何かな？

S：逆が成り立つものとそうでないものがあ
　る。

S：辺の比が等しければ，平行かどうかを判定
　できる。

　授業の導入は逆が成り立つかどうかであっ
た。複数の逆をつくったが，成り立たないもの
もある。証明した事柄を改めて振り返り，対応
する辺の長さの比が等しければ，2 つの線分
が平行かどうかを判定できることを確認する。

本時案

三角形と
比の定理の逆②

 14/25

本時の目標

・中点連結定理を見いだし，三角形と比の定理
の逆の特別な場合であることを理解すること
ができる。

三角形と比の定理の逆を調べよう（2）

㊙三角形と比の定理の逆

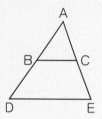

1' AB：AD＝AC：AE ならば，
BC∥DE

2' AB：BD＝AC：CE ならば，
BC∥DE

> 三角形と比の定理およびその逆を基
> に見いだすため，予め関係する内容
> を板書するとよい。

㊥予想
BC の方が長い
GH の方が長い
同じ
定規で測った ×

Q △ADE で，AD，AE の中点を B，C
とする。
BC 上に F をとり△FDE で，FD，FE
の中点を G，H とする。
BC と GH はどちらが長いか。

授業の流れ

1 どちらが長いか予想しよう

T：BC と GH のどちらが長いでしょうか。
S：見た目では BC の方が長い。
S：そうかな。同じくらいに見えるよ。
S：定規で測ったら同じくらいだった。
T：同じかどうか証明してみよう。

　F の位置を中心から左右にずらすことで，見
た目や直観で判断しにくい状況をつくる。定規
で測れば等しいことの予想はつくが，それが正
しいことを数学的に確認するように促す。

2 相似を使って求めよう

S：△ABC ∽△ADE，△FGH ∽△FDE です。
S：相似比が 1：2 で，DE が共通なので，
　 BC＝GH です。
S：三角形と比の定理の逆も使えば，
　 BC∥DE，GH∥DE が分かります。

　三角形と比の定理及びその逆を利用して解決
を図る。板書では証明を省略しているが，生徒
の実態に応じて班活動や机間指導で証明の記述
を丁寧に確認する。

> 証明して終わりではなく，振り返って
> 気づいたことをまとめておく。

方法1

$\triangle ABC \backsim \triangle ADE$

（2組の辺の比とその間の角）

相似比が1：2より

$BC : DE = 1 : 2$

$\triangle FGH$ と $\triangle FDE$ も同様

$GH : DE = 1 : 2$

<u>$BC = GH$</u>
　　同じ

方法2

┌─ $\triangle ABC$ と $\triangle ADE$

$AB : AD = AC : AE = 1 : 2$

三角形と比の定理の逆より

$BC /\!/ DE$

三角形と比の定理より

$BC : DE = 1 : 2$

<u>GH, DE も同様に</u>

$GH : DE = 1 : 2$

<u>$BC = GH$</u>
　　同じ

$\triangle FGH$ と $\triangle FDE$

分かること

・中点を結ぶと長さ $\dfrac{1}{2}$

・底辺と平行になる

・三角形と比の定理の
　逆そのまま
　→1：1になっただけ

中点連結定理

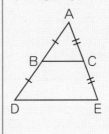

$\triangle ADE$ の2辺
AD，AE の
中点をB，C
とする。

$BC = \dfrac{1}{2}DE$,

$BC /\!/ DE$

---

3 分かったことをまとめよう

T：問題から分かったことをまとめてみよう。
S：中点どうしを結ぶと長さが半分になる。
S：底辺と平行にもなります。
S：比が等しいことから平行になることは，三
　角形と比の定理の逆から明らかだと思いま
　す。

　解決過程を振り返り，分かることは何か確認
する。比に着目するよう支援し，三角形と比の
定理の逆の特殊な場合を見いだせるようにす
る。

特殊な場合を考える（対話）

　本時は中点連結定理の証明を問題解決過程の
中に埋め込んでいる。証明を丁寧に扱うことも
考えられるが，前時で三角形と比の定理の逆の
証明を扱っているため，中点連結定理が三角形
と比の定理の逆の特殊な場合であることを見い
だせるかどうかに主眼をおいている。

　「分かったことをまとめてみよう」と発問
し，解決過程を振り返る機会を設定する。辺の
比が1：1であることや証明を基に，特殊な
場合であることに気づくことができるようにす
る。

2	平方根
3	二次方程式
4	関数 $y=ax^2$
5	図形と相似
6	円の性質
7	三平方の定理
8	標本調査

本時案

四角形の各辺の中点を結ぶ図形①

本時の目標

・中点連結定理を利用して図形の性質を証明することができる。

四角形の各辺の中点を結んでできる図形（1）

Q　四角形 ABCD の各辺の中点を E，F，G，H
　　とする。四角形 EFGH はどんな四角形になるか？

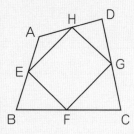

図をノートにかこう

予想：長方形
　　　平行四辺形
　　　ただの四角形

ABCD の形を変えて，
EFGH の形を調べよう

ABCD の形	EFGH の形
正方形	正方形
長方形	ひし形
ひし形	長方形
平行四辺形	平行四辺形
たこ形	長方形
ただの四角形	平行四辺形

辺の平行はすべてに共通

ICT を利用して，四角形 ABCD の形状を様々に変える様子を提示する。

授業の流れ

1 どんな四角形になりましたか？

T：四角形 EFGH はどんな形になりましたか。

S：長方形になりました。

S：私はひし形です。

S：平行四辺形だと思います。

　四角形 ABCD には条件がないことを確認し，各自で任意の四角形をノートにかき，四角形 EFGH の形を共有する。「どんな四角形でも成り立つ予想」を考えていることを確認し，具体的に調べる場面へとつなげる。

2 いろいろな形で調べよう

T：いろいろな予想があるね

S：どれが正しいのかな。

S：どんな四角形が出てくるか，いろいろな調べれば分かるんじゃない？

T：図を動かして調べてみましょう。ICT

　本事例で複数の図をかくことは時間もかかり煩雑であるため，積極的に ICT を利用したい。環境が整っていない場合は，マス目が印刷されたプリントを配付することも有効である。

1 式の展開と因数分解

2 平方根

3 二次方程式

4 関数 $y=ax^2$

5 図形と相似

6 円の性質

7 三平方の定理

8 標本調査

本時の評価

・中点連結定理や平行四辺形になるための条件を基にして，平行四辺形
　になることを証明できたか。

準備物

・定規
・端末

（復）

平行四辺形を証明したい←なるための条件

錯角，同位角，
三角形と比の定理，　（平行）が関係
中点連結定理

（証明）

対角線 BD をひく
△ABD において
E，H は AB，AD の
中点なので，
中点連結定理より

$EH=\dfrac{1}{2}BD$，EH∥BD

△CDB において，同様に
$FG=\dfrac{1}{2}BD$，FG∥BD
1 組の辺が平行で
その長さが等しいので
四角形 EFGH は
平行四辺形である。

（別）AC をひく，
　　　他の条件でも可

補助線

使う
ため

後の学習に生かすために補助線を
色分けしておく。

---

3 共通する性質を考えよう

T：共通する性質を考えよう。中 2 の四角形
　でどんなことを学んだかな。

S：辺の平行は全部に当てはまるよ。

S：じゃあ，平行四辺形になりそうだね。

　調べた四角形の「共通する性質」に着目でき
るようにする。中 2 で学習した四角形の包摂
関係を振り返る機会を設定するとよい。平行四
辺形の予想後は平行四辺形や平行に関する既習
事項を確認し，補助線を見いだす支援をする。

3 どこに補助線をひいたの？

T：予想を証明してみよう。

S：BD に補助線をひきました。

S：BD と AC の両方にひきました。

S：中点連結定理を使えば，辺の長さや平行が
　分かるよ。

　中点連結定理と平行四辺形になるための条件
を利用して証明する。補助線のひき方による多
様な証明が考えられるため，板書に方針を示す
など，生徒の実態に応じて扱いを工夫する。

本時案

四角形の各辺の中点を結ぶ図形②

四角形の各辺の中点を結んでできる図形（2）

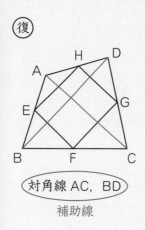

㉺ $\begin{cases} △ABD と △CDB \\ △ABC と △DAC \end{cases}$

中点連結定理より

$\begin{cases} EF \parallel HG, \ EH \parallel FG \\ EF = HG, \ EH = FG \end{cases}$

平行四辺形になるための
条件をみたす
証明は前時のノート
を確認する

対角線 AC，BD
補助線

関連はあるか？

ABCD	EFGD の予想
正方形	正方形
長方形	ひし形
ひし形	長方形
平行四辺形	平行四辺形
たこ形	長方形
ただの四角形	平行四辺形

> Q ABCD の形と EFGH の形には，どんな関係があるだろうか

本時で板書する証明は，前時で扱った証明によって柔軟に対応する。

授業の流れ

1 証明を読み直そう

T：平行四辺形になることを，どのように証明しましたか。

S：対角線 AC や BD をひきました。

S：中点連結定理と平行四辺形になるための条件を使いました。

　前時の証明を読み直し，補助線のひき方や証明方法が複数あるが，いずれの方法においても，最終的には平行四辺形になるための条件を用いていることを確認する。

2 他の形の場合を確かめよう

T：ABCD が他の形の場合，例えば，ひし形や長方形の場合の EFGH の予想が正しいかどうか確かめよう。

S：全部の場合を証明するのは大変です。

T：ABCD がただの四角形と長方形の場合では，どこが異なるのか考えよう。

　四角形 ABCD が一般の四角形の場合と特殊な四角形の場合の相違点に焦点を当てる発問をし，AC と BD の関係性への着目を促す。

1 式の展開と因数分解

2 平方根

3 二次方程式

4 関数 $y=ax^2$

5 図形と相似

6 円の性質

7 三平方の定理

8 標本調査

本時の評価

・四角形 EFGH が長方形やひし形になる場合について，四角形 ABCD の
　対角線 AC と BD がもつ条件を見いだすことができたか。

準備物

・定規
・端末

長方形→ひし形

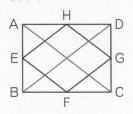

$EH=FG=\dfrac{1}{2}BD$

$EF=GH=\dfrac{1}{2}AC$

AC=BD より

$\underline{EH=FG=EF=GH}$

EFGH：4つの辺の
　　　　長さが等しい

ひし形→長方形

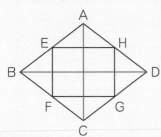

EF∥HG∥AC

EH∥FG∥BD

AC⊥BD より

EF⊥EH，GH⊥FG

EFGH：4つの角が
　　　　90°

正方形→正方形…各自で確認

方針 ・正方形で AC と BD の
　　　　関係は？

・長方形，ひし形，正
　方形の関係は？

◎四角形 EFGH は，四角形
　ABCD によって，どのように
　決まるかまとめよう

・対角線 AC と BD の長さや
　交わる角度で決まる

例 AC＝BD のとき，　ひし形
　EFGH の4辺は等しい
　AC⊥BD のとき，
　EFGH の4つの角は等しい
　　　　　　　　　　　長方形

> ICT を利用し，四角形 EFGH が特殊な
> 四角形になる場合を提示する。

---

3 長方形になるのはどんなとき？

T：四角形 EFGH がひし形になるのは，どんな
　ときかな？

S：四角形 ABCD が長方形のとき，四角形
　EFGH はひし形です。

S：ABCD が長方形のとき，AC＝BD なの
　で，4つの辺が等しくなります。

　証明を振り返りながら，AC と BD の関係性を
根拠に形状を特定していく。まとめで AC と BD
の関係性を振り返る機会の設定も考えられる。

対角線の条件を考察する（ICT・対話）

　四角形 EFGH が特殊な四角形になる場合を考
察する過程を通して，対角線 AC と BD の関係
を見いだすことができるようにする。

　最初から対角線の視点を与えず，「EFGH が
○○になる四角形 ABCD をかこう」と発問す
る。ICT を利用してそれぞれの四角形を考察す
る過程で，証明を振り返り四角形 ABCD の対
角線に着目させ，その関係をまとめる。正方形
では，四角形の包摂関係とも関連させて，両方
の性質を持っていることを確認するとよい。

本時案

四角形の各辺の中点を結ぶ図形③

17/25

本時の目標
・中点連結定理を利用して図形の性質を証明することができる。

四角形の各辺の中点を結んでできる図形（3）

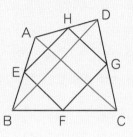

◎今までの確認
・ABCD の AC と BD の関係で EFGH が決まる
・ABCD がどんな形でも EFGH は平行四辺形

全部調べた？
例えば中2の
ブーメランは？

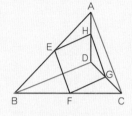

中2のブーメランへこんだ四角形を凹四角形という

AC, BD をひく
△ABD で中点連結定理より

$EH = \dfrac{1}{2}BD$, $EH /\!/ BD$

△CDB で同様に

$FG = \dfrac{1}{2}BD$, $FG /\!/ BD$

1組の対辺が平行でその長さが等しい

→平行四辺形になる

参 15 時の証明

へこんでる

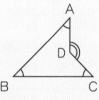

ICT を利用して，黒板に投影し，証明を振り返り，対角線の条件を確認する。

授業の流れ

凹四角形と中点連結定理（教材）

　本時の内容は凹四角形や垂心に関する内容が含まれるため，発展的な学習内容であり，生徒の実態に応じて扱うことになる。凹四角形は ICT を利用して図形を変形する過程や中2でのブーメラン形の角度を求める場面で見ることはあるが考察対象となることは少ない。一方，前時までと同様に各辺の中点を結んだ図形が平行四辺形になることは，証明を振り返ることで見いだすことが可能であると考えられる。図を描かせ，レポート課題として取り組んでもよい。

1 証明の何が変わるかな？

T：前回の証明と何が違うかな。
S：四角形 ABCD が凹四角形になっても，証明は変わりません。
S：前時の証明と同じになります。
S：同じだから四角形 EFGH は平行四辺形だね。
　凹四角形に形が変わっても証明が変わらないことを確認する。AC と BD を補助線としてひいた場合の図を板書で共有することで，前時までの証明を振り返ることができるようにする。

1 式の展開と因数分解

2 平方根

3 二次方程式

4 関数 $y=ax^2$

5 図形と相似

6 円の性質

7 三平方の定理

8 標本調査

本時の評価

・証明を振り返り，凹四角形の場合も四角形 EFGH が平行四辺形になることを理解することができたか。
・中点連結定理や四角形の性質を利用して，問題場面における図形の性質を見いだすことができたか。

準備物

・定規
・コンパス
・端末

凹四角形 ABCD で，図のように AC⊥BD，AD⊥BC，AB⊥CD になる場合を考える

凹四角形 ABCD で EFGH の形？
→長方形（AC⊥BD だから）

Q 凹四角形は ABCD 以外に 2 つある
凹四角形 ABDC，ADBC とみて，BD，AC の中点を I，J とする →（長方形）

（1）四角形 IFJH，EIGJ の形は？

（2）EFGH，IFJH，EIGJ の対角線について分かることは何か？

・共通な対角線がある──①

・長方形なので，各々の中点で交わる──②

・交点を O とすると，①，②より，O から長方形の各頂点までの長さが等しい

↓

O を半径とする円

↓

E，F，G，H，I，J は同一円周上

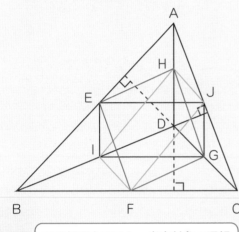

> 問題場面を図示し，考察対象の理解を深める。

2 どんな四角形になっている？

T：ABCD は凹四角形だけど，EFGH はどんな四角形かな。
S：AC⊥BD なので EFGH は長方形です。
S：AD⊥BC，AB⊥CD なので，EIGJ，IFJH も長方形になります。

　既習を振り返り，AC⊥BD から長方形になることに気付くよう支援する。長方形の対角線の性質について振り返るとともに，問題場面では対角線を共有していることを確認する。

6 点が同一円周上にある（教材）

　図の条件から D は垂心でもある。AC や BD などの補助線が垂直に交わることから，中点を結んだ四角形それぞれは長方形になる。3 つの長方形は対角線を共有するので，対角線の中点は 1 点で交わり，中点からの距離が等しくなるため 6 点は同一円周上にある。この円は各頂点から各辺へ下ろした垂線との交点 3 つも通ることが円周角の定理の逆から分かる（九点円と呼ぶことがある）。円を学習した後に，図形の性質の追及場面として本題を扱うことも可能である。

本時案

平行線と比の
定理①

本時の目標

・三角形と比の定理を基に，平行線と比の定理
を見いだし，証明することができる。

> 補助線をひく理由や目的をかいておく。

平行線と比の関係を調べよう

Q $\ell /\!/ m /\!/ n$ のとき，x の値を求めなさい　方法1

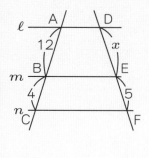

$x=15$ ？定規 ×
三角形と異なる

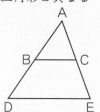

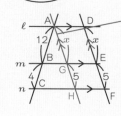

平行四辺形を
つくった

$12 : 4 = x : 5$

三角形と比の定理

$x=15$

対角線をひいた

方法2

△ACF

$12 : 4 = AG : GF$

△FDA

$AG : GF = x : 5$

$12 : 4 = x : 5$

授業の流れ

1 習ったことが使えないかな？

T：x の値を求める方法を考えよう。

S：今まで見たことがない形です。

T：習ったことを使えないかな？

S：三角形と比の定理なら使えるけど。

S：補助線をひけばいいんじゃない？

　第11時で話題にした図である。三角形と比
の定理と見かけ上は異なる図だが，生徒が補助
線に気付くことを期待している。困難な場合は
「習ったことが使えないか」などと発問する。

2 他の補助線のひき方を考えよう

S：前に習ったように，平行四辺形をつくる補
助線をひくと解けそうです。

T：他の補助線のひき方も考えてみよう。

S：対角線に補助線をひいても三角形と比の定
理が使えます。

S：平行四辺形を2つつくるように補助線を
ひきました。

　既習に基づいて解決する。「他の補助線を考
えよう」と発問し，多様な解法を促す。

1 式の展開と因数分解

2 平方根

3 二次方程式

4 関数 $y=ax^2$

5 図形と相似

6 円の性質

7 三平方の定理

8 標本調査

本時の評価

・補助線をひくことで三角形と比の定理を利用することができたか。
・課題解決の過程を振り返り，三角形と比の定理を基にして平行線と比
　の定理を見いだし，証明することができたか。

準備物

・定規

> 第11時の内容も板書し，生徒が数学を
> 創っているという感覚を持たせる。

方法3

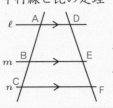

平行四辺形と
三角形をつくった

$12 : 4 = x : 5$

$x = 15$

分かること

・三角形と比の定理が使えるように
　補助線をひく
　　平行線

・平行ならば等しい比に分けられる

平行線と比の定理

第11時 形を変える

$\ell /\!/ m /\!/ n$ ならば

$AB : BC = DE : EF$

（証明）

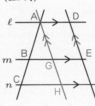

A を通り DF に平行な直線を
ひき，BE，CF との交点を
G，H とする。
△ACH で，BG /\!/ CH より，
$AB : BC = AG : GH$
四角形 AGED，GHFE は
平行四辺形より
$AG = DE$，$GH = EF$
よって，$AB : BC = DE : EF$

3 分かることをまとめてみよう

T：問題を解いて分かることをまとめよう。

S：今回も三角形と比の定理が使えるように補
　助線をひきました。

S：平行線であれば，等しい比に分けられてい
　ることが分かります。

　今までと同様に解決過程で分かることをまと
めていく。既習に基づけば，平行線の補助線を
見いだすことができる。また，平行線と比の定
理に関わる内容も確認しておく。

生徒と数学を創る（対話）

　本時では具体的な計量を伴う問題解決の過程
で補助線をひき，三角形と比の定理が使えるこ
とを確認する。板書例では補助線の引き方と多
様な解法を重視している。生徒の実態に応じて
定理の証明を行い，他の補助線のひき方でも証
明できることを確認する。

　本時の内容も第11時で三角形と比の定理か
ら生徒が考えた内容である。課題解決後に分か
ることをまとめ，平行線と比の定理を見いだ
し，生徒が数学を創っていることを意識させた
い。

本時案

平行線と比の定理②

19/25

本時の目標

・平行線と比の定理の逆について，既習の定理を基にして考察し表現することができる。

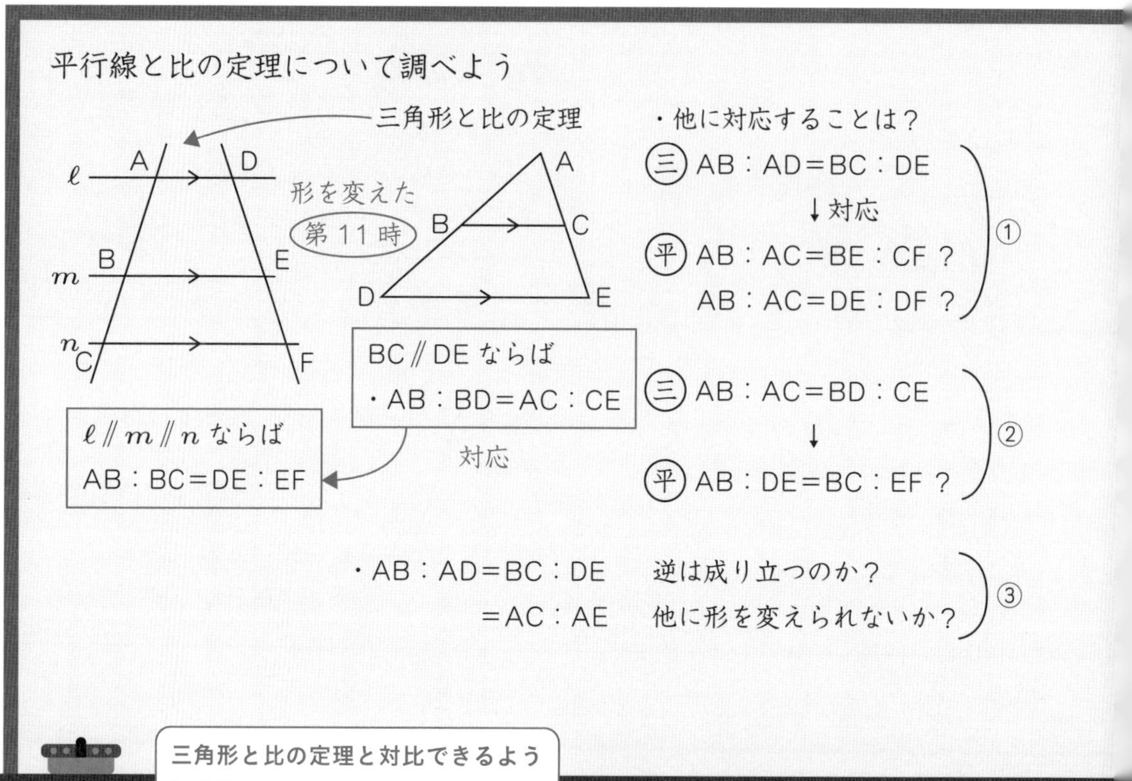

平行線と比の定理について調べよう
三角形と比の定理
形を変えた
第11時
ℓ
m
n
A
D
B
E
C
F
A
B
C
D
E
BC // DE ならば
・AB：BD＝AC：CE
対応
ℓ // m // n ならば
AB：BC＝DE：EF
・他に対応することは？
三 AB：AD＝BC：DE
↓対応
平 AB：AC＝BE：CF ？
AB：AC＝DE：DF ？
①
三 AB：AC＝BD：CE
↓
平 AB：DE＝BC：EF ？
②
・AB：AD＝BC：DE
＝AC：AE
逆は成り立つのか？
他に形を変えられないか？
③

三角形と比の定理と対比できるようにする。

授業の流れ

発展的に考える（対話）

前時では平行線と比の定理を扱った。新しい定理を学んだため，その定理を基に新たな定理をつくることができないか，逆が成り立つかどうかを考察する機会を設定する。

相似は学んだ内容を発展させる機会が多い。「三角形と比の定理と何が対応しているか」，「成り立たない場合は反例となる図をかこう」，「形を変えてみよう」などと発問し，班活動や個人解決の時間を確保し，生徒自らが新しい性質を見いだせるように支援する。

1 どこが対応しているかな？

T：2つの定理を比べて，どこが対応しているか考えてみよう。

S：仮定の平行は共通なので，辺の比が対応しています。

S：逆が成り立つかどうかも三角形と比の定理の場合と同じに考えればよいのかな。

三角形と比の定理から発展していることを確認し，「対応する辺」や「逆は成り立つか」を発問し，新たな性質を見いだすことを支援する。

1 式の展開と因数分解

2 平方根

3 二次方程式

4 関数 $y=ax^2$

5 図形と相似

6 円の性質

7 三平方の定理

8 標本調査

本時の評価

・平行線と比の定理の逆をつくることができたか。
・平行線と比の定理の逆について考察し，成り立たない場合は反例を挙げ，成り立つ場合は証明することができたか。

準備物

・定規

> 図形的な証明を板書することも考えられる。

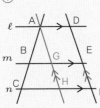

① $AB:AC = \underline{AG:AH}$
$= \underline{DE:DF}$
成り立つ

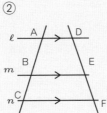

② $AB:BC=DE:EF$
$\left.\begin{array}{l} \dfrac{AB}{BC} = \dfrac{DE}{EF} \\[2mm] \dfrac{AB}{DE} = \dfrac{BC}{EF} \end{array}\right\}$ 両辺に $\times \dfrac{BC}{DE}$
$AB:DE=BC:EF$
成り立つ

（反例）

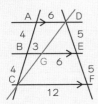

$AB:AC = 1:2$
$BE:CF = 9:12$
$AB:AC \neq BE:CF$
成り立たない

成り立たない図を
教科書から探そう

③（逆）

$AB:BC=DE:EF$
ならば
$\ell /\!/ m /\!/ n$ である
成り立たない

（形を変える）

ふやす　　空間は？

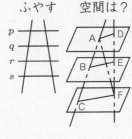

> 反例を挙げることができない場合は，教科書の図から探すことも考えられる。

---

2 仮定を満たす図をかこう

S：成り立たない例を考えるのが難しいです。

T：まず仮定を満たす図をかいてみよう。

S：$\ell /\!/ m /\!/ n$ を満たす図か。

S：そこから特殊な状況を考えればいいんじゃないかな。

S：極端な例を考えるといいかも。

　自らつくった事柄の真偽を判定することは難しい場合も多い。成り立たない図を教科書の練習問題の図の中から探すことも考えられる。

3 空間へ拡張できるかな？

T：形を変えて，発展的に考えてみよう。

S：平行線を増やしても成り立ちそう。

T：空間に拡張できるかな。

　中1以降空間図形を扱う場面は少なく，発展的な場面として空間への拡張を意識させたい。同様の図は教科書の章末問題でも扱われているため，実態に応じて「空間の場合を考えよう」と発問したり，章末問題に取り組んだりすることが考えられる。

本時案

相似比と
面積比①

本時の目標
・相似な平面図形の相似比と面積比の関係を理解することができる。

相似な図形の面積を比べよう

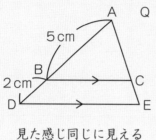

A

5cm

B

2cm

D ──→ E

C

見た感じ同じに見える
長さが不明
…

Q　BC∥DE のとき
△ABC と四角形 BDEC
はどちらの面積の方が
大きいか

予想

△ABC	○人
四角形 BDEC	○人
同じ	○人
すぐ判断できない	○人

問題の条件から分からない部分の長さの
比を求めるアイデアを共有する。

図から分かること
・△ABC∽△ADE
面積が知りたい
・底辺や高さが分かればいい
　・具体的な長さは分から
　　ない
　・比は分かる
　　→文字でおける

底辺と高さの比は相似比
に等しい

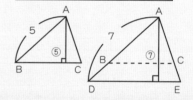

授業の流れ

1　条件から分かることは?

T：図や条件から分かることはありますか?
S：△ABC∽△ADE です。
S：三角形と比の定理が使えます。
S：面積を求めるには底辺と高さが必要です。
S：相似をうまく使えばいいんじゃない?

　直観的に判断するには迷う設定にし, 条件から分かることは, 面積を求めるには何が必要かを確認する過程を設定する。予想させてから, 知りたい情報を整理する展開も考えられる。

2　具体的に計算してみよう

S：相似比から高さの比も分かるね。
S：底辺の比も分かるよ。
T：実際の長さが分からなくても, 比が分かれば面積を比較することができそうですね。
S：具体的に計算してみよう。

　相似比が分かれば高さの比や底辺の比も分かることを確認する。実際の長さは分からないが, 比は分かるので具体的に計算し比較することが可能になることを見いだせるよう支援する。

△ABC∽△ADE より

DE $= 7x$ とすると，BC $= 5x$

高さも $7y$，$5y$ とする

$$\triangle ADE = 7x \times 7y \times \frac{1}{2} = \boxed{\frac{49}{2}} xy$$

$$\triangle ABC = 5x \times 5y \times \frac{1}{2} = \boxed{\frac{25}{2}} xy$$

四角形 BDEC

$$= \frac{49}{2} xy - \frac{25}{2} xy = \boxed{\frac{24}{2}} xy$$

△ABC の方が大きい

△ABC と△ADE の面積比 25：49

相似比 5：7 ←2乗

三角形じゃなかったら…

相 5：7

$$25a + 25b = 25(a + b)$$
$$49a + 49b = \boxed{49}(a + b)$$

2乗 → 25：49

四角形，五角形……←多角形は三角形に分割できる

相 1：k だったら
面 1：k^2 となる

$\underline{1}(a+b)$　$\underline{k^2}(a+b)$

相似な 2 つの多角形で相似比が $m：n$ ならば面積比は $m^2：n^2$ である。

円は？　次回

---

3 相似比と比べてみよう

T：△ABC と△ADE の面積を比べてみよう。

S：面積の比は，25：49です。

S：相似比は，5：7 でした。

S：$25 = 5^2$，$49 = 7^2$ になっています。

S：いつもこの関係が成り立つのかな。

　面積比が相似比の 2 乗になることは見いだしやすいが，いつも成り立つのか，他の図形でも成り立つのかどうかは確認が必要である。このような発言を取り上げ，次の場面へつなげる。

4 三角形じゃなかったら？

T：四角形だったらどうかな？

S：多角形は三角形に分割できるので，三角形と同じように考えてよいと思います。

　導入課題を踏まえて生徒からの自然な発想として，多角形が三角形に分割できることを引き出したい。必要に応じて，四角形の場合も具体的な計算例を示し，文字を使って相似比の 2 乗になることの確認を円滑に進められるようにする。生徒の実態に応じて円を話題にしてもよい。

1 式の展開と因数分解

2 平方根

3 二次方程式

4 関数 $y = ax^2$

5 図形と相似

6 円の性質

7 三平方の定理

8 標本調査

本時案

相似比と面積比②

本時の目標
・相似比と面積比の関係を利用して問題を解決することができる。

実際のお店のデータを扱うことも考えられる。

㋫相似な２つの多角形で，相似比が $m:n$ ならば，面積比は $m^2:n^2$

円は？

A

B

円Aは円Bを２倍に拡大
（円Bは円Aを $\frac{1}{2}$ 倍に縮小）

円Aと円Bは相似

相似比 $1:2$
　　　　半径の比

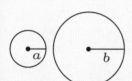

πa^2　πb^2

㋱ $a:b$ 　円でも
㋲ $a^2:b^2$ 　成り立つ

◎どちらのピザがお得かな？

M：直径25cm　2000円

　　↓1.44倍　　↓1.5倍

L：直径36cm　3000円

お得って？
・大きい方が得なことが多い ──────
・具材の量の多さ ─────────
・生地の厚さ ──────────
・形（丸形・四角形）──────

授業の流れ

1　どちらがお得かな？

T：どちらのピザがお得でしょうか。
S：大きい方が得に決まっている。
S：大きさと値段を比較すればよい。
S：ピザを円とみなせば，計算できるよ。
S：大きさと値段は比例するんじゃない？

　日常的な問題場面から，多様な発想を基に問題を解決する。「ピザを円とみなせばよい」や「大きさと値段を比較すればよい」のような数学化に関係する発言を取り上げ，共有する。

お得の理想化・単純化について

　「お得」については様々な考えが生徒から表出すると考えられるが，「円とみなす」，「具は考えない」，「厚さも考えない」に対して，「単位面積あたりの値段」で考えることを確認し，相似比と面積比の関係での解決へとつなげる。なお，「厚さ」については，生徒から発言があれば，体積比を考える必要性にも触れ，次時への学習に対する関心を高められるようにするとよい。また，実際のお店の料金を用いて問題場面を設定することも考えられる。

1	式の展開と因数分解
2	平方根
3	二次方程式
4	関数 $y=ax^2$
5	図形と相似
6	円の性質
7	三平方の定理
8	標本調査

本時の評価

・ピザを円とみなして，相似比と面積比の関係からピザの値段と面積を比較し，どちらがお得か判断することができたか。

準備物

・立体模型

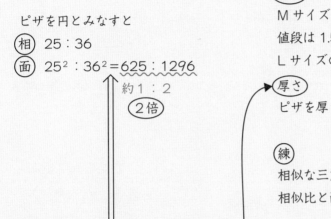

ピザを円とみなすと

㊣ 25 : 36

㊥ $25^2 : 36^2 = 625 : 1296$

約1：2

(2倍)

→ 面積あたりの値段で考える。

→ 今回はナシにする。

→ 厚さは ── 考えたい

     ── 考えない → 今回はナシ

→ 丸形タイプ…円とする

㊋ 結果

Mサイズとしサイズは

値段は1.5倍だが面積は2倍

Lサイズの方がお得 ── Lの方が厚ければ当然お得

㊋ 厚さ

ピザを厚さのうすい円柱とみなす

体積を考える必要あり

㊋ 練 (次回)

相似な三角形を見つけて，

相似比と面積比を求めなさい

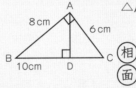

△ABC∽△DBA

∽△DAC

㊣ 5 : 4 : 3

㊥ 25 : 16 : 9

---

2 結果を比べてみよう

T：ピザを円とみなせば計算できると発言があったね。計算して結果を比べてみよう。

S：面積比は相似比の2乗なので，625：1296になります。

S：約1：2と考えてよいと思います。

S：値段は1.5倍だけど，面積が約2倍になっていることが分かります。

 面積比と値段の比を確認する。数値設定によっては，およその値で比較する。

3 先生，ピザは厚みがあります

S：ピザの厚みを考慮したら，お得の度合いは変わりますか。

T：厚みとなると，面積比でなく体積比で比べることになるね。

 「ピザには厚みがあるから，円ではなく円柱で考えてもよいのではないか」という生徒の考えもある。このような意見を取り上げて授業を構成したい。面積比の適用問題では，直角三角形の題材を扱うと三平方の定理へとつながる。

本時案

相似比と
体積比①

本時の目標

・相似比と体積比との関係を理解することができる。

相似比と体積比の関係を調べよう

（前時）ピザ　M→L　⑲1.5倍　⑳2倍

厚さを考えると…　面積比でなく体積比

直方体

 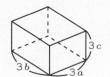

面積

$$2 \times 4ab + 2 \times 4bc + 2 \times 4ca$$
$$= ⑧(ab+bc+ca)$$

$$2 \times 9ab + 2 \times 9bc + 2 \times 9ca$$
$$= ⑱(ab+bc+ca)$$

表面積は
すべての
面の面積
の和

面積比 8：18＝4：9
⑲ 2：3 〉2乗

体積比　$2a \times 2b \times 2c = ⑧abc$

$3a \times 3b \times 3c = ㉗abc$

$8：27 = 2^3：3^3$

相似比の3乗

他の立体

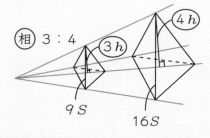

㉑ 3：4　③ h　④ h

9S　　16S

教科書のデジタルコンテンツを提示
することも考えられる。

授業の流れ

1 体積はどう比較すればよい？

T：相似比と体積比の関係はどのように調べた
　らよいですか？

S：面積比と同じように相似比で具体的に計算
　すればよいと思います。

S：直方体だけでなく，角錐，円柱，円錐の場
　合も具体的に計算できます。

　面積比を求めた過程を空間へと適用させ，具
体的な計算を基にして，相似比と体積比の関係
を見いだすことができるようにする

結果を比べてみよう（対話）

　相似比と面積比の関係を扱った後に，空間へ
拡張させて相似比と体積比の関係を扱うことが
多い。本時では，直後に空間へと拡張させるの
ではなく，具体的な場面で面積比を活用する場
面を通して，「ピザには厚みがあるから，円で
はなく円柱で考えてもよいのではないか」とい
う生徒の考えを契機に体積比の関係を扱ってい
る。生徒の素朴な発言を大切に扱い，それを取
り上げながら授業を構成することで，対話的な
学びや主体的な学びが期待できる。

1	式の展開と因数分解
2	平方根
3	二次方程式
4	関数 $y=ax^2$
5	図形と相似
6	円の性質
7	三平方の定理
8	標本調査

本時の評価

・相似比と体積比の関係を見いだして理解するとともに，具体的な問題を解決し表現することができたか。

準備物

・立体模型

> 体積比については，計算結果ではなく
> 3乗の結果が見やすいようにまとめる。

面積比 　　　　$9:16=3^2:4^2$

体積比 　$9S \times 3h \times \dfrac{1}{3} = \boxed{27}Sh \times \dfrac{1}{3}$

　　　　$16S \times 4h \times \dfrac{1}{3} = \boxed{64}Sh \times \dfrac{1}{3}$

　　　　　$27:64=3^3:4^3$

┌─────────────────────┐
│ 相似な立体では
│ 　相似比が $m:n$ のとき
│ 　面積比 $m^2:n^2$
│ 　体積比 $m^3:n^3$
└─────────────────────┘

（練）(1) 直径が約9cmのソフトボールと
　　　　 直径が約22cmのサッカーボール
　　　　 がある。ソフトボールの体積の約
　　　　 何倍か？

　　（2）前時のピザの問題で，どちらが
　　　　 お得か？

（1）（相）$9:22$ （面）$81:484$
　　　　　　　　　（体）$729:10648$
　　　　　　　　　　　　約14.6倍

（2）（相）$25:36$ （面）$625:1296$
　　　　　　　　　（体）$\underline{15625:46656}$
　　　　　　　　　　　　約$1:3$

　　　M→L
　　　（値）1.5倍　　（体）3倍
　　　Lサイズがお得

---

2 他の立体はどうかな

T：三角錐の場合を調べてみましょう。

S：相似比が3：4なので，底面積の比は，9：16になります。

S：高さの比は3：4になります。

　直方体での内容を基に，三角錐の場合を計算して確かめる。量的な違いの実感を持つことができるように，教科書のデジタルコンテンツを用いて容器に水を入れる実験を提示することも考えられる。

3 ピザの問題を解き直そう

T：前時のピザの問題を解き直してみましょう。

S：体積比は約1：3になります。

S：値段は1.5倍だけど，体積は3倍になることが分かりました。

　本時で学習した内容を前時の問題場面で解き直す機会を設定する。適用問題として，日常的なものを扱い，量感に関する実感をもつことができるようになるとよい。

本時案

相似比と
体積比②

本時の目標

・三角形の相似や相似比と面積比，体積比の関係を基にして，具体的な問題を解決することができる。

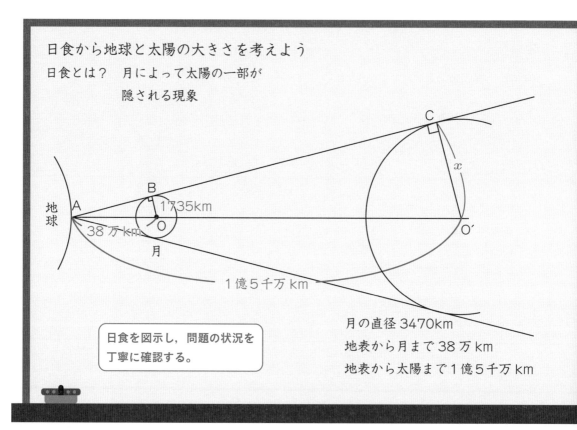

日食から地球と太陽の大きさを考えよう

日食とは？　月によって太陽の一部が
　　　　　　隠される現象

地球

38万km

月

1735km

1億5千万km

x

日食を図示し，問題の状況を
丁寧に確認する。

月の直径 3470km
地表から月まで 38万km
地表から太陽まで 1億5千万km

授業の流れ

1 日食を図でかいてみよう

T：先日，日食がありました。日食とはどんな
　　現象ですか。

S：月によって太陽の一部が隠れる現象です。

T：日食の状況を図でかいてみましょう。

S：地球や月の大きさはどれくらいですか？

　日食の状況を図示し，地球の大きさや太陽までの距離など，生徒から知りたいデータを引き出し，仮定とする。また，月と太陽が同じ大きさに見えているという仮定を確認しておく。

2 先生，仮定は何ですか？

T：太陽の直径を求めよう。

S：仮定は何ですか？

T：図示するときに与えたデータは仮定として
　　構いません。

　太陽の直径を求める発問を行う。図示する際にも仮定を考えているが，問題解決のために何を前提（仮定）にすればよいかという生徒の発言を期待する。図と仮定を全体で共有し，問題場面の理解を深めてから解決の時間を確保する。

1	式の展開と因数分解
2	平方根
3	二次方程式
4	関数 $y=ax^2$
5	図形と相似
6	円の性質
7	三平方の定理
8	標本調査

本時の評価

・相似比と面積比，体積比の関係を利用して，月や太陽の表面積や体積を求めることができたか。

準備物

・定規
・コンパス
・電卓
・理科の教科書，資料集

Q 太陽の直径を求めよう

半径を x km とする

$\triangle$AOB$\backsim\triangle$AO′C

AO：AO′＝OB：O′C

380000：150000000＝1735：x

38：15000 ＝1735：x

$$2x = \frac{15000 \times 1735}{19}$$
直径

$$= 1369736.842\cdots$$

約 137 万 km

月と太陽の相似比　3470：1370000

約 1：400

◎月と太陽の表面積は？

月　：$4 \times \pi \times 1735^2 = 12040900\pi$　→　約 $1.2\pi \times 10^7 = 3.77 \times 10^7$
　　　　　　　　　　　　　　　　　　　　　実 3.8×10^7

太陽：$1.2\pi \times 10^7 \times 400^2 = 1.92\pi \times 10^{12}$　→　約 6.02×10^{12}
　　　　　　　　　　　　　　　　　　　　　実 6.07×10^{12}

Q　体積は？

Q　月がピンポン球だとしたら？

（直径約4cm）

地球 15cm，太陽 16m

> 大きさを比較できる具体例を挙げる。

> 具体的な計算では，必要に応じて電卓を使用し，計算の煩雑さを避ける。

---

3 相似比を利用すればよいのかな

T：月と太陽の表面積を求めてみましょう。

S：計算が大変そう。

S：相似比を利用すれば，計算がラクになるかもしれないね。

S：面積比は2乗で，体積比は3乗だから…

　表面積や体積の計算を実際に行うと桁数も多く煩雑である。相似比と面積比，体積比の関係を利用して概算で計算すればよいことに気づかせたい。なお，必要に応じて電卓を使用する。

4 計算と実際の値を比較する

T：計算と実際の値を比較してみましょう。

S：理科の資料集を見ると，表面積も体積比も結構近い値になっているよ。

　計算と実際の値を比較し，面積比や体積比のよさを感得させる。本時と関連して有効数字を扱うことも考えられる。ピンポン玉（4cm）と比較すると，地球（15cm）はゴムボール，太陽（16m）はマンション5階相当のように実際の大きさを実感させるとよい。

本時案

全身が映る鏡

24/25

全身が映る鏡の大きさを求めよう

理科

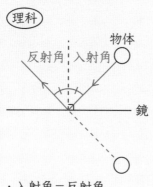

・入射角＝反射角
・像が映る？
　　鏡の対称の位置

図に表そう

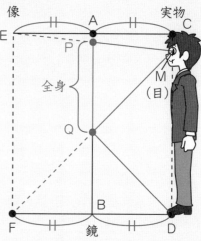

可能であれば実際の鏡を準備し，理科の教科書を参考にしながら復習するとよい。

授業の流れ

1 身長と同じ高さの鏡が必要？

T：鏡に全身を映すには，身長と同じ高さが必要だろうか？

S：必要だと思います。

S：階段の踊り場の鏡で確認できます。

S：横幅も考えますか？

　校内に姿鏡があれば実際に確認した後，具体的にどの程度の高さが必要かを話題にするとよい。鏡が準備できなくとも生徒に予想させ，必要に応じて理科の学習内容を振り返るとよい。

2 状況を図に表そう

T：鏡に映る様子を図に表しましょう。理科の時間に鏡について何を学んでいますか。

S：入射角と反射角を学びました。

S：図に表すためには，鏡と人の距離はどのくらいですか。

　導入場面や図示する際に横幅ではなく高さを考えていることや鏡と人との距離など必要な仮定を確認する。PQを求めればよいことを確認し，解決する時間を確保する。

鏡から 30cm 離れている
（BD＝30cm）
身長は 150cm とする
（CD＝150cm）

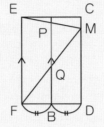

中点連結定理より

$$PQ=\frac{1}{2}EF$$

PQ：EF＝1：2 より

PQ：CD＝1：2

PQ＝75cm

Q　全身を映すために必要な
　　鏡の大きさは？

予想・150cm 必要

・<u>150cm より小さい</u>
　PQ の長さで全身が
　映る

・立つ位置による？

Q　近づいたら大きい鏡，離れたら小さい鏡か？

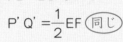

FB＝BD なので

$$P'Q'=\frac{1}{2}EF$$　同じ

必要な縦の長さは
変わらない

3　近づいたら大きい鏡が必要？

S：思ったより大きくなかった。

T：近づいたら大きい鏡が必要かな？

S：同じように考えれば，近づいても離れても変わらないと思います。

S：PQ が EF の半分であることは変わらない。

　鏡からの距離によって必要な鏡の大きさが変わるのかを数学的に考える場面を設定する。変わらないないことを見いだせるよう，図や解決過程を振り返る機会を設定する。

他教科と関連した学び（教材）

　理科で学んだ光の反射に関する学習と数学で学んだ相似に関する学習を相互に結び付けることを意識している。

　数学に焦点化した問題の後は，「実物と像が対称の位置にある」を取り上げ中点連結定理に気付くように支援したり，P，Q が ME，MF の中点であることから，実物と鏡までの距離に関係がないなど，図を用いてその理由を説明させる活動を取り入れたりすることが大切である。発展的に凸面鏡について調べさせてもよい。

本時案

相似と二次方程式（課題学習）

本時の目標

・正五角形の１辺の長さと対角線の長さの比を求めることができる。

正五角形の秘密

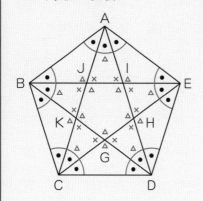

Q1　合同な三角形，相似な三角形を見つけよう

（合同）①△ABC, △BCD, △CDE, △DEA, △EAB（２組の辺とその間の角）

②△JAB, △KBC, △GCD, △HDE, △IEA（１組の辺とその両端の角）

③△AJI, △BKJ, △CGK, △DHG, △EIH

④△ABK, △BCG, △CDH, △DEI, △EAJ

（相似）△ABC と △JAB（①と②の三角形）

△AJI と △ABK（③と④の三角形）

など

（復）
合同条件
相似条件

角の大きさは３種類のため，記号で使い分けておく。

すべての合同や相似を板書して，共有することが望ましい。

授業の流れ

1　合同や相似な三角形を見つけよう

T：合同や相似な三角形を全て見つけよう。

S：たくさんあります。

T：効率よくまとめられないかな。

S：合同をグループにまとめました。

S：相似もグループごとに確認できるよ。

　合同な三角形と相似な三角形を見つける。数が多いため，「工夫して表現しよう」と発問し，グループ分けなど効率的に探し，相似も各グループで比べればよいことに気づかせたい。

2　合同や相似になる理由は？

T：∠BAC ＝36°になる理由は？

S：108°を３等分しているから？

S：△BCA が BC ＝ BA の二等辺三角形で，∠ABC が正五角形の一つの内角で108°だからだね。

　初めに角の大きさを確認する展開も考えられるが，合同や相似を探す過程で，自然に角の大きさを検証したい。その際，根拠を明確にして角の大きさを計算できるようにする。

1 式の展開と因数分解

2 平方根

3 二次方程式

4 関数 $y = ax^2$

5 図形と相似

6 円の性質

7 三平方の定理

8 標本調査

本時の評価

・正五角形とその対角線において，辺の長さや角度を求め，合同な三角形や相似な三角形を見いだすことができたか。

・三角形の相似や2次方程式を利用して，正五角形の1辺の長さと対角線の長さの比を求めることができたか。

Q2　AB＝1とする。△JAB と△BCA，△AJI と△ABK の相似比を求めよ

△JAB∽△BCA

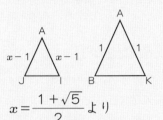

AB：CA＝JA：BC

$$1 : x = (x-1) : 1$$

$$x^2 - x - 1 = 0$$

$$x = \frac{1 \pm \sqrt{5}}{2}$$

$x > 0$ より $x = \dfrac{1+\sqrt{5}}{2}$

相 $1 : \dfrac{1+\sqrt{5}}{2}$　同じ!!　黄金比

△AJI∽△ABK

$$x = \frac{1+\sqrt{5}}{2}$$ より

相 $\left(\dfrac{1+\sqrt{5}}{2} - 1\right) : 1$

$$\frac{\sqrt{5}-1}{2} : 1$$

$1 : \dfrac{\sqrt{5}+1}{2}$

正五角形の1辺と対角線の比

$$x = \frac{1+\sqrt{5}}{2},$$

$\sqrt{5} = 2.236$ とすると

AB：AC ＝ 1 ：1.6

＝ 5 ：8

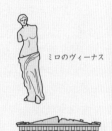

ミロのヴィーナス

パルテノン神殿

---

3 対応する辺はどこかな？

S：JA や JB の長さが与えられていません。

T：対応する辺はどれかな？

S：△CJB は CJ＝CB＝1 の二等辺三角形だから JA や JB の長さが分かります。

　合同や相似な三角形，二等辺三角形が数多く図の中に見いだすことができる。AB＝1のとき，どの辺が1になるのか，AC＝x としたとき，どの辺が x になるのか，図を見ながら対応する辺を確認する。

4 他の例を探してみよう

T：黄金比が使われている他の例をインターネットで探してみよう。 ICT

S：モナリザや凱旋門にも関係するみたい。

S：白銀比というものもあるみたいです。

S：白銀比の例も探してみよう。

　黄金比を紹介した後に黄金比が使われている他の例を調べ，日常と数学の結びつきを意識させる。日本には白銀比（大和比）と呼ばれるものもあり，比較させることも考えられる。

単元「相似な図形」における本事例の板書では，標準的な履修時間である25時間程度を目途に単元計画を立て，授業例を提案している。実際の授業では，教科書の適用問題を利用して学習内容の理解を確かめる時間や章末問題を利用した演習の時間があるが，本事例では生徒の実態に応じた多様な授業構成の方法があるという立場に立ち，単元全体を「生徒の発言や考えを生かした授業計画」，「生徒の発展的な考えに基づいた単元構成」，「学習内容の活用」に焦点を当てて例示している。本単元では，問題練習のみや章末問題の演習のみに関する板書例を示していないことに留意してほしい。以下に，板書例を提案するにあたり留意した点をまとめておく。

1 生徒の発言すべてを授業に生かす

　教師はある意図を持って発問することが多い。そのため，教師の発問に対する生徒の反応は，たとえ数学的には不十分な内容であっても貴重なものであり，誤りを含んでいたとしても生徒なりの論理が働いているため，丁寧に扱うことが必要である。授業の導入で答えを予想させたり，解決過程の中で気づいたことを共有したりする場面では，生徒の発言を板書に示し，教室全体で議論する展開を心掛けたい。

　例えば，第2時で相似な図形の性質を扱う場合，性質自体を見いだすことができる一方で，「角度が同じ」，「辺の比が等しい」など，誤りではないが数学的には不十分な表現で留まってしまう場合がある。班活動での生徒間の学び合いや教師とのやり取りの中で，「このままの表現で主張したいことが正しく伝わるか」，「成り立たない図がかけてしまうのではないか」と教師から支援することで，「対応する辺の比がすべて等しい」，「対応する角の大きさがそれぞれ等しい」のように表現を高める機会を設定し，黒板に追記していく展開が考えられる。また，第3時で比例式を立てずに解く方法や第9時で合同を利用するなど，生徒の考え方は必ずしも相似に関係する方法とは限らない。別解についても積極的に取り上げ，生徒の考えや発言を授業で生かす姿勢を大切にし，生徒と一緒に数学を創る土壌としたい。

2 統合的・発展的に考えることができる構成にする

　単元「相似な図形」では，様々な図形の性質を学ぶ。それらを別々のものとして捉えず，発展的に考えて新たな図形の性質を見いだしたり，学んだ図形の性質を振り返ることで統合的に捉え直したりすることが大切である。

　例えば，第11時では「三角形と比の定理」を基に，新たな図形の性質を見いだす展開にしている。文字式の活用場面で3の倍数を5の倍数に変えたり，中2の図形の学習場面で三角形を四角形に変えたり，長方形を正方形に変えるような類似の学習場面を想起させ，生徒が考えた視点を基に新たな性質を見いだし表現することを大切にしたい。見いだした事柄全てを1時間内で扱うことは難しいが，今後に扱う内容とその場で扱う内容を精選し，生徒が考えた性質を基に授業を構成していくことも考えられる。具体的には，三角形と比の定理を基に，三角形と比の定理の逆，平行線と比の定理とその逆，中点連結定理を一体的に数時間かけて扱うような本事例とは異なる展開例も考えられる。生徒が見いだした内容をクラス全体で扱いながら授業を進めていくことで，生徒が数学の授業を創っているという感覚を持たせ，主体的な学習の伸長を図る。

　第15時から第17時にかけては，図形の性質の追究場面を設定した。ICTを利用することで図形を

動的に捉え，中点連結定理を利用した証明を基にして新たな図形の性質を見いだす構成としている。単に四角形 EFGH の形状を調べるだけの活動で終わらせるのではなく，証明を振り返ることで一般的な性質を見いだしたり，対角線や補助線の持つ特徴によって四角形 EFGH の形状が決まることを論理的に確かめたりする機会を設定した。凹四角形や垂心に関わる発展的な内容も含まれるため，生徒の実態に応じて部分的に扱うことも考えられる。班活動や個人解決の時間を確保し，図形の性質を数学世界の中で追究しながら見いだす過程を大切にすることで，図形に対する豊かな見方や考え方を育てる機会になると考えられる。

3 具体的な場面に相似の考えを活用する

　相似の単元に限らず，学習した内容を具体的な問題解決場面で利用し，数学の有用性を感得する機会を増やしていくことが大切である。相似な図形の活用としては，「身の回りの事象の中から相似な図形が活用されているものを見いだす」，「相似な図形を活用して身の回りの事象に関わる問題を解決する」ことの 2 つが考えられる。本事例では，これら 2 つについて単元構成として全体の最後に活用場面を提示するだけでなく，小単元においても学習内容を活用する場面を積極的に設定している。

　例えば，第 8 時では，相似な図形の性質の学習を生かして，実際に測ることのできない木の高さについて，学校の写真を利用して実感を伴う問題解決を意図している。必要に応じて教室を出て，グラウンドや体育館等で測定しながら授業をしてもよいだろう。第21時では，お得なピザの問題解決場面で相似比と面積比の関係を適用し，その解決過程の中で生徒の素朴な発言を生かし，体積比の関係を知る必要性を見いだそうとしている。第23時や第24時は，理科の学習と関連させ，日食や姿鏡のような日常場面の問題解決を図り，様々な場面で仮定を設定することで数学が活用されていることを理解し，興味・関心を高められるようにしている。利用場面では，学習した内容について見通しを持って活用できる生徒がいる一方，うまく活用できない生徒もいる。生徒間の学び合いの時間を確保して学習した内容を復習する機会を設定したり，辺の比が知りたいときはどの三角形に着目すればよいかなどの発問を行ったりして，机間指導で個別の生徒の状況を確認しながら進めていくことに留意したい。

6 円の性質 （10時間扱い）

単元の目標

・観察，操作や実験を通して円周角と中心角の関係を見出し，それが証明できることを理解する。
・円周角と中心角の関係を具体的な場面で活用することができる。
・円周角と中心角の関係の良さを実感し，よりよく問題解決する態度を養う。

評価規準

知識・技能	①円周角と中心角の関係の意味を理解し，それが証明できることを知っている。
思考・判断・表現	②円周角と中心角の関係を見出すことができる。 ③円周角と中心角の関係を具体的な場面で活用することができる。
主体的に学習に取り組む態度	④円周角と中心角の関係のよさを実感して粘り強く考え，学んだことを生活や学習に生かそうとしたり，円周角と中心角の関係を活用した問題解決の過程を振り返って評価・改善しようとしたりしている。

指導計画　全10時間

次	時	主な学習活動
第1次 円周角と中心角	1	カメラの画角と円の関係について考える。
	2	半円の弧に対する円周角が90°になることを知る。
	3	円周角と中心角の関係について考える。
	4	円周角が中心角の $\frac{1}{2}$ になることを証明する。
	5	円周角の定理を用いて，いろいろな角の大きさを求める。等しい弧に対する円周角が等しいこととその逆について考える。
	6	円周角と弧の長さが比例することを見出し，それを用いていろいろな角の大きさや弧の長さを求める。
	7	円周角の定理の逆について考える。
第2次 円周角の定理の利用	8	実験の結果から帰納的に考えたことを円周角の定理等を用いて証明する。
	9	手順に沿って接線を作図し，観察する活動を通して，作図の意味を考える。
	10	円周角と中心角の関係を用いて地図上の1カ所を決める方法を考える。

単元の基礎・基本と見方・考え方

(1)円や図形領域についての生徒の既習内容

　円は生徒にとって非常に身近な図形の１つである。小学校では，「１つの点からの長さが同じになるようにかいたまるい形」を「円」として定義づけ，中心，半径，直径という言葉や円の求積について学習する。また，円周率については，円を転がしたり，多角形との関係を調べたりしながら円周は直径の３倍より少し長いことを見出し，円周率についての理解を深めている。中学生になり，１年生で弧や弦，おうぎ形と中心角，円の接線や対称性について学習している。ここでの学習内容が本単元に直接つながってくるので，生徒の定着の様子を確かめておきたい。

　また，２年生では三角形や四角形を考察対象にしてその中に表れる性質について探究したりこれを根拠に説明したりしている。３年生では相似について学習し，その性質を利用して長さを求めたり，論理的に説明する活動を行っている。図形領域では，図形を直観的に捉え，帰納，類推，演繹などの推論に基づき，考察し表現することが指導の重点の１つである。円の学習についてもこれまでの経験を生かして推論し，論理的に表現する力を養いたい。

(2)本単元で働かせたい見方・考え方

　本単元で働かせたい見方・考え方は円周角と中心角の関係について着目し，その性質を用いて論理的に考えることである。円周角と中心角の間には，「一つの弧に対する円周角は，その弧に対する中心角の $\frac{1}{2}$ である」という関係がある。円周上の２つの点における中心角は１つに決まるが，円周角は無数に存在する。円周角と中心角の関係を基にすることで，「１つの弧に対する円周角は全て等しい」ことが導かれる。これらの関係を観察や操作，実験などの活動を通して見いだし考察できることが大切である。生活の場面と結びつけたり，具体的な数値を用いて実験したりする活動を通して，帰納的に考察する活動を充実していきたい。

　また，命題があり，それを演繹的に説明していくことが証明である。仮定から積み上げて結論に導くが，証明に向かうためには，「結論は何か⇒何が言えれば証明できるのか⇒そのために必要な情報は何か」と結論から逆に考えることが大切である。

(3)円周角と中心角の関係の具体的な場面での活用

　数学的な場面への活用としては，接線の作図がある。円の接線は，その接点を通る半径に垂直であるから，そのような直線を作図すればよい。このとき，半円の弧の円周角は90°になるという定理が利用される。

　日常生活の場面への活用としては，今回扱った「カメラの撮影位置」や「目標物との角度と地図を用いた現在位置の確認」の他にも，「サッカーでゴールの決めやすい位置」や「さしがねを使った円の直径の測定」など様々な場面で見られる。数学のよさを実感するためにも，今回の学習につながるさまざまな場面について紹介してみるのもよいだろう。

1 式の展開と因数分解

2 平方根

3 二次方程式

4 関数 $y=ax^2$

5 図形と相似

6 円の性質

7 三平方の定理

8 標本調査

本時案

ぴったり写真に
収めよう！

授業の流れ

1 ぴったり写真におさめるには？

T：㋐で撮った写真です。㋑のようにもし前に
　　出たらどうなりますか？
S：ズームがそのままならはみ出ます。
S：ズームアウトすればぴったり収まるよ。
T：じゃあ㋒のように下がると？
S：今度はすきまができます。
S：ズームインすればぴったりになります。
　導入では，生活経験からイメージできる活動
から入る。実際に体験できるように本時は教室
を離れ，体育館など広い場所で行う。画角（写
真が撮れる角度）については簡単に確認する。

㋐ ぴったり真に収まっている

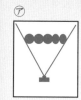
㋐ ぴったり！

㋑ 前に出ると…
→はみ出る

㋒ 下がると…
→すきまが
できる

2 ぴったり写真に収めよう！

T：ぴったり収まるところで写真を撮ろう。
S：ここならぴったり撮れます。
T：画角を変えずにぴったりとれるのはここだ
　　けかな？
S：斜め前に出ればとれると思います。
T：どういうことかイメージできますか？
S：前だとはみ出て，後ろだとすきまができる
　　けど，斜め前なら……。
　デジタルカメラを使って代表者が写真を撮
る。「画角を変えない」という条件で，ぴった
り収まるところを探す。軌跡が解るようにぴっ
たり撮れたところに印をつけていく。

活動から対話へ

　実際の授業では１台のカメラで順番にぴった
り収まる撮影場所を探していった。最初はカメ
ラの画面を見ながら試行錯誤して探していた
が，だんだん見当を付けて撮るようになって
いった。その場面を捉えて，「なぜそこで収まる
と思ったの？」と訊ね，**3**の対話活動につなげ
た。一人一台カメラ機能のあるタブレットが使
える状況であれば，全員一斉に活動することも
可能だが，そうすると，「円」が見えすぎてしま
い，自分たちで見出すことができない。対話に
より，発見の過程を全体で共有していきたい。

1 式の展開と因数分解

2 平方根

3 二次方程式

4 関数 $y = ax^2$

5 図形と相似

6 円の性質

7 三平方の定理

8 標本調査

・カメラで画角を変えずに5人がぴったり収まる場所を集めると円弧になるということを見出すことができたか。
・両端を通る円弧の上から写真を撮ると，画角を変えずにぴったり収めることができると予測して意欲的に実験に取り組んでいるか。

・デジタルカメラ
・大型モニター

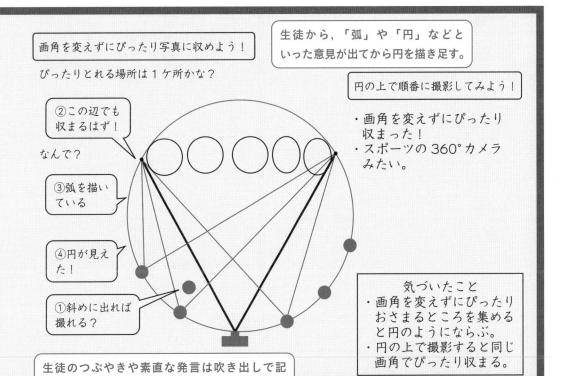

画角を変えずにぴったり写真に収めよう！

ぴったりとれる場所は1ケ所かな？

②この辺でも収まるはず！

なんで？

③弧を描いている

④円が見えた！

①斜めに出れば撮れる？

生徒から，「弧」や「円」などといった意見が出てから円を描き足す。

円の上で順番に撮影してみよう！

・画角を変えずにぴったり収まった！
・スポーツの360°カメラみたい。

気づいたこと
・画角を変えずにぴったりおさまるところを集めると円のようにならぶ。
・円の上で撮影すると同じ画角でぴったり収まる。

生徒のつぶやきや素直な発言は吹き出しで記す。通し番号をつけておくと後で整理しやすい。

3 なぜ，そこで収まると思ったの？

T：なぜその場所で収まると思いましたか？
S：これまでぴったり収まっていた場所が弧を描いているから。
T：「弧を描いている」ってどういうことか，他の人分かりますか？
S：円が見えた。
S：そのまま集めていくと円になりそう。

　一人の気付きを全体に広げていく。自分なりの言葉で表現することでイメージがもてる。

4 他の円から撮ってみたら？

T：他の円から撮ってみたらどうなるだろう？
S：どんな円でも最初に画角を合わせたら後は画角を変えないでぴったり収まると思う。
S：実際に円を描いてとってみたい！
T：撮影したものを順番に見てみよう。
S：ぴったり収まっているね！

　ここまでの活動は「円周角の定理の逆」にかかわる活動であった。ここでは「円周角の定理」につながる活動を行った上で，今日の活動で気づいたこと，考えたことを整理して授業を終える。

本時案

∠APB の
角度は？

本時の目標

・半円の弧に対する円周角が90°になることを
論理的に考え，表現することができる。

授業の流れ

1　∠APB の角度を求めるには？

T：∠APB の角度を求めるにはどんなことを
　　使えばよさそうかな？

S：OP と OA は円 O の半径だから等しいです。

S：OP と OB も等しいです。

S：△POB と△POA は直角二等辺三角形です。

T：これらのヒントをもとに∠APB を求めま
　　しょう。

　　∠BOP ＝90° になるように円周上の点 P を
とり，∠APB を求める。全員が参加できるよ
うに，着目するポイントを共有してから問題に
取り組む。半径は等しいという見方は本時を通
して使用するので，ここで確認しておきたい。

2　a の値を小さくしたら？

T：∠a ＝60° にしたら，∠APB の角度はどう
　　なるかな？

S：ちょっと大きくなりそうだな。

S：え？同じじゃないの？

　　　　　　－－自力解決－－

T：何度になりましたか？

S：90° です。

S：また直角だ。

T：本当に直角になるでしょうか。ペアでどの
　　ように求めたか説明しましょう。

　　1 と同じく直角になることを確認する。
GeoGebra などのアプリを用いて動的に示すこ
とで，さらにずらしたらどうなるのかという視
点を共有できるようにしたい。

> 等しい線分など，生徒の発言に
> 合わせて図に書き込んでいく。

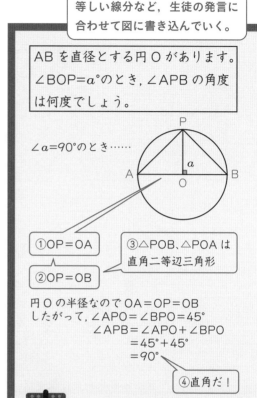

> AB を直径とする円 O があります。
> ∠BOP＝a°のとき，∠APB の角度
> は何度でしょう。

∠a＝90°のとき……

①OP＝OA

②OP＝OB

③△POB、△POA は
直角二等辺三角形

円 O の半径なので OA＝OP＝OB
したがって，∠APO＝∠BPO＝45°
　　　　∠APB＝∠APO＋∠BPO
　　　　　　　＝45°＋45°
　　　　　　　＝90°

④直角だ！

確認のための対話・解決のための対話

　2 では，多くの生徒は自分の答えに自信を
もっている。しかし，自力解決では，分ってい
る角度を図に書き込むことで求める生徒が多く，論
理立てて説明する必要感はない。本当にそうな
るのか，他者に説明する対話活動を取り入れる
ことで，論理的に説明する機会を設けたい。
　一方 **3** では，文字を使った抽象的な場面で
あるため，一人では解決に至らない生徒も多
い。自分がどこまで解っているか，どこで躓い
ているかを確認し，解決につなげるために対話
活動を設定したい。

∠APB の角度は？

216

1	式の展開と因数分解
2	平方根
3	二次方程式
4	関数 $y=ax^2$
5	図形と相似
6	円の性質
7	三平方の定理
8	標本調査

本時の評価

・半円の弧に対する円周角が90°になることを二等辺三角形や三角形の
外角の性質を根拠にして論理的に考え，表現することができたか。

準備物

・大型モニター
・PC

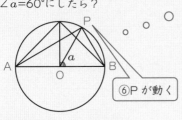

∠APBの角度を求めるには？

∠a=60°にしたら？

⑥Pが動く

OP=OB で∠BOP=60°なので
△POBは正三角形で
∠BPO=60°
　　OA=OP
∠AOP=180°−60°=120°
∠APO=(180°−120°)÷2
　　　=30°
∠APB=∠APO+∠BPO
　　　=30°+60°=90°

⑤また直角！

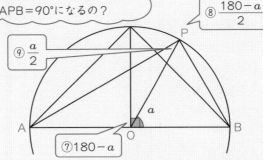

aの値がどれだけ変わっても
∠APB＝90°になるの？

⑧$\dfrac{180-a}{2}$

⑨$\dfrac{a}{2}$

⑦180−a

だったら……
AやBを動かしたら？
・ABは直径ではなくなる。
・90°ではなくなる。
・∠AOPが大きくなったら
　90°より小さくなる。

文字式で考えると……

∠AOP=180°−a

∠APO=$\dfrac{180°−(180°−a)}{2}$=$\dfrac{a}{2}$

∠BPO=$\dfrac{180°−a}{2}$

∠APB=$\dfrac{a+(180°−a)}{2}$=90°

⑩aの値が変わっても直角になる！

---

3 aの値をさらに変えたら？

T：aの値をさらに変えたらどうなるでしょう。
S：いつも90°になるんじゃないかな？
S：文字式で考えてみよう。

　文字を使った抽象的な考えが苦手な生徒は多い。そういう生徒にとって自力解決の時間を長くとっても苦しいだけである。かといって，すぐに相談の時間をとると，一方的に話を聞くだけになってしまう。短時間の自力解決の時間に「どの角度が解れば求められそうか」という見通しはもてるようにする。

4 AやBを動かしたら？

T：AやBを動かしたらどうなるでしょうか。
S：やっぱり90°になると思う。
S：ABが直径ではなくなるから変わると思う。
S：下にずらしたら90°より小さくなりそう。

　本時では，ABが直径ならばaの値を変えても∠APB＝90°になることを確認した。aの値を変えると点Pが動くことから，「だったらAやBを動かしたら？」と考えられるようにしたい。生徒から出てこなければ教師が投げかけて次時への橋渡しとする。

本時案

円周角って どんな角？

本時の目標

・点を移動して円周角の変化を観察する活動を通して，1つの弧に対する円周角は等しいことや円周角と中心角の関係について帰納的に見出すことができる。

授業の流れ

1 角度が一番大きいのは？

T：前時の図の A，B を動かして中心角を80°にしました（最初に提示する円周角は P2のみ）。∠APB はどうなるでしょう？

S：中心角の80°より小さくなりそうです。

T：では，図のように P1，P2，P3としたとき，一番大きいのはどれでしょう。1〜3の指で表しましょう。

S：同じでもよいですか？

T：同じという人もいるんだね。では同じはパーにしましょう。せーの！……どうしてそう思いましたか。

S：見た目で P1 が一番大きいと思いました。

S：前回と同じように変わらないと思いました。

S：前にやった写真の場面に似ているので同じだと思いました。

※ここで「円周角」という言葉について確認する。

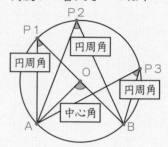

円周角と合わせて既習の中心角についても確認する。

角度が一番大きいのは？

P1：3人　P2：2人　P3：1人

①見た目で判断

同じ：20人

②前回と同じ？

③写真の場面と似ている！

円 O の ⌢AB に対して ⌢AB を除いた円周上に点 P をとるとき，∠APB を ⌢AB に対する円周角という。

2 点を動かして観察しよう！

数学ソフトウェア GeoGebra を用いて点を動かし，角度の変化を観察する。

S：点 P を動かしても∠APB の角度は変わらない。

S：P が ⌢AB のところに来ると角度が変わる。

S：円周角は ⌢AB を除いた円周上……だからそこは円周角じゃないね。

S：中心角を変えたらどうなるんだろう？

S：あ，角度が変わった……。

S：もとの角を動かしてるから明らかに違うよ。

活動から対話へ

2 は本時の最初の課題，点 A，B を固定して P を動かしたとき円周角の大きさは変わらないこと，つまり1つの弧に対する円周角は等しいことを帰納的に確認する場面である。帰納的な発見は後で結果だけを聞いても共感はしにくい。そこで，ここではペアやグループで1台のタブレットを用いて操作，観察をする。ペアで使用することで気づいたことを自然と発話することになる。操作の過程での発見の感動を共有することが大切である。

1 式の展開と因数分解

2 平方根

3 二次方程式

4 関数 $y = ax^2$

5 図形と相似

6 円の性質

7 三平方の定理

8 標本調査

本時の評価

・1つの弧に対する円周角は等しいことや，円周角と中心角の関係について見出したことを発話や振り返りの文で表現していたか。

準備物

・GeoGebra を使用できるタブレット（2〜3人に1台）

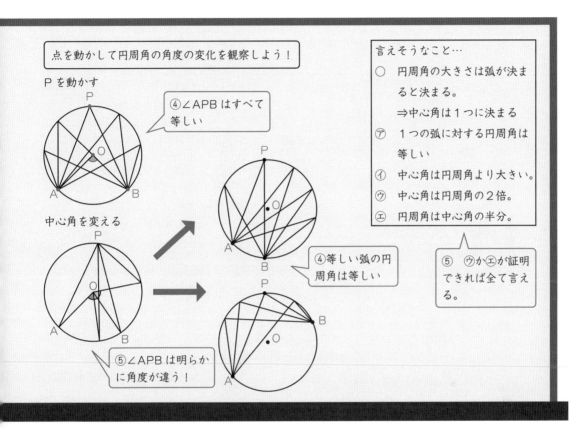

点を動かして円周角の角度の変化を観察しよう！

P を動かす

④∠APB はすべて等しい

中心角を変える

⑤∠APB は明らかに角度が違う！

④等しい弧の円周角は等しい

言えそうなこと…

○ 円周角の大きさは弧が決まると決まる。
　⇒中心角は1つに決まる
㋐ 1つの弧に対する円周角は等しい
㋑ 中心角は円周角より大きい。
㋒ 中心角は円周角の2倍。
㋓ 円周角は中心角の半分。

⑤ ㋒か㋓が証明できれば全て言える。

3 さらに点 P を動かすと？

T：中心角の角度を変えると円周角の角度も変わるようですね。では，中心角の角度を変えた後，さらに点 P を動かしたらどうなるか試してみましょう。

S：中心角を変えたところで固定すれば，点 P を動かしても円周角は変わらない。

2 の操作の中で生徒が見つけたらそれを生かし，教師からの発問はなくてもよい。

4 どんなことが言えそうかな？

本時の活動から言えそうなことを発表し，これらの気づきから次時の課題につなげる。こういった場面でも包摂関係を意識し，論理的な思考につなげたい。

T：㋐〜㋓の中で，これが証明できれば全てのことが証明できるというものはあるかな？

S：㋒が証明できれば㋑も証明できます。

S：㋒か㋓が証明できれば㋐も証明できます。

S：㋒と㋓は同じことを言っているので，どちらかが証明できれば全て証明できます。

本当に円周角は中心角の半分になるの？

4/10

・円周角が中心角の $\frac{1}{2}$ になることと，それが証明できることを理解している。

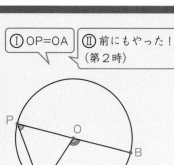

① OP＝OA　② 前にもやった！（第2時）

いつでも円周角は中心角の $\frac{1}{2}$ になるの？

P が動いたら？

【証明2】

点 P を通る直径 PQ を引き，
∠OPA＝∠a、∠OPB＝∠b
とする。
△OPA は OP＝OA の
二等辺三角形なので，
　∠OPA＝∠OAP＝∠a
∠AOQ は△OPA の
外角なので，
　∠AOQ＝∠OPA＋∠OAP
　　　　＝2∠a ……………①
同様にして∠BOQ＝2∠b…②
①、②から，
　∠AOB＝∠AOQ＋∠BOQ
　　　　＝2∠a＋2∠b
　　　　＝2（∠a＋∠b）
　　　　＝2∠APB
したがって∠APB＝$\frac{1}{2}$∠AOB

【証明1】　③ ∠OPA＝∠OAP

△OPA は OP＝OA の
二等辺三角形なので，
　∠OPA＝∠OAP
　∠AOB＝∠OPA＋∠OAP
　　　　＝2∠OPA
　　　　＝2∠APB
したがって
　∠APB＝$\frac{1}{2}$∠AOB

点 P を通る直径 PQ を引く

∠OPA＝∠OAP＝∠a

∠AOQ＝∠OPA＋∠OAP
　　　＝2∠a
　　　＝∠PAP＝∠a

> 気付きをカードにして黒板に提示した上で個別で証明を書く。

授業の流れ

1 ∠APB＝$\frac{1}{2}$∠AOB になるのかな？

T：前の時間に話題になった∠APB＝$\frac{1}{2}$∠AOB になることを証明しよう。
　ここで，3段階で生徒の自信度を確認する。反応に応じて，個人活動にするか，ヒントを出し合うかを決める。以下はヒントを出し合う場合のやりとりである。
S：△PAO は OP＝OA の二等辺三角形です。
S：二等辺三角形は底角が等しいことが使えます。
S：それ前（第2時）にも使ったね。

2 「いつでも」と言ってよい？

T：∠APB＝$\frac{1}{2}$∠AOB が言えましたね。これでいつでも円周角は中心角の $\frac{1}{2}$ と言ってよいですね！
S：この図は中心 O が PB の辺上にある特殊な場合だから，そうとは限らないと思います。
S：P が動いたら二等辺三角形ができないので，これだけではだめだと思います。

1 式の展開と因数分解

2 平方根

3 二次方程式

4 関数 $y=ax^2$

5 図形と相似

6 円の性質

7 三平方の定理

8 標本調査

本時の評価

・二等辺三角形の底角や，三角形の内角と外角の関係と結び付けることで円周角が中心角の $\frac{1}{2}$ になることと，それが証明できることを理解していたか。

準備物

・ワークシート
・タブレット

【証明3】

点 P を通る直径 PQ を引き，
∠QPA＝∠a，∠QPB＝∠b
とする。
△OPA は OP＝OA の
二等辺三角形なので，
∠OPA＝∠OAP＝∠a
よって，
∠AOQ＝∠OPA＋∠OAP
　　　　＝2∠a ……………①
同様にして∠BOQ＝2∠b…②
①，②から，
∠AOB＝∠BOQ－∠AOQ
　　　　＝2∠b－2∠a
　　　　＝2（∠b－∠a）
　　　　＝2∠APB
したがって∠APB＝$\frac{1}{2}$∠AOB

円周角の定理

① 1つの弧に対する円周角は，その弧に対する中心角の半分である。

② 1つの弧に対する円周角はすべて等しい。

※半円の弧に対する円周角は 90°である。

点 P を通る直線 PQ を引く

∠OPA＝∠OAP

∠AOQ＝∠OPA＋∠OAP
　　　＝2∠OPA
　　　＝∠PAP＝∠a

必要感のある対話を！

　1つの例だけでは不備がある場面は多くある。教師から，「他の場合も考えてみよう」と言ってしまっては，友達と対話しなくても先生の言うことを聞いていればよい，と思ってしまう。あえてここでは教師が「これでいいですね」と断定してみる。ここで，「いいでーす」とお決まりの反応になっていないだろうか。このとき，「そうとは言い切れない！　だって……」と反論するような生徒を育てたい。

　なお，場合分けして考える活動は生徒にとってなじみがないため，教師が導く必要がある。

3　それぞれの図で証明しよう！

　証明指導では，証明について論理的に考え，構想を練ったり表現したりすることが大切である。とはいえ，苦手意識を持っている生徒にとって，個人で証明を作り上げていくのは相当な抵抗がある。生徒の実態にもよるが，まずはタブレットやワークシートを用いて個人で図に気付きをメモし，それを小グループで確認した上で，カード化し，黒板に掲示する。これをヒントにして個人で証明を書けるようにする。

　最後に円周角の定理について教科書で確認する。

本時案

弧が等しければ
円周角も等しい？

・円周角の定理を理解し，いろいろな角の大きさを求めることができる。
・等しい弧に対する円周角が等しいことと，その逆を証明し，その意味を理解している。

授業の流れ

1 演習問題……あれ？

　前時までの学習の演習として問題に取り組む。(6)については何の疑問も持たずに取り組む生徒と，悩む生徒に分かれる……。

T：(6)で困っている人がいるんだけど，この人の気持ち分かりますか？

S：え？　∠APBと同じ30°じゃだめなの？

S：前回ならった円周角の定理は「1つの弧」だけど，今回は2つの弧が別々だよ。

S：でも弧の長さが等しいから等しくなりそう。

　これらのやりとりを通して本時の課題を等しい弧と円周角の関係に焦点化していく。

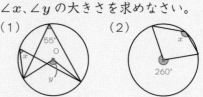

∠x、∠yの大きさを求めなさい。

（1）　　　　　　　　（2）
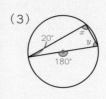

（3）　　　　　　　　（4）
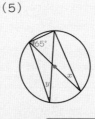

（5）　　　　　　　　（6）$\overset{\frown}{AB}=\overset{\frown}{CD}$

これはまだ分からない！

2 中心角はどうだろう？

T：何が分かれば証明できそうかな？

S：前回証明した円周角の定理が使えないかな。

S：でも円周角の定理は「1つの弧」のときだよね。

S：……中心角なら……。

T：「中心角」というつぶやきが聞こえましたが，どんな考えでしょう？

S：円周角は1つの弧からいろいろ作れてしまうけど，中心角なら，1つの弧に対して1つしかできないから……。

対話が滞ったときには教師の適切な助言を

　中心角についての決まりを用いることで，弧と円周角の定理について証明することができる。この考えが生徒から出てくることが理想だが，なかなか難しい。かといって，最初から中心角について確認していては，そうすることの良さに気づけない。こういった場合，生徒同士の対話の中のつぶやきを拾ったり，「困り感」が出たところで適切に教師が助言をすることも大切である。ポイントは生徒が困ってもいないのにおせっかいに説明するのではなく，困ったところで助言することである。

・円周角と中心角の関係が図の中のどの部分で成り立つかを明らかにしながら，いろいろな角の大きさを求めることができたか。
・等しい弧と円周角の関係について調べ，等しい弧に対する円周角が等しいことと，その逆について弧と中心角の関係をもとに証明し，その意味を理解していたか。

・ワークシート
・タブレット

弧が等しければ円周角も等しい？

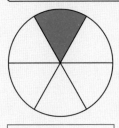

1つの円において
①等しい弧に対する中心角は等しい。
②等しい中心角に対する弧は等しい。

証明しよう！

$\overset{\frown}{AB}=\overset{\frown}{CD}$ ならば
$\angle APB = \angle CQD$

[証明]
1つの弧に対する円周角は，その弧に対する中心角の半分であるから，

$\angle APB = \dfrac{1}{2}\angle AOB \cdots\cdots①$

$\angle CQD = \dfrac{1}{2}\angle COD \cdots\cdots②$

仮定より，$\overset{\frown}{AB}=\overset{\frown}{CD}$
であるから，
$\angle AOB = \angle COD \cdots\cdots③$

①，②，③から$\angle APB = \angle CQD$

[定理] 弧と円周角
1つの円において，
①等しい弧に対する円周角は等しい。
②等しい円周角に対する弧は等しい。

逆

$\angle APB = \angle CQD$ ならば
$\overset{\frown}{AB}=\overset{\frown}{CD}$

[証明]
1つの弧に対する中心角は，その弧に対する円周角の2倍であるから，

$\angle AOB = 2\angle APB \cdots\cdots①$

$\angle COD = 2\angle CQD \cdots\cdots②$

仮定より，$\angle APB = \angle CQD \cdots③$

①，②，③から$\angle AOB = \angle COD$
等しい中心角に対する弧は等しいから，$\overset{\frown}{AB}=\overset{\frown}{CD}$

---

3 証明しよう！

T：中心角と弧について確認したことをもとに，「$\overset{\frown}{AB}=\overset{\frown}{CD}$ならば$\angle APB=\angle CQD$」になることと，その逆をペアで分担して証明しましょう。

　いよいよ証明である。今回の2つの証明は難度も使用する定理も大きく違いはないため，ペアで分担して取り組み互いに説明し合う活動とする。個人の活動で困っている生徒には同じ証明に取り組んでいるもの同士相談してもよいことにする。

4 弧と円周角についてまとめよう

　弧と円周角の定理についてまとめる。定理については教科書の表記の通り正確に確認するが，その前に一度自分の言葉でまとめる時間をとる。このことで自分の理解を確認するとともに，定理のイメージを自分のものとする。

1 式の展開と因数分解
2 平方根
3 二次方程式
4 関数 $y=ax^2$
5 図形と相似
6 円の性質
7 三平方の定理
8 標本調査

本時案

円周角と弧の長さは比例する？

⊘ 6/10

・円周角と弧の長さは比例することを見出し、それを用いていろいろな角の大きさや弧の長さを求めることができる。

授業の流れ

1 弧 BC の長さは？

T：弧 AB が 2 cm のとき，弧 BC の長さは何 cm でしょう。

S：円周角が 3 倍だから，弧も 3 倍で 6 cm じゃないかな？

T：円周角と弧がどんな関係になっていると予想しているのかな？

S：円周角が 3 倍なら，弧の長さも 3 倍。

S：2 倍なら 2 倍，3 倍なら 3 倍と比例の関係になっていると思う。

　円周角が大きくなれば弧は長くなることは直観的に分かる。そして，それは比例関係になっていることは多くの生徒が予想する。導入ではなんとなくそうじゃないかと思っていることを意識化し，本当にそう言えるかを本時の中心課題とする。

板書

弧 BC の長さは何 cm ？

①円周角が 3 倍だから弧の長さも 3 倍になるはず！

弧 AB＝2 cm なら弧 BC＝6 cm

③円周角と弧の長さは比例するのかな？

②本当に？

［演習問題］

(1) 弧AB＝$x$cm
　　弧CD＝9cm

(2) 弧AB＝3cm
　　弧CD＝4cm

(3) 弧AB＝1cm
　　弧BC＝3cm
　　弧CA＝2cm

---

2 今回も中心角から考えてみよう

T：中心角と弧の関係から考えてみよう。

S：前に等しい中心角に対する弧は等しいことは学習したよ。

S：ということは，同じ円で中心角が等しいおうぎ形はぴったり重なるね。

S：中心角が 2 倍になるとおうぎ形 2 つ分になるから，弧も 2 倍になるよ！

S：3 つ分なら 3 倍，4 つ分なら 4 倍と比例関係になっているね。

対話における説明活動

　証明では，決まったルールに則り，論理を積み上げていく。誰もが納得できる形で記述することが大切であり良さでもあるが，苦手意識があり抵抗を感じる生徒もいる。対話では，実物を示したり，相手の反応に応じ省略したりすることができる。証明に比べると曖昧さが残るが，生徒にとっては取り組みやすい。授業の中で，記述としての証明が必要な場面か，対話による説明でよい場面かを判断して活動に取り入れたい。対話による説明で確認した上で証明活動に入るということも有効である。

円周角と弧の長さは比例する？
224

1 式の展開と因数分解

2 平方根

3 二次方程式

4 関数 $y=ax^2$

5 図形と相似

6 円の性質

7 三平方の定理

8 標本調査

本時の評価

・中心角と弧の長さが比例することに着目することで、円周角も弧の長さに比例することを見出し、それを用いていろいろな角の大きさや弧の長さを求めることができたか。

円周角と弧の長さは比例するの？

中心角なら…

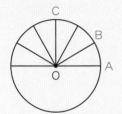

⑥中心角と円周角も比例関係

・中心角が等しければ弧の長さも等しい
・中心角が等しければおうぎ形がぴったり重なる。
・等しい中心角 2 つ分なら弧も 2 つ分の長さになる。

④いくつ分でも

⑤中心角と弧の長さは比例している

中心角の大きさと弧の長さが比例することから、円周角の大きさと弧の長さも比例する。

ところで…
弦の長さは比例するのかな？

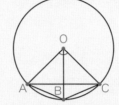

∠AOC＝2∠AOB のとき、
AC＜AB＋BC
つまり AC＜2AB
したがって中心角の大きさが2倍になっても、弦の長さは2倍にならない。

---

3 中心角でいえれば円周角でも？

T：中心角と弧の長さが比例関係ならば円周角と弧の長さも比例関係だといえますか？

S：円周角は中心角の半分だから、円周角と中心角も比例関係になっています。

S：例えば中心角が2倍、3倍…になれば円周角も弧の長さも2倍、3倍…になるということだから、円周角と弧の長さも比例関係だといえる。

円周角と弧の長さが比例することを確認した後、演習問題を行う。

4 中心角と弦は比例するのかな？

円周角と弧の長さが比例することが確認されたところで本時の中心課題は解決した。中心角と弦についても比例するのではいかと考える生徒は多いため、ここで確認しておく。

ここでは、反例をあげることで命題が成り立たないことを示す。板書中の図を示し、全体で気付きを共有しながら話し合いを進め、理解を深めていく。

本時案

円の中や外から
ぴったり撮るには？

7/10

本時の目標

・日常生活の場面で，円周角の定理の逆について考察し，表現することができる。

授業の流れ

1 P1，P2からぴったり収めるには？

　第1時では，同一円周上にあれば，画角が等しいことは分かったが，同一円周上でないときに，画角が等しくなるところがあるかどうかは分かっていない。第1時と同じ場面を使い，このことについて検討していく。

T：Pでぴったり収まっているとき，P1やP2に移動してもぴったり収めるにはどうしたらよいでしょう。

S：P1は前に出ているからそのままだとはみ出してしまうので画角を広くする。

S：P2は下がっているからそのままだと隙間ができるので画角を狭くする。

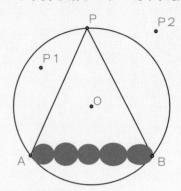

Pから写真を撮るとぴったり収まる

P1，P2から
ぴったり収めるには？

P1……ズームアウト
　　　⇒画角を広く
P2……ズームイン
　　　⇒画角を狭く

2 円の中や外からぴったり撮るためには，必ず画角を変えないといけない？

　1で考えたP1を円の中，P2を円の外と一般化し，いつでも画角を変える必要があるのか（＝画角が同じときはいつでも同一円上か）を考える。

　それぞれ，「ぴったり収まるように写真を撮る」という現実の場面を想定している。これを数学化するため，どんなことが証明されたらそのことが言えるのか（板書では〈証明すること〉）を全体で確認する。

自分から動いてアドバイスを受ける場面

　〈証明すること〉を確認した後，そこから逆に考えていくことで証明の見通しを立てていく。これを【証明で使えそうなもの】として共有した上で，実際に証明していく。この場面では，個人で考えても，自由に出歩いて相談してもよい時間とした。証明活動にも慣れ，個人で取り組める生徒が増えている一方で，まだ自信を持てない生徒もいる。必要に応じて「自分から」アドバイスを受けにいったり，自信のないところを確認したりすることで，教え合いの場面でも受け身にならないようにしたい。

1 式の展開と因数分解
2 平方根
3 二次方程式
4 関数 $y=ax^2$
5 図形と相似
6 円の性質
7 三平方の定理
8 標本調査

本時の評価

・どんなことが言えれば証明できるか考え，それを整理して円周角の定理の逆について考察し，表現することができたか。

・証明による論理的な説明の表現を振り返り，よりよく問題解決しようとしていたか。

準備物

・デジタルカメラ
・大型モニター

円の中や外からぴったり撮るには？

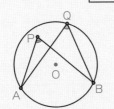

円の中からぴったり撮るときは，いつでも円周上で撮るときより画角が大きくなる？

〈証明すること〉
∠APB＞∠AQB
【証明で使えそうなもの】
AP を延長し，円 O との交点を P' とする。
・∠APB＝∠AP'B＋∠PBP'
・∠APB＞∠AP'B
・∠AP'B＝∠AQB

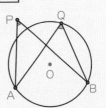

円の外からぴったり撮るときは，いつでも円周上で撮るときより画角が小さくなる？

〈証明すること〉
∠APB＜∠AQB
【証明で使えそうなもの】
BP と円 O の交点を P' とする。
・∠AP'B＝∠APP'＋∠PAP'
・∠APB＜∠AP'B
・∠AP'B＝∠AQB

定理　円周角の定理の逆
2 点 P，Q が直線 AB について同じ側にあるとき，∠APB＝∠AQB ならば，4 点 A，P，Q，B は 1 つの円周上にある。

3　2 つの証明から言えることは？

T：2 つの証明ができました。このことからどんなことが言えるかな？

S：円の中からぴったり撮るためには画角を大きくしないといけない。

S：円の外からぴったり撮るためには画角を小さくしないといけない。

S：同じ画角でぴったりとれるのは円の上だけということだ。

T：そのことは「円周角の定理の逆」として次のような定理が成り立ちます。

4　A，B，C，D が同一円周上にあるのは？

　4 点 A，B，C，D が同一円周上にあるものはどれか選択する問題に取り組み，円周角の定理の逆が理解できているか確認する。

「AP×BP」対
「CP×DP」

本時の目標

・円周角の定理を相似の証明をする必要のある
場面で活用することができる。

授業の流れ

1 結果をみて気づくことは?

T：結果をみて気づくことはありますか？

S：それぞれの AP×BP や CP×DP の値は違い
ます。

S：でもみんなの結果は僅差です。

T：どういうことかな？

S：それぞれの AP×BP や CP×DP の値は違う
けど，その差はかなり小さいです。

S：それもあるけど，AP×BP と CP×DP の値自
体も僅差です。

　実測なので誤差はあるが，AP×BP と CP×DP
の差はかなり小さくなる。このように帰納的に
決まりを予想したときは「いつでも成り立つの
か」という視点を大切にする姿勢を育てたい。

ルール
① 1人が弦を1本引き，
　Bとする。
② もう1人が弦 AB と交
　円との交点をそれぞれ
③ 弦 AB と弦 CD の交点
　と CP×DP の差が最も

51.83−51.68	49.56−48.26	52.56−51.83
0.15	1.3	0.73

32.3−31.59	43.26−42.46	51.8−51.06
0.71	0.8	0.74

みんな
きん差！

13.50−13.25

やっぱり
きん差！

極端にし
たら？

0.25

等しくな
るのか
な？

問いを課題にする導入部での対話

　導入のゲームは結果だけ出れば終わってしま
う。こんなとき，いくつかの例を見て「全部僅
差だから AP×BP と CP×DP は等しいのではない
か」と主体的に考えられるようにしたい。この
ような意見が生徒から自然と出て，他の生徒に
共有されていくことが理想だが，このような意
見が出ない場合は，教師から「何か気づくこと
は？」と投げかけることも必要である。また，
生徒の反応によっては GeoGebra を使用して本
当に等しくなりそうか調べてもよい。ただし，こ
の場合にも，操作しただけでは演繹的に説明で
きている訳ではないことから，証明することの
大切さを確認していく。

2 いつでも AP×BP ＝ CP×DP？

T：いつでも AP×BP と CP×DP は等しくなる
と言えるかな？

S：全ての場合を調べたわけではないから，
「いつでも」とは言えない。

S：証明できれば「いつでも」と言える。

T：証明に必要なことはどんなことでしょう。

S：AC，BD を結ぶと三角形が2つできる…。

1	式の展開と因数分解
2	平方根
3	二次方程式
4	関数 $y=ax^2$
5	図形と相似
6	円の性質
7	三平方の定理
8	標本調査

本時の評価

・実験を通して，AP×BP ＝ CP×DP であると予想し，相似の証明をする必要のある場面で，円周角の定理を活用して論理的に考え，表現することができたか。

準備物

・電卓
・GeoGebra を使用できるタブレット

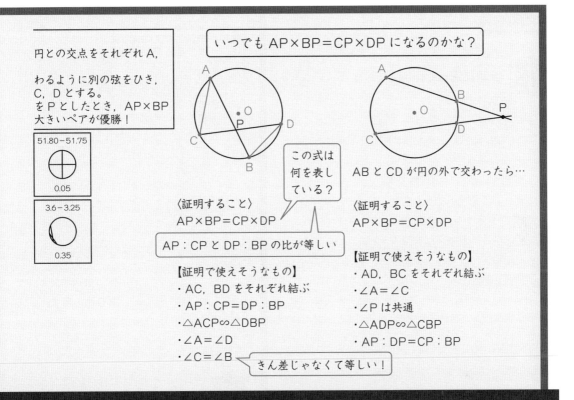

---

3 ABとCDが円の外で交わったら?

　導入の問題ではAB と CD は円の中で交わる条件となっているが，より一般化するために，円の外で交わる場面を設定する。この問題は，生徒の実態に応じて全体で条件を確認してから証明に取りかかっても，演習問題として最初から個人で取り組んでもよい。

　個々で証明したものは，グループ内で見合い，内容に過不足がないか確認し，よりよいものにしていく。

4 方べきの定理

　本時の内容は「方べきの定理」に関連している。この定理自体は高等学校数学の学習内容であるが，1 つの問題を一般化していくとより高度な数学につながるという意味で最後に紹介してもよい。

【方べきの定理】

①円の 2 つの弦 AB，CD の交点，またはその延長の交点を P とすると，PA×PB = PC×PD

②円の弦 AB の延長と円周上の点 T における接線が点 P で交わるとき，PA×PB = PT²

作図から
読み取ろう！

9/10

・円周角の定理を手順にそって円の外側にある
 1点を通る円の接線を作図する場面で活用
 することができる。

授業の流れ

1 手順に沿って作図してみよう

まず，手順にそって作図してみる。
T：PA，PBはどんな直線ですか。
S：円Oの接線だと思います。
S：点Pを通る円Oの接線です。
T：どうしてそう思いましたか。
S：どうして……見た目で，円Oに交わら
　　ず，離れてもいないからです。
　この段階では，接線らしいものは引けたがそ
れが本当に接線と言えるのか，なぜこの方法で
接線が引けるのかははっきりしない。このはっ
きりしない思いを本時の課題につなげる。

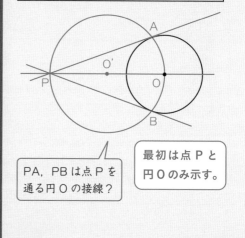

次の手順に従って作図しましょう。
① 点P，Oを結び，線分POの中点
　 O'を求める。
② O'を中心として半径O'Pの円を
　 かき，円Oとの交点をそれぞれA，
　 Bとする。
③ 直線PA，PBをひく。

PA，PBは点Pを
通る円Oの接線？

最初は点Pと
円Oのみ示す。

---

2 なぜこの手順で接線が作図でき
　　 るの？

　この段階で多くの生徒が接線であることを認
めているため，「PA，PBは円Oの接線である」
ということを命題として証明活動を行う。
　本時の展開としては，「点Pを通る円の接線
をかく」という課題から作図の手順を考える，
という展開も考えられる。しかし，この展開で
は，たまたま思いついた生徒や，先行知識のあ
る生徒しか取り組むことができない。手順は教
え，それで作図できそうだと見通しを立てた上
で，その理由を考えることで，全員が作図の根
拠について考えることができる。

ホワイトボードを用いたグループ対話

　ホワイトボードを用いたグループ活動は多く
の教室で行われているだろう。ホワイトボード
を用いることでグループの対話が活性化するこ
とは確かである。しかし，そこで大切なこと
は，何のためにそのような形の対話活動を行う
かという目的である。
　本時は，短時間の個人活動で見通しを立てた
後にグループ活動を取り入れている。証明に必
要な定理などを共有することで，自信をもって
証明活動に取り組めるようにする。

1 式の展開と因数分解

2 平方根

3 二次方程式

4 関数 $y=ax^2$

5 図形と相似

6 円の性質

7 三平方の定理

8 標本調査

本時の評価

・円の外側にある1点を通る円の接線を作図する方法を知り，その方法で接線が引けることを円周角の定理を活用して論理的に考え，表現することができたか。

グループごとのホワイトボード。
実際には書き込みがある。

作図から読み取ろう！

PA＝PB？

㋐なぜこの手順で接線が作図できるの？

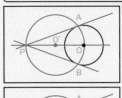

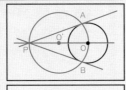

㋑PA，PBについて他に言えそうなことは？

△PAOと△PBOにおいて，
㋐より，∠PAO＝∠PBO＝90°……①
POは共通………………………②
また，円Oの半径なのでOA＝OB…③
①，②，③より，直角三角形の斜辺と他の一辺がそれぞれ等しいから，
△PAO≡△PBO
したがって，PA＝PB

PA，PBのことをこの接線の長さという。

【証明すること】
∠PAO＝∠PBO＝90°

【証明】
OAとOBを結ぶ。
円O'において，∠PAOと∠PBOは半円の弧に対する円周角なので，
∠PAO＝∠PBO＝90°
したがって，PA⊥OA，PB⊥OB
OA，OBは円Oの半径なので，PA，PBは円Oの接線になる。

円の外部のある1点からこの円に引いた2本の接線の長さは等しい

---

3 PA，PBについて他に言えそうなことは？

T：PA，PBについて他に言えそうなことはありますか？

S：PAとPBは等しい。

T：そのことについて証明してみましょう。

　1つの命題を証明することで，新たな命題が発見されることがある。証明がゴールではなく，そこから発展させていく姿勢は常に大切にしていきたい。

4 こんな問題できるかな？

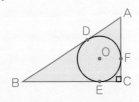

① AD＝4cmのときAFの長さは？

② AB＝10cm，AF＝4cmのとき，BDの長さは？

③ AB＝10cm，BC＝8cm，CA＝6cmのとき，円Oの半径は？

本時案

一か所に決める
には？

10/10

10/10

本時の目標

・円周角の定理を，地図上の1カ所を決める
場面で活用することができる。

授業の流れ

1 自分の位置を知る方法は？

導入では，GPS のない時代から，六分儀と
海図等を用いて天体と地平線との間の角度から
現在位置を確認していることを紹介する。厳密
にはこの方法とは異なるが，教師が実際にある
場所で角度を測ったデータをもとに，それがど
こなのか地図上で探す活動を行う。なお，教師
はこぶしを用いる方法※でだいたいの角度を測
定した。

T：どんな道具を使ったら分かりそうですか。

S：地図上で分度器で測ればよい。

S：直線を引くのに定規もいる。

T：それでは，地図を分けるので実際に探して
　みましょう。

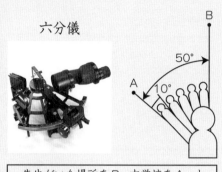

六分儀

B

50°

A 10°

先生がいた場所をP，中学校をA，小
学校をBとすると，∠APB＝100°でした。
先生はどこから測ったでしょうか。
※PはA，Bより北側にあります。

・分度器で測る　　・三角定規をつかう

一か所に決まらない！

・3か所を通る円の上
・円周角が100°
・中心角が200°

この話だけ
では分から
ない！

※写真協力：タマヤ計測システム

※こぶしを用いて角度を測る

理科で星の高度を測る際，以下のような方法
を用いることがある。今回はこれを水平方向に
応用した。

① 左側の目標物に左こぶしの小指がわを合わ
　せる。

② 右側の目標物までこぶしを重ねていく。

③ こぶし1つ分を10°として測定する。

地図上の角度と比べても大きく変わらない値
で測定できた。見通しのよいところから，ある
程度の距離のあるものを目標物にする必要はあ
るが，実際に地図上の場所をある程度の精度で
特定することができるので，ぜひ挑戦してみて
ほしい。

2 あれ？　一カ所に決まらないよ！

∠APB＝100°になるところを探しても，1
カ所に決まらないことが分かる。その理由につ
いて意見交流する。

T：なんで角度が分かったのに場所が決まらな
　いのでしょう。

S：∠APB＝100°になる場所はいっぱいある。

S：A，P，Bを通る円の円周角が80°の場所に
　ある。円周角はいくつもできるから1カ
　所に決まらない。

本時の評価

・円周角と中心角の関係を用いて，地図上の1カ所を決める方法について，円周角の定理を活用して論理的に考え，表現することができたか。
・円周角の定理についてこれまで学習してきたことの良さに気づいて粘り強く考え，生活に生かそうとしていたか。

準備物

・六分儀の写真
・地域の地形図

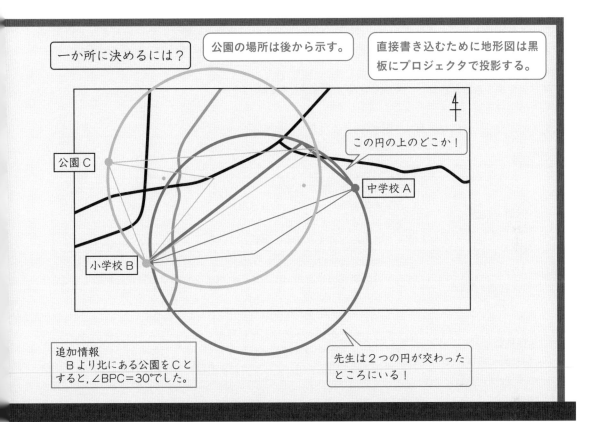

一か所に決めるには？

公園の場所は後から示す。

直接書き込むために地形図は黒板にプロジェクタで投影する。

この円の上のどこか！

中学校A

公園C

小学校B

追加情報
Bより北にある公園をCとすると，∠BPC＝30°でした。

先生は2つの円が交わったところにいる！

3 円をかいてみよう！

T：A，B，Pを通る円の中心を見つけて円をかいてみよう。
S：ABを底辺とした底角10°の二等辺三角形の頂点が円の中心になる。
T：どうしてそうなるのかな？
S：△OABは二等辺三角形。
S：中心角が200°だから，二等辺三角形の頂角は160°で，底角は10°。
T：それでは，実際に二等辺三角形を書いて中心Oを作図してみましょう。

4 もう1カ所増やせば？

　2カ所からの角度のみでは分からないことを共有したところで，もう1ヵ所の情報を伝える。**3**と同様（こちらは中心角60°，底角60°）に円をかくことで，2つの円が交わったところが教師のいたところだと分かる。2点で交わるが，1点は小学校なので，残る1点が求める場所である。

7 三平方の定理 　13時間扱い

単元の目標

- 三平方の定理は直角三角形の3辺の長さの関係を表しており，測量の分野でも用いられるなど活用される範囲が広い定理である。三平方の定理については，数学的活動を通して，次の事項を身に付けることを目標とする。
- 三平方の定理の意味を理解し，それが証明できることを知る。
- 三平方の定理を見いだす。
- 三平方の定理を具体的な場面で活用する。

評価規準

知識・技能	①三平方の定理の意味を理解し，それが証明できることを知っている。 ②三平方の定理を用いて，直角三角形の2辺の長さから残りの1辺の長さを求めることができる。 ③三平方の定理の逆の意味を理解している。
思考・判断・表現	④三平方の定理を見いだすことができる。 ⑤三平方の定理の逆を用いて三角形が直角三角形であるかを判断することができる。 ⑥三平方の定理を具体的な場面で活用することができる。
主体的に学習に取り組む態度	⑦三平方の定理のよさを実感して粘り強く考え，三平方の定理について学んだことを生活や学習に生かそうとしたり，三平方の定理を活用した問題解決の過程を振り返って評価・改善しようとしたりしている。

指導計画　全13時間

次	時	主な学習活動
第1次 三平方の定理	1	三平方の定理を面積の視点から理解する。
第2次 三平方の定理の逆	2	三平方の定理の逆を用いて三角形が直角三角形かを判断する。
第3次 平面図形における三平方の定理の利用	3	特別な直角三角形の辺の比を利用して問題解決する。
	4	三平方の定理を用いて2点間の距離を求める。
	5	三平方の定理を用いて面積の比較を行う。
	6	図形の多様な見方が出来るようになる。
	7	折り紙を使用し，具体的な操作をすることで三平方の定理につなげる。
第4次 空間図形における三平方の定理の利用	8	空間図形を平面図形に置き換えて考える。
	9	空間図形の中に直角三角形を見いだす。

1
式の展開と因数分解

2
平方根

3
二次方程式

4
関数 $y=ax^2$

5
図形と相似

6
円の性質

7
三平方の定理

8
標本調査

第 5 次 三平方の定理を用い た問題解決	10	三平方の定理を用いて問題を解決する。
	11	空間図形の中に直角三角形を見いだす。
	12	存在しない直角三角形を作り出すことで問題を解決する。
	13	三平方の定理を利用して富士山の見える範囲を推測する。

単元の基礎・基本と見方・考え方

(1)単元について概観

　三平方の定理は直角三角形の 3 辺の長さの関係を表しており，数学において重要な定理である。測量の分野で用いられるなど活用される範囲が極めて広い定理である。本単元では，様々な図形の性質を証明することの延長として三平方の定理を扱うとともに，直角三角形だからこそ成り立つ関係の美しさとその活用の広さに触れさせたい。そのためには，直角三角形でない一般の三角形と対比して取り扱うこと，また，多様な応用場面を取り扱っていくことが肝要である。

(2)三平方の定理とその逆の導出と証明

　三平方の定理の証明においては，図形と数式を関連付けて把握することが大切である。そのために，直角三角形の各辺を 1 辺とする 3 つの正方形の面積の関係を最初に取り扱い，図形的な意味を考える中で文字式へと定式化していく展開としている。その際，特殊な直角二等辺三角形から取り扱い，操作や実験等の活動を通して，特殊な場面から一般化していく流れにした。そして，特殊な直角三角形については，既習である平方根で取り上げた内容を振り返り，それが活用できる場面を設定した。既習を振り返りながらそれを活用していくこと，また，特殊化して考えたり，一般化して考えたりする見方・考え方を大切にしていきたい。

　次に，三平方の定理の逆については，「直角三角形以外でも，$a^2+b^2=c^2$ は成り立つのか」といった発展的な問いから立ち上げた。そして，直角三角形以外では成り立たないことを明確化していき，その事実の言い換えとして三平方の定理の逆を導入した。

(3)三平方の定理の活用

　三平方の定理の活用については，平面図形における活用，空間図形における活用を取り扱うことになる。また，折り紙を折るといった操作的活動を取り扱うとともに，座標平面上での活用例についても取り上げる。様々な問題場面において三平方の定理を活用し，求めたいものを直接測らなくても，直角三角形に着目して定理を活用することによって求めることができる点を大切にしていきたい。

　さらに，三平方の定理は，日常生活の中でも幅広く活用される。「富士山が見える範囲はどこまでか」「建物の高さを測るにはどうすればよいか」等の題材を取り上げた。日常生活に活用するためには，現実の問題場面を理想化・単純化することで，三平方の定理が使用可能な状況へと数学化しなければならない。理想化・単純化等で仮定を設定することで，数学的に考察が可能になることを感得することが大切である。さらに，数学的に解決された結果は，そのまま現実に活用できるかどうかを解釈・検討する必要がある。現実に適合しない場合は，修正して，もう一度数学化をしていくことになる。このように，たたき台をつくり，それを検討・修正していくといった学習習慣を身に付けさせていきたい。

本時案

三平方の定理を面積の視点から理解する

本時の目標

・三平方の定理の意味及び三平方の定理が証明できることを理解することができる。
・三平方の定理を用いて，直角三角形の2辺の長さから残りの1辺の長さを求めることができる。

直角三角形において，各辺の周りにできる3つの正方形には，どのような関係があるか。

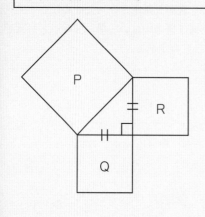

「面積に着目する」
P＝Q＋Rになっているのでは？

確かめよう！
直角二等辺三角形なので，
2辺を1にすると，
もう1つの辺は$\sqrt{2}$

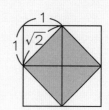

平方根で面積2の正方形をつくった!?

他の直角三角形では？
1，2の直角三角形は？

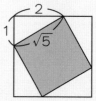

平方根で面積5の正方形をつくった!?

Q＝1×1，R＝2×2のとき Q＋R＝5

$3 \times 3 - 4 \times (1 \times 2 \times \frac{1}{2}) = 5$

P＝5　　　　成り立つ！

授業の流れ

1 3つの正方形にはどのような関係があるでしょう？

S：P＝Q＋Rとなっていると思う。
S：なんで？　1辺の長さが出ていないから計算できないよ。
T：面積に着目してみよう。
S：平方根の授業で面積が2の正方形を作ったから，その考えが使えると思うよ。

　生徒には，面積図を用いた証明方法につながる前段として，視覚的な情報処理を行い，数通りの証明を行うことで三平方の定理の成り立ちや奥深さに触れられる機会としたい。

2 他の直角三角形では？

T：平方根の学習の時，他の面積でも考えたよね？　面積5の正方形を作ったの覚えている？
S：直角二等辺三角形のときみたいに確かめてみよう。
S：同じように成り立つことが確認できた。
S：具体的に辺の長さを代入してみたら関係性が分かるかも。
S：平方根の学習の時の考え方が使われている。

本時の評価

・三平方の定理の意味及び三平方の定理が証明できることを理解することができたか。
・三平方の定理を用いて，直角三角形の2辺の長さから残りの1辺の長さを求めることができたか。

1 式の展開と因数分解

2 平方根

3 二次方程式

4 関数 $y=ax^2$

5 図形と相似

6 円の性質

7 三平方の定理

8 標本調査

一般の直角三角形で考えると……

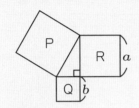

┌─ 三平方の定理 ─────────
│ 直角三角形の各辺の長さを a, b, c（cは
│ 斜辺の長さ）とすると P＝Q＋R の式は
│ $a^2+b^2=c^2$
└────────────────────

$R=a\times a$
$Q=b\times b$
$P=(a+b)^2-4\times\dfrac{1}{2}ab$
$\quad=a^2+b^2$
P＝Q＋R

$P=4\times\dfrac{1}{2}ab+(a-b)$
P＝Q＋R

練習問題
次の直角三角形で x の値を求めなさい

①

$x^2=3^2+4^2$
$x^2=9+16$
$\quad x=5$

②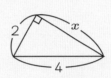

$x^2+2^2=4^2$
$x^2=16-4$
$\quad=12$
$\quad x=2\sqrt{3}$

3 　一般の直角三角形で考えると？

S：まず，正方形 P，Q，R の1辺の長さをそれぞれ文字でおいてみよう。

S：私は大きな正方形から三角形を引いて考えて見たよ。

S：私は正方形の中に小さな直角三角形と，小さな正方形を作って面積で考えたよ。

S：さっきまでと同じでやっぱり関係性は P＝Q＋R になったよ。

S：他にも考え方はあるかな？

机間指導で生徒が図形における着目した点を確認する

　自分が図形や数値，数式のどの部分に着目して思考を巡らせたかを言語化，アウトプットすることの必要性を意識させたい。

　学びの展開として，他者の着目する点がどこなのか，何なのかを共有する場面を意識的に設定したい。そのために机間指導を行い，「図形をどのように分割したの？」「どこの長さに着目したの？」と声かけをすることで，生徒に意識的に図形のどこに着目したかを表現させる。

本時案

定理の逆を考える

本時の目標

・三平方の定理の逆の意味を理解し，それを用いて三角形が直角三角形であるかどうかを判断することができる。

直角三角形以外では三平方の定理は成り立つ？

ノート上で作図した三角形の長さをもとに面積を計算する

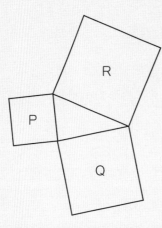

どんな三角形でも三平方の定理は成り立つか説明してみよう。

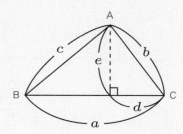

$$b^2 = d^2 + e^2 \quad \cdots\cdots\cdots ①$$
$$(a-d)^2 + e^2 = c^2 \cdots ②$$

①，②より

$$a^2 + b^2 - 2ad = c^2$$
$$a^2 + b^2 > c^2$$

授業の流れ

1 実際に図形を作図する体験

3辺の長さを指定し，実際に三角形を作図することも経験させたい。学習した，三平方の定理の等式にならないといった，式の上だけでの確認ではなく，自分で手を動かすことで直角三角形になるか，ならないかを経験できることは大切だと考える。

その上で，本当にどんな場合も成り立たないのかを検証してみたいといったように意欲的に生徒に取り組ませたい。

2 どんな三角形でも三平方の定理は成り立つ？

T：（自分でかいた三角形の各辺をもとに計算した後）実際の数値で計算してみると成り立たないことが分かりますね？

S：どんな場合でもとなると，文字を使って証明しないと説明できない。

T：補助線を用いて考えて見ましょう。

S：2つの直角三角形で三平方の定理を使ってみたらどうだろう？

S：等式ではなく，不等式になるね。

・三平方の定理の逆の意味を理解し，それを用いて三角形が直角三角形
あるかどうかを判断することができたか。

・定規
・コンパス

1　式の展開と因数分解

2　平方根

3　二次方程式

4　関数 $y=ax^2$

5　図形と相似

6　円の性質

7　三平方の定理

8　標本調査

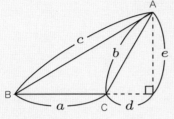

$b^2=d^2+e^2$ ………③

$(a+d)^2+e^2=c^2$…④

③，④より

$a^2+b^2+2ad=c^2$

$a^2+b^2<c^2$

三平方の定理の逆

「$a^2+b^2=c^2 \Rightarrow \angle c=90°$」

↓見方を変えると

直角三角形のときのみ

三平方の定理が成り立つといえる

[練習問題]

次の長さを3辺とする三角形は
直角三角形といえますか

（ア）4，5，6

$4^2+5^2>6^2$

（イ）8，15，17

$8^2+15^2=17^2$

（ウ）$\sqrt{6}$，3，4

$(\sqrt{6})^2+3^2<4^2$

（エ）$\sqrt{11}$，5，6

$(\sqrt{11})^2+5^2=6^2$

---

3 鈍角三角形にしてみたらどうだろう

S：さっきと同じように文字を用いることで証
　明できると思う。

S：具体的な長さでも，文字を使っても両方証
　明することができた。

S：鋭角三角形，鈍角三角形のどちらの場合も
　成り立たないことが分かった。

T：これで直角三角形だけで成り立つことが確
　認できましたね。

4 鋭角三角形，鈍角三角形の判
断はできますか？

S：$a^2+b^2=c^2$の関係性をさっき勉強したか
　ら（イ）は直角三角形だと思います。

S：等式にならない（ア）は直角三角形にはなら
　ないと思います。

T：直角三角形にならないことの確認はできた
　けど鋭角 or 鈍角の判断はできますか？

S：不等号の向きで判断できると思います。

本時案

特別な直角三角形の辺の比を利用して問題解決をする

3/13

・三平方の定理や特別な直角三角形の辺の比を利用して，長さを求めることができる。

未知の長さを求めるにはどうすればよいのだろう？

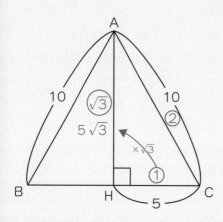

三平方の定理で求めた後に比の値の関係を書き込む。

$$AH = \sqrt{10^2 - 5^2}$$
$$= 5\sqrt{3}$$
$$\triangle ABC = \frac{1}{2} \times 10 \times 5\sqrt{3}$$
$$= 25\sqrt{3}$$

練習

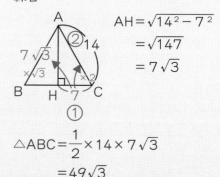

$$AH = \sqrt{14^2 - 7^2}$$
$$= \sqrt{147}$$
$$= 7\sqrt{3}$$

$$\triangle ABC = \frac{1}{2} \times 14 \times 7\sqrt{3}$$
$$= 49\sqrt{3}$$

1辺の長さが 10 cm の正三角形 ABC の面積を求めましょう。

高さが必要なことに段階で目標（問い）を提示する。

授業の流れ

1 △ABC の面積を求めるためには何が分かればいいだろう？

S：三角形の面積なので底辺と高さが必要になると思います。

S：この場合の高さってどこになるの？

S：垂線を引くと AH が高さになる。

S：△AHC（△AHB）が直角三角形になるので，三平方の定理が使えて高さが求められると思います。

T：三平方の定理を使って，面積を求めることができますね。

2 正三角形の高さ，正方形の対角線から見えてくる関係は？

S：正方形の対角線はいつも 1 辺の $\sqrt{2}$ 倍。

S：正三角形の高さは 2 問とも HC の $\sqrt{3}$ 倍になっている。

S：それぞれ比の関係を整理してみると 1：1：$\sqrt{2}$ と 1：2：$\sqrt{3}$ となっている

S：正三角形の半分では 1：2：$\sqrt{3}$，正方形の半分では 1：1：$\sqrt{2}$ だ。

T：この 2 つの三角形，どこかで見たことはありませんか。

S：三角定規！

---

1 式の計算

2 平方根

3 2次方程式

4 関数 $y=ax^2$

5 図形と相似

6 円の性質

7 三平方の定理

8 標本調査

本時の評価

・三平方の定理や特別な直角三角形の辺の比を利用して，長さを求めることができたか。

準備物

・三角定規

1辺の長さが10cmの正方形の対角線の長さを求めなさい。

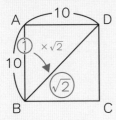

$$BD = \sqrt{10^2 + 10^2}$$
$$= \sqrt{200}$$
$$= 10\sqrt{2}$$

練習

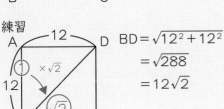

$$BD = \sqrt{12^2 + 12^2}$$
$$= \sqrt{288}$$
$$= 12\sqrt{2}$$

今日分かったことは？
・三平方の定理は，長さを求める際に活用できる！
・2つの定数の辺の比が分かった。

1組の三角定規は，1辺の長さが等しくなるように作られている。

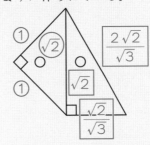

$$\dfrac{2\sqrt{2}}{\sqrt{3}}$$

$$\sqrt{2}$$

$$\dfrac{\sqrt{2}}{\sqrt{3}}$$

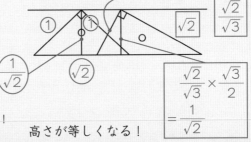

$$\dfrac{\sqrt{2}}{\sqrt{3}} \times \dfrac{\sqrt{3}}{2}$$
$$= \dfrac{1}{\sqrt{2}}$$

高さが等しくなる！

---

3 具体的な例（数値）のよさ

文字での説明が増え，より抽象的になっていく中学校数学において，既習の図の利用や具体的な数値に置き換えることは生徒にとってもイメージがしやすいと考える。生徒一人ひとりにおける着目する辺，角度や，気付きやすい数値を明確にすることで，それが問題解決のどこにつながっているかを意識させてあげたい。

4 2つの三角定規の中にある等しい長さの辺を見つけよう

S：三角定規をくっつけてみました。
S：高さが同じになりました。
S：さっきの辺の比を図に書き込んでみました。
S：直角二等辺三角形の1つの辺が分かれば，もう一つの三角定規の辺も分かるってことですね。
T：実際に数値を代入して計算してみよう。

本時案

三平方の定理を用いて 2 点間の距離を求める

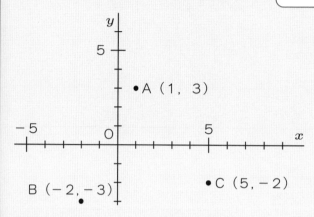

本時の目標

・三平方の定理を用いて 2 点間の距離を求めることができる。

黒板に 3 点 A，B，C をプロットする。プロットした後に課題を提示する。

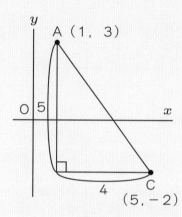

$AC = \sqrt{5^2 + 4^2}$
$\quad\ = \sqrt{41}$
$AB = 3\sqrt{5}$

座標平面上に，3 点 A(1，3)，B(−2，−3)，C(5，−2) をとるとき，線分 AB と線分 AC では，どちらが長いでしょうか。

授業の流れ

1 それぞれの辺の長さはどう比べられますか?

S：コンパスで長さを測る。

S：定規で長さを測る。

S：座標平面上であれば長さを計算できる。

　図形の問題において，生徒のもつ「きっとこうだろう」という視覚からくる判断も解決に取り入れたい。感覚的な判断から，数値を用いた根拠を明確にした判断を行いたい。

S：同じくらいに見えるんだけど実際にはどうなんだろう。正確に比べるにはどうしたらいいんだろう。

2 AC の長さを求めてみよう

S：x 軸，y 軸に垂線を下ろして直角三角形を作れば三平方の定理で長さを求められる。

S：マスを数えれば長さは分かると思います。

　実際にはまだ目に見えていない図形を生み出すために既習内容である直角三角形に結び付けることを意識させたい。(補助線を用いることで，今までの知っている図形にすること。)

1 式の展開と因数分解

2 平方根

3 二次方程式

4 関数 $y=ax^2$

5 図形と相似

6 円の性質

7 三平方の定理

8 標本調査

本時の評価

・三平方の定理を用いて 2 点間の距離を求めることができたか。

> 目盛りを使用しないで長さを
> 求める生徒を拾い上げたい。

座標のみに着目すると？

$$AC=\sqrt{(5-1)^2+\{3-(-2)\}^2}$$
$$=\sqrt{41}$$

$$AB=\sqrt{\{1-(-2)\}^2+\{3-(-3)\}^2}$$
$$=\sqrt{9+36}$$
$$=\sqrt{45}$$
$$=3\sqrt{5}$$

今日分かったことは？

・三平方の定理は，座標平面上の
　2点間の距離を求める際に
　活用できる。

[練習問題]

次の2点間の距離をそれぞれ求めなさい

（1）A(2, 5)　B(−1, 1)

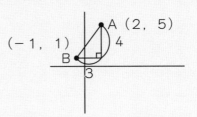

$$AB$$
$$=\sqrt{9+16}$$
$$=\sqrt{25}$$
$$=5$$

（2）C(−2, 2)　D(3, −2)

$$CD=\sqrt{\{3-(-2)\}^2+\{-2-2\}^2}$$
$$=\sqrt{41}$$

3 座標のみに着目してみると
どうだろう？

S：座標軸を使って三平方の定理を用いなくて
　も長さを求めることができた。

S：AC の x 座標だけに着目すると 5 − 1 =
　4 となる。

S：じゃあ y 座標の方は 3 −（− 2）＝ 5 だね。

S：これなら座標軸を使って直角三角形をかか
　なくても長さが求められるね。

4 あなたはどちらで考えますか？

T：この 2 問を解く際にはさっき上がった図
　形の捉え方を参考にしながら自分なりにや
　りやすさを意識してみよう。

S：直角三角形をかき込む方が見える化されて
　やりやすい。

S：数値だけで考えられるから座標の方がやり
　やすい。

S：符号を意識しないといけないので，座標で
　考える場合には注意が必要だと思う。

本時案

三平方の定理を用いて面積の比較を行う

5/13

本時の目標

・三平方の定理のから三角形の高さ，面積を求めることができる。

特別な比が使えないとき，
どうやって高さを求めるか？

①正三角形

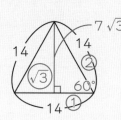

②三角形

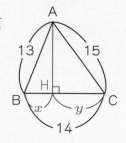

2つの三角形の面積を求め，
どちらが大きいか比較してみよう。

特別な比が使えないことが
確認された段階で目標を提示する。

垂線を引く流れの中で，図形にもかき
込み，直角三角形を見える化する

〈面積を求める方向性〉

1. 特別な比が使えそう

2. 特別な比が使えなさそう

3. どのように直角三角形を見いだせばいいのかな

・前みたいに垂線を引いてみて
直角三角形を作って考えた

① $14 \times 7\sqrt{3} \times \dfrac{1}{2}$
  $= 49\sqrt{3}$

授業の流れ

1 面積を比較する上での問題解決の方向性は？

S：それぞれの面積を計算するために高さ，底辺を求める。

S：左側は正三角形だから，この前学習した特別な直角三角形の比が使えそうだ。

S：高さを求めるから直角三角形をつくって三平方の定理を使いたい。

S：直角三角形をつくるために垂線を引いて考えてみる。

2 ①の面積はどう考えればよいですか？

S：①は30°，60°，90°の直角三角形だから1：2：$\sqrt{3}$ の比を利用して考えられるね。

S：対応する辺の比を考えればよいね。

S：私は垂線を引いて直角三角形をつくって考えました。

S：三平方の定理を利用しても長さは確認できるね。

本時の評価

・三平方の定理から三角形の高さ，面積を求めることができたか。

② $\widehat{AH^2} + x^2 = 169$
$\widehat{AH^2} + y^2 = 225$
AH が共通なので
$\underwave{169 - x^2 = 225 - y^2}$

・文字が2つ残って
しまうので解けない
・文字が1つなら解ける
のに

BH と HC の関係性に着目すると
BC ＝ 14 なので，HC ＝ x とおくと
BH ＝ 14 － x

$$169 - (14 - x)^2 = 225 - x^2$$
$$169 - 196 + 28x - x^2 = 225 - x^2$$
$$28x = 252$$
$$x = 9$$

AH ＝ $\sqrt{225 - 81} = \sqrt{144}$
$$= 12$$

$$14 \times 12 \times \frac{1}{2} = 84$$

今日分かったことは？

・特別な比が使えなくても，三平方の定理を2回用いれば，高さが求められる。

---

3 ②の面積はどう考えればよいですか？

S：BH ＝ x, HC ＝ y として考えたけど，文字が残って求められません。

S：でも AH が共通する辺だから方程式が立てられるよ。

S：$AH^2 = 169 - BH^2$
　　$AH^2 = 225 - CH^2$

S：文字が2つ出てくるけど，他に考え方はないかな？

4 BH と HC の関係性は？

S：BH ＝ x, HC ＝ y とすると文字が2つになってしまう。

S：BC ＝ 14だから，CH ＝ x, BH ＝ 14 － x としてみたらどうかな？

S：確かにそうすると文字が1つだけで解決できる。

S：同じ図形，辺なのに見方を変えると式の表し方も変わるね。

1 式の展開と因数分解

2 平方根

3 二次方程式

4 関数 $y = ax^2$

5 図形と相似

6 円の性質

7 三平方の定理

8 標本調査

本時案

図形の多様な見方ができるようになる

相似の考え方にふれながら提示

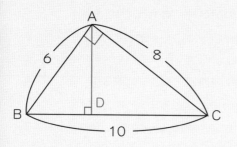

三平方の定理以外の方法で解けないかな？

直角三角形 ABC の頂点，A から BC に垂線を下ろします。BD の長さを求めなさい。

三平方の定理を用いる
BD を x とおくと CD＝$10-x$
$$36-x^2＝64-(10-x)^2$$
$$＝64-(100-20x-x^2)$$
$$36＝64-100+20x$$
$$20x＝72$$
$$x＝\frac{18}{5}→計算が大変$$

相似の考え

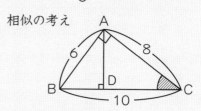

△ABC∽△DBA
AB：BC＝DB：BA
6：10＝x：6
$$x＝\frac{18}{5}$$
計算が簡単！ 8はいらない

三平方の定理を用いた方法の大変さを確認した後に，目標（問い）を提示する。

授業の流れ

1 どうやったら求まるかな?

S：三平方の定理を使えると思います。
S：どうやって使うのですか。
S：前時の考えが使えます。
S：BD＝x と置いて，2 つの直角三角形で三平方の定理を 2 回用います。
S：AD の 2 乗が 2 通りで表せますね。

2 例 (3) の逆は正しい?

S：逆は「6 つの内角が120°ならば正六角形」なので，正しいと思います。だって，正六角形はすべての内角も120°だから」
S：いや，それじゃ正六角形であることが前提になってしまっているよ。反例はあるよ。
S：そうか。なんとなく正六角形にこだわってたから反例が見つからなかったのか！
　頭の中だけで前提を逆にすることは難しいので，できていなかった経験を自覚することが大切である。そのためにも対話を生かしたい。

1 式の展開と因数分解

2 平方根

3 二次方程式

4 関数 $y=ax^2$

5 図形と相似

6 円の性質

7 三平方の定理

8 標本調査

本時の評価

・三平方の定理や相似な図形の考え方を活用して，図形を多様な視点で見ることができたか。

練習問題

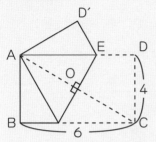

折り返したことでできた辺 AE の長さを求める

三平方の定理を活用

今日学んだことは？

・長さを求める際は，三平方の定理の他に，相似の考えを用いることもできる。

相似を活用

AC⊥EO だから∠AOE＝90°

∠ADC＝90°

共通な角は等しいので

∠EAO＝∠CAD

よって

△AOE∽△ADC

AE：AC＝AO：AD

AE：$2\sqrt{13}$＝$\sqrt{13}$：6

$AE=\dfrac{13}{3}$

△AED' に着目すると

$AE^2=AD'^2+ED'^2$

$=4^2+(6-AE)^2$

$AE=\dfrac{13}{3}$

3 相似な図形，三平方の定理を用いて AE の長さの求め方を考えよう

S：AC⊥EO だから△AOE∽△ADC

S：AE：AC＝AO：AD

AE：$2\sqrt{13}$＝$\sqrt{13}$：6

$AE=\dfrac{13}{3}$

T：三平方の定理を用いた人はいますか？

S：AE：x，ED＝$6-x$ として考えました

S：△AED' に着目すると $AE^2=AD'^2+ED'^2$

授業中における図形の見方や着目するポイントを意識する

　直角三角形のときは三平方の定理を活用する。2 組の角がそれぞれ等しいときは 2 つの三角形は相似である。

　1 つの問の中の図形の見方や着目するポイントを共有して問題解決する手立てをもてるように授業中は意識したい。

本時案

具体的操作を解釈し
三平方の定理と繋げる

本時の目標
・相似な図形，三平方の定理を用いて長さや面積を求めることができる。

> 生徒用には 8 cm×8 cm の正方形を配付

> 黒板に 80 cm×80 cm の正方形の模造紙を貼る

折り紙を1回折ることで，どこの長さがわかるかな？

> 各辺の値は都度追加していく

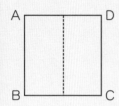

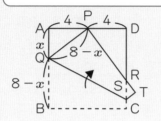

AQ，PQ の長さを求めてみよう

$$x^2 + 4^2 = (8-x)^2$$
$$x^2 + 16 = 64 - 16x + x^2$$
$$16x = 48$$
$$x = 3$$
$$AQ = 3$$
$$PQ = 8 - 3 = 5$$

AQ，PQ，QB の長さがわかる

　1辺が8cm の正方形の折り紙です。これを点Bが辺 AD の中点に重なるように折ります。
どこの長さがわかるかな？

AP，PD は OK！　AQ，PQ は？

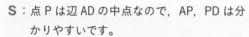

授業の流れ

1 どこの長さを求めることができますか

S：点 P は辺 AD の中点なので，AP，PD は分かりやすいです。
S：他にすぐ分かるところはあるかな。
S：：AQ，PQ は△ APQ が直角三角形だから三平方の定理が使える。
S：AQ，PQ は数値が示されていないからどう求めればいいんだろう。

2 まず△ APQ に着目して考えてみよう

S：分からないものは文字を置くことが多いから，AQ ＝ x としてみる。
S：PQ はどうなるかな。
S：もともと PQ は BQ の折り返された辺だから PQ ＝ BQ となる。
S：BQ は AB ＝ 8 cm から AQ ＝ x を引いた分だよね。
S：そうすると△ APQ で x を用いて三平方の定理を使って方程式を立てることができるね。

1	式の展開と因数分解
2	平方根
3	二次方程式
4	関数 $y=ax^2$
5	図形と相似
6	円の性質
7	三平方の定理
8	標本調査

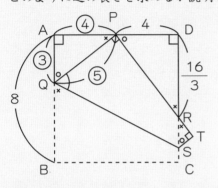

△PDR，△STR の各辺の長さを求める

どのように辺の長さを求めるか説明してみよう

△QAP∽△PDR より

$3 : 4 = 4 : DR$

$3DR = 16$

$DR = \dfrac{16}{3}$ 同様に $PR = \dfrac{20}{3}$

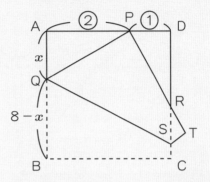

条件を変えてみたら

$AP = 6$，$PD = 2$

$QP^2 = (8-x)^2$

$(8-x)^2 = x^2 + 6^2$

$x = \dfrac{7}{4}$

今日学んだことは？

（各自ノートに記入）

---

3 他の長さは分からないかな？

S：辺 DC が DR，RS，SC の 3 つに分かれるので△ AQP のように DR $= x$ とは置けなさそう。

S：この前のように相似の考え方が生かせないかな。

S：折り返しを考えると△ AQP ∽△ DPR となるから相似比を使って DR が求められます。

S：△ RTS も相似関係にあると思います。

T：△ RTS については，興味ある人は，各自でやってみてください。

主体的に学習に取り組む態度

分からない，できない，解決したいというときに，問題解決のために条件が変わっても同じような考え方で問題解決できるかを意識させたい。ここでは，「点 P の位置を移動してみたら？」となげかけて同様に各辺の長さを求める課題に挑戦させる場面を設定する。既習事項と目の前の課題をつなげることで数学的な見方考え方を活用する力を育成したい。

本時案

空間の中に
平面を見いだす

本時の目標
・三平方の定理を用いて空間における長さを求めることができる。

[目標]
三平方の定理を用いて空間における長さを求めることができる

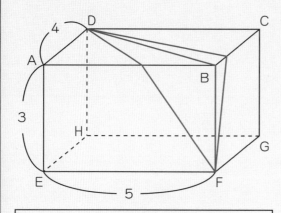

〈問題解決で困った点〉
・途中でルートが曲がるので正確に比較できない
・空間図形での長さの計測をしたことがない
・定理を使用するにも直角三角形がない
・直角三角形があれば三平方の定理が使えるのに

点Dから点Fまで面ABCDを横切るようにひもをかけます。ひもをどのようにかければ長さが最も短くなるでしょうか。

困った点を確認した後に目標を提示する。

授業の流れ

1 実際に立体にひもをかけてみよう

S：点Bを経由したら一番短そうです。
S：途中で曲がるので長さを考えるのがどのようにすればよいかが分からない。
S：辺ABや辺BCを横切る場合もあるのではないのかな。
S：折れ曲がる線の長さを測ったことがないので困る。
S：AB，BCの中点を通過したら一番短くなりそう。

2 途中で1度曲がっているところをどのように考えればよいでしょう

S：折れ線だから別々に考えるしかない。
S：DB＋BFなら三平方の定理を使って求めることができる。
T：本当にそれが一番短いですか。
S：曲がる前と曲がった後で分けて一番短い長さを考える必要があると思う。
S：面ABCDと面BFGCを合わせて1つの面だと考えたらどうだろう。

1	式の展開と因数分解
2	平方根
3	二次方程式
4	関数 $y=ax^2$
5	図形と相似
6	円の性質
7	三平方の定理
8	標本調査

本時の評価

・三平方の定理を用いて空間における長さを求めることができたか。

準備物

・直方体の箱
・円柱の箱
・ひも

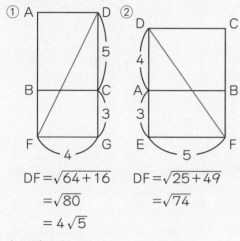

平面図形に置き換える！
平面図形に置き換えると，折れ線より直線が最短になる

① ②

$DF = \sqrt{64+16}$
$\quad = \sqrt{80}$
$\quad = 4\sqrt{5}$

$DF = \sqrt{25+49}$
$\quad = \sqrt{74}$

今日学んだことは
・空間上の曲がった線は，平面に置き換えると最短コースが見えてきて，三平方の定理が使える。

底面の半径が4cm，高さが5cmの円柱があり，AB は母線です。点 A からひもをかけて，点 B まで1周させます。このとき，円周率を3.14として，ひもの最短の長さを求めなさい。

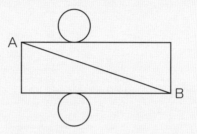

側面を展開すると，縦5cm，横8πの長方形になる。最短のひもの長さは長方形の対角線になるので，

$x^2 = 5^2 + (8\pi)^2$
$\quad \fallingdotseq 656$　　　　より　約25.6 cm

3 通るルートを場合分けしてみよう

S：BC を通る場合で考えると，こんな図になるよね（上記①）。折れ線より直線が最短です。

S：点 D から点 F まで直線で結ぶと△ ADF が直角三角形になるから三平方の定理が使える。（ここで一度長さを計算する。）

T：他の場合はないですか？

S：AB を通る場合が考えられます（上記②）。

S：そうしたら△ DEF が直角三角形になるから三平方の定理が使えるね。

4 何を意識して問題を解決しますか？

S：さっきみたいに展開して通るルートをイメージしてみたらどうだろう？

S：スタートとゴールはどこになるだろう。

S：実際に箱を開いて考えてみたい。

　AB，BC を通る場合をそれぞれ検討したが，「他の場合はないか？」「三平方の定理を使える場面はないか？」といったように既習事項の活用や「確かめてみたい」といった粘り強さを育成したい。

本時案

空間の中に直角三角形を見いだす①

9/13

> 直線 AG が確認できた後に
> 目標（問い）を提示する

[目標]
三平方の定理を用いて空間における長さを求めることができる

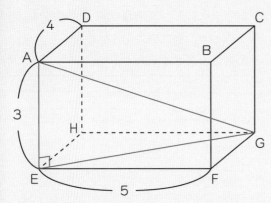

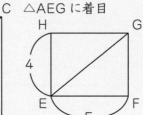

△AEG に着目

$EG = \sqrt{4^2 + 5^2}$
$= \sqrt{41}$

点 A から点 G までの最短ルートの長さは？
（箱の中を通ってもいいです）

最短ルートは？　直線 AG

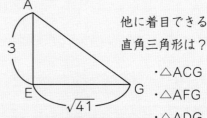

他に着目できる
直角三角形は？

・△ACG
・△AFG
・△ADG

$AG = \sqrt{3^2 + (\sqrt{41})^2}$
$= \sqrt{50} = 5\sqrt{2}$

授業の流れ

1 A から G までの最短ルートについて考える（箱の中を通ってもいいです）

S：最短は直線距離なので，線分 AG の長さが分かればいいと思います。

S：空間上の線分なので長さの求め方が分からない。

S：直角三角形が作れれば三平方の定理が使える。

S：どこの長さが分かれば直角三角形に三平方の定理を使えるかな

2 どの長さが分かればいいですか？

S：EG が分かれば△ AEG が直角三角形として考えられると思います。

S：EG は底面 EHGF の対角線ですね

S：じゃあ，AC が分かってもできる。

T：他に考えられることはありますか

S：AF でも直角三角形 AFG ができる。

S：DG でも直角三角形 ADG ができる。

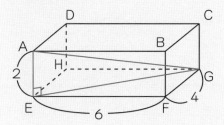

本時の評価

・三平方の定理を用いて空間における長さを求めることができたか。

練習問題

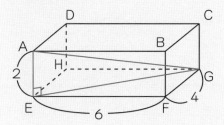

△AEG に着目

直方体の対角線 AG の長さを求めなさい

$EG = \sqrt{6^2 + 4^2} = \sqrt{52} = 2\sqrt{13}$

$AG = \sqrt{2^2 + (\sqrt{52})^2} = 2\sqrt{14}$

他に着目できる直径三角形は？

・△ACG

・△AFG

・△ADG

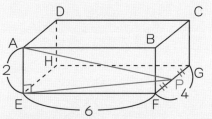

△AEP に着目

辺 FG の中点を P とするとき線分 AP の

長さを求めなさい

$EP = \sqrt{6^2 + 2^2} = \sqrt{40} = 2\sqrt{10}$

$AP = \sqrt{2^2 + (\sqrt{40})^2} = \sqrt{44} = 2\sqrt{11}$

今日学んだことは？（各自ノートに記入）　　他に着目できる三角形は？

補助線の扱い

　図形を扱う問題において，実際に見えない図形を見いだすことは生徒にとってとても難しい。補助線を引くという考え方があるが「どこに引けばいいかわからない」という生徒は少なくないだろう。補助線を引くことで新しい図形ができる事例をたくさん扱うことで，生徒の中の引き出しが増えることを意図的に組み込みたい。

　また，イメージができない生徒には，適宜具体物を操作させ，念頭でのイメージを養う必要がある。

3 これらの課題に取り組む上で見方・考え方の共通点はありますか？

S：直角三角形を見つけて三平方の定理を使っている。

S：底面の対角線を求めている。

S：辺 AE がいつも出てくる。

S：直方体の対角線を求めるために 3 つの辺を 2 乗している。

T：この 3 問以外でもそうなっていると言えるかな？

1 式の展開と因数分解
2 平方根
3 二次方程式
4 関数 $y = ax^2$
5 図形と相似
6 円の性質
7 三平方の定理
8 標本調査

本時案

三平方の定理を
用いて問題を解決する

⑩/⑬

・三平方の定理を用いて問題を解決することが
　できる。

問1　次の図形で x, y の長さを求めなさい。

①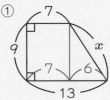

$$x = \sqrt{81 + 36}$$
$$= \sqrt{117}$$

②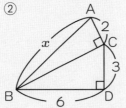

$$BC = \sqrt{9 + 36} = \sqrt{45} = 3\sqrt{5}$$
$$\sqrt{(3\sqrt{5})^2 + 2^2} = x^2$$
$$x = 7$$

③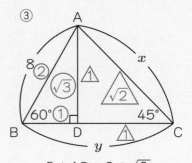

$$8 : AD = 2 : \sqrt{3}$$
$$2\,AD = 8\sqrt{3}$$
$$AD = 4\sqrt{3}$$
$$4\sqrt{3} : x = 1 : \sqrt{2}$$
$$x = 4\sqrt{6}$$
$$BD : 8 = 1 : 2$$
$$BD = 4$$
$$y = 4 + 4\sqrt{3}$$

問2　斜線部の面積を求めなさい。

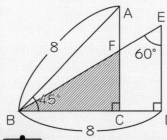

△ABC において
$$8 : BC = \sqrt{2} : 1$$
$$BC = 4\sqrt{2}$$
△BCF において
$$4\sqrt{2} : CF = \sqrt{3} : 1$$
$$CF = \frac{4\sqrt{6}}{3}$$
$$\triangle BCF = 4\sqrt{2} \times \frac{4\sqrt{6}}{3} \times \frac{1}{2}$$
$$= \frac{16\sqrt{3}}{3}$$

授業の流れ

1 ┃ x, y を求める上で，どこに着目すればいいですか?

S：①は長方形と直角三角形に分けて三平方の
　　定理を使いました。

S：②2つの直角三角形が重なっているの
　　で，BC を共通の辺として三平方の定理を
　　2回使いました。

S：③△ABD は $1 : 2 : \sqrt{3}$，△ACD は $1 :$
　　$1 : \sqrt{2}$ の比の直角三角形なので比を用い
　　て長さを求めることが出来ます。

2 ┃ 斜線部の面積を求めるには何が分かればいいですか?

S：問2，BC と CF が分かれば面積を求めら
　　れます。

S：△ABC は $1 : 1 : \sqrt{2}$ の直角三角形なの
　　で BC は比で求められます。

S：∠C と∠D が90°なので∠BFC も60°に
　　なる。なので△FBC が $1 : 2 : \sqrt{3}$ の直
　　角三角形として長さが求められる。

---

1 式の展開と因数分解

2 平方根

3 二次方程式

4 関数 $y=ax^2$

5 図形と相似

6 円の性質

7 三平方の定理

8 標本調査

本時の評価

三平方の定理を用いて問題を解決することができたか。

問3

点 A から B まで CD，HG，EF を通りひも
をかけます。最短となるひものかけ方では
ひもの長さは何 cm になりますか。

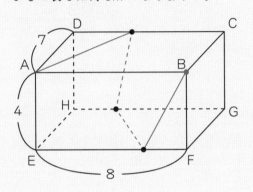

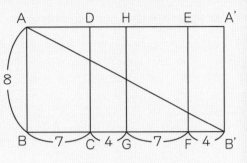

$$AB' = \sqrt{64+484}$$
$$= \sqrt{548}$$
$$= 2\sqrt{137}$$

今日学んだことは？
（各自ノートに記入）

3 今回は 3 回曲がることになりますが
どのように考えればいいですか？

S：問 3，前は 1 回曲がっているのを展開図
　を用いて考えたので，今回も展開図を用い
　て考えればいいと思う。

S：似たような問題だからこの前の考えが使え
　そうだ。

S：展開図をかいてみました。△ ABB' が直角
　三角形になるので三平方の定理を使って長
　さが求まりました。

似たような問題（既習事項）とのつながりへの意識

　「似たような図形の問題を解いた」「問題解決
の考え方が今回も使えそうだ」といったことは
数学ではよくある場面です。問題が解けること
も大切ですが，「どのように問題を解決したか」
のプロセス重視で考え方を常に価値づけること
が生徒の見方・考え方が豊かになることへの教
師の手立てになります。

本時案

空間の中に
直角三角形を見いだす②

11/13

正四角錐の体積を求めるには

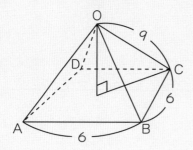

空間図形

○底面積 → 正方形

○高さ → 垂線をひく

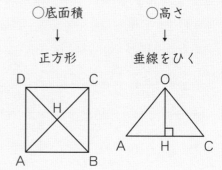

問1

> 底面の1辺が6cm，他の辺が9cm
> の正四角錐 OABCD があります。
> この正四角錐の体積を求めなさい。

授業の流れ

1 正四角錐の体積を求めるには何が分かればいいですか？

S：底面積と高さです。

S：底面積は正方形なので計算しやすいです。

S：高さは点 O から底面に垂線を下ろしたときの長さかな。

S：△OAC と考えたとき，O から AC におろした垂線の長さを求めればいいと思います。

見通しをもつこと

　問題を解決するためには，常に下記の3点を考える必要がある。①何をもとめるために，
　②どこに着目して，
　③何を活用するか
　高さを求めるので補助線を引いた生徒に，その後の問題解決までの流れをイメージさせ，具現化させたい。
　高さ（長さ）を求める
　→直角三角形を見出す
　→三平方の定理の利用

1 式の展開と因数分解

2 平方根

3 二次方程式

4 関数 $y=ax^2$

5 図形と相似

6 円の性質

7 三平方の定理

8 標本調査

本時の評価

・三平方の定理を用いて空間における長さを求めることができたか。

〈着目した点〉

・底面積

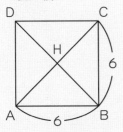

$AC = 6\sqrt{2}$

$HC = 6\sqrt{2} \times \dfrac{1}{2}$
$\quad = 3\sqrt{2}$

・高さ

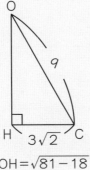

$OH = \sqrt{81-18}$
$\quad = \sqrt{63}$
$\quad = 3\sqrt{7}$

体積　$6 \times 6 \times 3\sqrt{7} \times \dfrac{1}{3} = 36\sqrt{7}$

問2

> 底面の半径が5cm，母線の長さが13cm の円錐の体積を求めなさい。

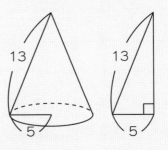

高さ　$\sqrt{169-25} = \sqrt{144} = 12$

体積　$5 \times 5 \times \pi \times 12 \times \dfrac{1}{3}$
$\quad = 100\pi$

2 高さを求めるために何に着目すればいいですか？

S：HC が分かれば△OHC で三平方の定理が使えると思います。

S：底面の四角形 ABCD を平面図としてみたとき，HC は対角線の半分の長さになる。

S：じゃあ，△OHC は立面図ですね。

S：高さ（OH）が含まれる図形を考えるとイメージしやすい。

3 角錐を円錐にしてみよう

S：さっきの問題みたいに考えると，立面図として，斜辺13cm，他の辺が5cm の直角三角形となる。

S：高さを求めるために三平方の定理を使うことになります。

S：底面の図形が変わっても考え方は変わらないですね。

T：条件が変更されても見方や考え方は利用できるものもありますね。

本時案

存在しない直角
三角形を作り出す

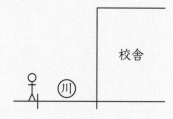

12/13

どこの距離を測定すれば，校舎の高さを求められるか

校舎

（川）

① 地面上でレーザー距離測定器を使うとき x，y が測定できると，三平方の定理で高さが求められる。

y x

レーザー距離測定器を用いると，自分のいる地点からある地点までの距離が測定できます。

今，校舎の高さを測ろうとしていますが，間に川があって直接計測することができません。

この，機器を使って校舎の高さを求める方法を考えてみましょう。

② 立ったままレーザー距離測定器を使うとき a，b，c が測定できると，三平方の定理で高さが求められる。

a b c

> 直線的に距離が求められる機器があることを説明する

授業の流れ

1 機器を使ってどこの長さを測ればよいか図にして説明してみよう

S：何もない空間に何か図形を見いだすことが難しい。

S：①のように x，y が分かれば直角三角形として考えることができると思う。

S：②のように a，b，c が分かれば2つの直角三角形が足されたものとして考えることができると思う。

S：習ったことのある図形（直角三角形）を作り出すことが必要になるということですね。

身のまわりにある三平方が使われている事象

身のまわりで，三平方の定理が活用されている場面を知ることで，数学の学習への関心を高められるようにする。レーザー距離測定器を活用することで，離れた場所からの距離をどのように測定しているのかを生徒自身が考え説明できるようにしたい。

説明し，理解出来た上で実際の長さを計算させるとよい。煩雑な計算になるので電卓を利用するとよい。

本時の評価

・三平方の定理を用いて空間における長さを求めることができたか。

準備物

・電卓
・図が書かれたワークシート

> 考え方が共有されてから数値を提示して計算を行う

①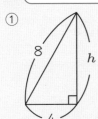

$h = \sqrt{64 - 16}$
$= \sqrt{48} = 4\sqrt{3}$

約 6.9 m

②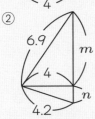

$m = \sqrt{6.9^2 - 4^2}$
$= \sqrt{31.61} \fallingdotseq 5.62$

$n = \sqrt{4.2^2 - 4^2}$
$= \sqrt{1.64} \fallingdotseq 1.28$

$5.62 + 1.28 = 6.9$

約 6.9 m

今日学んだことは？

・状況に応じて直角三角形をつくりだすことで，三平方の定理が活用でき，高さと計算で求めることができる。

> 川の幅が測定できないときは？

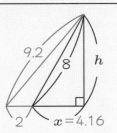

$8^2 - x^2 = h^2$
$9.2^2 - (x+2)^2 = h^2$
─────────────────
$64 - x^2 = h^2$
$84.64 - 4 - 4x - x^2 = h^2$
$4x = 16.64$
$x = 4.16$
$h = \sqrt{8^2 - 4.16^2}$

約 6.8 m

---

2 川の幅が測定でいないときは？

T：例えば，川の幅が工事等で測定できないときはどうしますか？

S：分からない川の幅も文字でおいてみたらどうだろう。

S：文字が2つあるけど，式が1つしかたてられないです。

T：文字が2つということは解決するためにどうしたらいいですか。

S：式も2つ必要になります。連立方程式のときみたいに。

3 2つの式を作るために，2つの図形を考えてみよう

S：川幅，校舎，校舎の天井までの長さでできる直角三角形に対して1つ目の式ができます。

T：計測者が川から少し離れて計測することで，川幅を $(x + ○)$ m とおくことができます。これをもとに2つめの式を考えてみよう。

S：立式して，方程式を解いたら川幅と，校舎の高さが求められました。

1 式の展開と因数分解

2 平方根

3 二次方程式

4 関数 $y = ax^2$

5 図形と相似

6 円の性質

7 三平方の定理

8 標本調査

本時案

三平方の定理を利用して富士山の見える範囲を推測する

13/13

本時の目標
・富士山がどのくらいの距離から見えるのかを理想化，単純化して説明できる。

富士山から半径何 km の地点まで富士山が見えるか求めてみよう。

見えなくなる地点の話をうけてから課題を提示する

> どのくらい遠くから富士山は見えるでしょうか。
> 図を用いてどのように考えたかを説明してみよう。

日本地図

「どのように考えたか？」
「考える上での困り感は？」

・どこかで見えなくなるはずだ
・地球は丸いから離れるほど見えなくなるはずだ
・どのように図を用いれば説明できるだろう

このような図をかければ見えない場所のあることがわかる。

ここは見えない

授業の流れ

1 神奈川県から富士山見えますか？

S：見えるに決まってます。
S：曇りや雨なら見えないと思います。
T：沖縄からなら見えますか？
S：それだけ遠いと分からないです。
T：曇りでもなく，晴天でも？
S：どのくらい離れると見えなくなるんですかね。
T：何が分かれば富士山が見えなくなる距離が分かるでしょう。

2 なぜ見えなくなる？

S：そもそも離れれば小さくなって見えなくなると思います。
S：地球は丸いから見えなくなってしまう地点があると思います。
S：図で考えた方がイメージが持ちやすいと思います。
S：地球を円として考えることは出来るかな。
S：距離を求める上で，円や直角三角形などの図形で表せたら説明できるかも。

1 式の展開と因数分解

2 平方根

3 二次方程式

4 関数 $y = ax^2$

5 図形と相似

6 円の性質

7 三平方の定理

8 標本調査

本時の評価

・三平方の定理を利用して富士山がどのくらいの距離から見えるかを説明できたか。

準備物

・電卓
・コンパス

何が分かれば，富士山の頂上が見えなくなる地点までの距離が分かるかな？

地球を円として考える

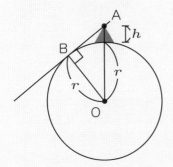

富士山の高さ：
3776 m
地球の半径：
6378 km

△ABOに着目すると三平方の定理が利用できる

地球の半径を r，
富士山の高さを h とすると
$(r+h)^2 = r^2 + AB^2$
$h = 3.8$，$r = 6400$ より
$AB^2 = h^2 + 2hr = 14.44 + 48640$
$AB = \sqrt{48654.44}$
$\fallingdotseq 220.58$
約 220 km くらいと考えることができる
実際にプリントに半径 220km の円をかいてみよう

AB＝220 km は，富士山のある地点からBまでの距離ではない？
→富士山の高さ約4km に対して，220 km の距離を考えると，ほぼ同じとみなしてもよい。

---

3 何が分かればいいですか？

S：富士山の高さ。
S：見えなくなる地点が図のどこなのか。
S：さっきかいた図のイメージからすると富士山の頂上との交点がなくなる場所が分かればいい。
S：さっきの図を使うとすると，地球の半径も必要になるんじゃない。

図形の様々な捉え方

　これまでの「直方体の周りを通すひも」，「直方体の内部を通す対角線」の問題のように，今回は地球の断面図を活用したが，図形を扱う上で，視点を決めて問題解決するための見方・考え方を意識することを身につけさせたい。また，本当にB地点より遠くからは見えないのかをネット等で検証することも，理想化して求めた数値を確かめる一つの手段と出来る。

8 標本調査 （5時間扱い）

単元の目標

・標本調査の必要性と意味を理解し，標本調査の方法や結果を批判的に考察したり，コンピュータなどで標本調査を行い母集団の傾向を推定し判断したりすることができる。

評価規準

知識・技能	①標本調査の必要性と意味を理解している。 ②コンピュータなどの情報手段を用いるなどして無作為に標本を取り出し，整理することができる。
思考・判断・表現	③標本調査の方法や結果を批判的に考察し表現することができる。 ④簡単な場合についての標本調査を行い，母集団の傾向を推定し判断することができる。
主体的に学習に 取り組む態度	⑤標本調査のよさを実感して粘り強く考え，標本調査について学んだことを生活や学習に生かそうとしたり，標本調査を活用した問題解決の過程を振り返って評価・改善しようとしたり，多様な考えを認め，よりよく問題解決しようとしたりしている。

指導計画　全6時間

次	時	主な学習活動
第1次 標本調査の必要性と その意味の理解 （全数調査，標本調査， 無作為抽出）	1	・世の中にある調査を全数調査と標本調査に分類する。 ・全数調査か標本調査の長所と短所を考える。
	2	・母集団から抽出する方法を考える。
第2次 標本調査の利用 （無作為抽出，標本の数）	3	・人が行う「適当に点を打つ」抽出とコンピュータの乱数を発生する無作為抽出を比較する。
	4	・標本調査で得たデータを，みなして処理し，おおよその結論を求める。
	5	・国語辞書にある見出し語数を標本調査で調べる ・標本の数を変えると，結果の妥当性がどのように変化するかを考える。

(1)単元の構成について

　本単元の前半（第1次）は，標本調査の必要性とその意味を全数調査と比較しながら学習し，後半（第2次）は問題解決のプロセスを踏む中で，標本調査を適切に行うために必要な要素を学んでいくことができるように構成している。

　第1次は，標本調査の必要性と意味を理解は，全数調査と比較しながら学習をすすめるとよい。第1時「その調査は全数調査？　標本調査？」は，日常生活にある調査を全数調査と標本調査に仕分けし，比較することで，それぞれの調査の長所と短所を理解し，その必要性と意味を理解することを目標にして授業を構想している。第2時「TVの視聴率調査」では，全数調査が難しいという場面を設定し，生徒のこれまでの生活経験から引き出せる標本調査の考え方を取り上げ，その信頼性を模擬実験を使って検証する。

　第2次は，実際に標本調査を使って課題を解決する授業を中心に設定している。課題を解決する中で，無作為抽出の有効性と標本の大きさによって結果が左右することを実感させたいと考えている。第3時「モンテカルロ法で円周率を求めよう」は，人の力で適当に抽出することとコンピュータで乱数を発生し，無作為に抽出することの差を比較する活動を取り入れている。人の力では無作為抽出することに限界があることを理解し，コンピュータ等を使って乱数を発生することの大切さを実感してほしい。第4時は，母比率と標本比率が等しいとして考えてよい理由を問い，等しいとみなして考えていることの理解を深める授業にしている。第5時「国語辞書の見出し語数を調査しよう」は実際に表計算ソフトのExcelを利用して，乱数を発生する作業を取り入れている。ここでは標本の大きさを10と20にしたときに，結果がどう変化するかをヒストグラムや箱ひげ図を用いて考察する活動を取り入れている。

(2)標本調査の方法や結果を批判的に考察する

　日常生活には，多くのデータから示された数値で溢れている。標本調査を使って示された数値をどのように解釈し，判断していくかが求められる。標本調査から得られた数値から事実を鵜呑みにせず，標本の抽出方法や標本の大きさなどに着目して，より問題解決に意味のあるデータの収集方法を検討したり，得られた結果の妥当性を吟味したりすることができるようになってほしい。例えば，「お客様の満足度98％」が掲載された広告を目にしたとすると，世間の人たちはどのように受け止めるだろう。「ほぼ全員が満足している」とこの調査を肯定的に捉える人が多いのではないだろうか。しかし，この結果を批判的に考察してみると，「50人にしか聞いていないのではないか（標本の数を大きくしないといけないのではないか）」「何度も注文している人だけにアンケートをとったのではないか（アンケートの収集は再度注文しない人にもアンケートをとるべきではないか）」とデータに対し，一度冷静に立ち止まって考えることができる。

　第2次の中で生徒が標本調査の方法を設定する場面をつくり，自分たちで行った調査の結果から，調査方法を批判的に考察する活動を取り入れていく。「標本調査がうまくいかなかった原因は何か？」「どうしたらうまくいくのか？」を発問し，生徒の考えを引き出すと良い。そして，再調査を行い，批判的に考察したことでよりよい調査ができたことを生徒に体験させるとよい。

1 式の展開と因数分解
2 平方根
3 二次方程式
4 関数 $y=ax^2$
5 図形と相似
6 円の性質
7 三平方の定理
8 標本調査

本時案

その調査は
全数調査？標本調査？

本時の目標

・全数調査と標本調査のどちらの調査が良いか
とその理由を考える活動を通して，標本調査
の必要性と意味を理解する。

TV の視聴率ってどうやって調べるの？

（予想）

全世帯を調査する　　一部の世帯を調査する
15 人　　　　　　　　20 人
コンピューターで ← 全部調べる
処理をするから大丈夫　のは大変
調査方法には
　　　　　　調査する対象
　　　　　　　　　　　→ 全体を調査
　　　　　　　　　　　する全数調査
　　　　　　　　　　　→ 一部を調査
　　　　　　　　　　　する標本調査

標本調査をするとき，全体の集団を母集団と
いい，取り出した部分を標本という。

生活に使われている調査は
全数調査が使われているでしょうか？
標本調査が使われているでしょうか？

［全数調査で調べているもの］

飛行機に搭乗するときの手荷物検査

・一人でも持っていたらアウト（安全）

学校で行う健康観察

選挙結果

・信頼できる数字が必要

> ホワイトボードを使って，生徒の
> 意見で動かせるようにする。

授業の流れ

1 TV の視聴率ってどうやって調べているの？

T：今年の紅白歌合戦の視聴率は〇％だったみ
　たいですね。ところで，視聴率ってどう
　やって調べているか知っていますか。

S：全世帯の TV のデータが集まっている。

S：いやいや，全部を調べるのは大変。一部の
　世帯のデータを集めていると思う。

S：コンピューターで何とかなるでしょ。全世
　帯のデータで大丈夫でしょ。

T：これからよりよい調査の仕方について学ん
　でいきます。

2 日常にある調査は全数調査と標本調査のどちらで調査されていますか？

「全数調査」「標本」「標本調査」「母集団」に
ついて説明した後に，日常生活の中で，実際に
調査されているものを提示し，どちらの調査を
使っているか類題を出すとよい。

　類題は全数調査と標本調査の長所が浮き彫り
になる例を用意する。ペアでどちらの調査方法
を使っているのかとその調査にしている理由を
セットで語らせるとよい。

1	式の展開と因数分解
2	平方根
3	二次方程式
4	関数 $y=ax^2$
5	図形と相似
6	円の性質
7	三平方の定理
8	標本調査

本時の評価

・全数調査と標本調査それぞれの調査方法の長所と短所を理解し，調査する内容に合わせて選択することができたか。

[TVの視聴率は標本調査で調べている。
その理由を本時の学習と関連付けて予想
しよう]

[標本調査で調べているもの]

プールの水の水質検査

・全部は調べられない

レトルト食品の品質検査

・全部調べたら食べるものがなくなる

世論調査

・大変（時間）

TVの視聴率

・少々誤差が出てもよい（安全面）
・手間がかかる（時間）
・費用も問題（対効果費用）

[TVの視聴率で気になること]
・標本になる世帯ってどうやって選ばれて
　いるのだろう？
・何世帯調べているのだろう？

---

3 全数調査と標本調査の長所と短所を整理しましょう

T：飛行機に搭乗するときの手荷物検査はなぜ全数調査で調べるとよいのですか？

S：一人でも危険な物を持ち込んでいたら，よくないからです。

T：同じ理由で他にも全数調査で調べている調査はありますか？

S：学校でやる健康観察も全数調査です。

（時間があれば教科書の問題に取り組むとよいでしょう）

4 TVの視聴率調査はなぜ標本調査で調べているのだろうか？

　本時の学習の振り返りとして，問います。本時の活動で浮き彫りになった「安全面」や「時間」「対効果費用」の視点から標本調査にした理由が語れると良い。

　また，どうやって標本調査をしているかを具体的に問い，予想させることで，「標本の数」や「抽出方法」に目を向けさせて，次の時間につなげていくとよい。

TVの
視聴率調査を
やってみよう

A中学校では大晦日に何のTVをどれくらいの生徒が見ていたかを調査したい。

[方法]・標本調査
票をBB玉に置き換え，袋に入れます。コップを使ってBB玉を救い，玉の数を調べよう。

チャンネル（CH）	BB玉の色
1	黒
2	赤
3	黄
4	青
5	緑
なし	白

標本調査で妥当な結果が出るのだろうか？

標本調査をするときに，気を付けること。
・目をつむる
・しっかりかき混ぜる
・バランスよくとる

★無作為抽出をするため

A班（目をつむって取った）

CH	個数	割合
1	64	0.41
2	2	0.01
3	12	0.08
4	18	0.11
5	40	0.25
なし	22	0.14
計	158	1.00

授業の流れ

1 前時の話題になったTVの視聴率調査を実際にやってみよう

　事前に，大晦日の夜に何のTVを見たかを調査する。調査したものは，それぞれの番組に対し，BB玉の色を決めておき（例えばA社の番組は赤，見ていない生徒は白など），生徒の見た番組を袋の中に玉を入れる。全校生徒が少なかったり，アンケートをとる時間がなかったりしたときは，仮想実験にかえたい。

2 どうやって抽出するの？

S：かき混ぜてから玉をすくう必要がある。
S：目をつむって，玉をすくう必要がある。
T：なぜ，目をつむる必要があるのですか。
S：どうしてもあの色の玉をすくいたいとか考えたくなります。
S：むしろ見ながらバランスをとりながらとらないといけない。袋にたまがあるのに0玉になったらいけない。
T：どうやって抽出したかも記録をとっておきましょう。

1	式の展開と因数分解
2	平方根
3	二次方程式
4	関数 $y=ax^2$
5	図形と相似
6	円の性質
7	三平方の定理
8	標本調査

本時の評価

・無作為抽出の必要性と意味を理解し，標本調査により母集団の傾向を推定することができたか。

B班（見ながらとった）

CH	個数	割合
1	52	0.35
2	6	0.04
3	17	0.11
4	18	0.12
5	35	0.24
なし	20	0.14
計	148	1.00

C班（目をつむって取った）

CH	個数	割合
1	44	0.39
2	1	0.01
3	8	0.07
4	14	0.12
5	30	0.26
なし	17	0.15
計	114	1.00

〈結果〉
・1チャンネルを見ている人が一番多く，約40%の生徒が見ていた。
・2チャンネルを見ている人は0人ではないが，全ての番組の中でも一番少なかった。

〈全数調査と比較すると〉

CH	1	2	3	4	5	無
割合	0.40	0.01	0.06	0.13	0.28	0.12

・A班とC班はある程度妥当な調査結果となった。
・見ながらとると（B班），正しい調査にならない。

〈無作為抽出の方法〉
・乱数表
・乱数サイコロ
・コンピュータの利用
　乱数表を作成してくれる。

---

3 全数調査と比較して標本調査の妥当性を検討しましょう

S：おおむねどの班も見ている順番は会っているように思います。

S：見ながらとろうとしたB班は2チャンネルの割合が高くなっているし，全体的にもずれが大きいように思います。

T：B班に所属している人はどう思いましたか。

S：赤玉が入らないといけないと思いながら，とったのが原因だと思います。

4 無作為抽出の難しさからその方法を伝えるとよいでしょう

　TVの視聴率を使った実験では，生徒は「しっかり混ぜる」や「目をつむってすくう」などできるだけ無作為に抽出しようとがんばります。その方法を認めながら，無作為に抽出する方法を伝えていくとよいでしょう。コンピュータの利用は，Excelの乱数の関数［= RANDBE-TWEEN（○，○）］を使い，実際に生徒に見せるとよいでしょう。

本時案

モンテカルロ法の追体験をしてみよう

本時の目標

・モンテカルロ法で調べる活動を通して，調査結果を批判的に考察しながら，無作為抽出の必要性と意味を理解することができる。

〈モンテカルロの方法で
　円周率を求めてみよう〉

モンテカルロの方法の手順
① 正方形の紙に 800 個点を打つ
② 正方形の内側に接する円をかく
③ 円の内部にある点を数える
④ 次の計算式が成り立つ

円の半径を r とすると

$$\pi r^2 : 4r^2 = (③の点の数) : 800$$

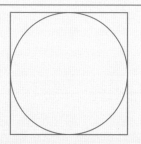

〈今日のポイント〉
人が適当に打った時の調査結果を
ヒストグラムで整理し，検証してみよう

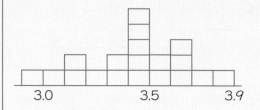

〈ヒストグラムからわかること〉

・3.1 〜 3.2 の階級にほとんどのデータ
　が入っていない
・範囲が大きい
・最頻値がくっきりしていない
・3.4 付近にデータが集まっている

授業の流れ

1 モンテカルロは正方形の中に点を打って，円周率がいくらになるか？

　モンテカルロの方法の手順に沿って，生徒に作業させる。800個点を打つ時に「適当に」を強調することで，無作為抽出との違いが明確になる。

　800個は計算のやりやすさを考えている。数が少ないとコンピュータでもよい値が出ないので，最低でも400個は点を打たせるとよいだろう。

2 （みなさんの結果の）ヒストグラムを見て，どう思いますか？

S：3.1〜3.2の階級の度数が少ない。
S：3.4〜3.7に集まっているね。
S：この方法はうまくいかないよ。
T：どうしてうまくいかなかったのだろうか。
S：どうしても紙からはみだしたくないから，外側に点を打とうとしなかった。
T：では，紙の内部に正方形をかき，その正方形に接する円をかいて，同様に求めてみよう。

本時の評価

・正方形の中に点を適当に取った場合と無作為に取った場合とで比較する活動を通して，無作為抽出の必要性と意味を理解しているか。

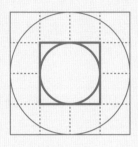

人が適当に打つと，
紙からはずしたくな
い心理から真ん中よ
りになってしまう。
→紙の内側に正方形
　をかいたらうまく
　いくのでは？

$\pi r^2 : 4r^2$
$=$（③の点の数）……内側の正方形の点の数

改善後どうなった？
○3.1 〜 3.3 に集まっている
○3.1 に最頻値がある
△範囲は大きく，まだばらついている
→無作為抽出ができていないから

改善後

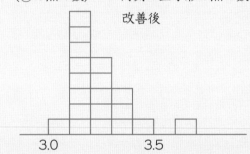

3.0　　　3.5

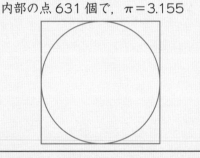

コンピュータが行うと，
内部の点 631 個で，π＝3.155

---

3 紙の内部に正方形をかいて，再度調査してみよう

T：改善後はどうでしたか。
S：3.1〜3.3に集まっています。
S：3.6〜3.7の結果もあるよ。
S：3.14に近いと言っていいのかなあ。
T：そうですね。3.14に近くなったとはいえ，もっと正確に出したいですね。みなさんが打った点は無作為抽出でしょうか。
S：無作為抽出ではありません。

4 コンピュータを使った結果を提示し，無作為抽出のよさにつなげる

　無作為抽出の方法を生徒に尋ねるが，実際には教師がコンピュータで提示する。
　無作為抽出は，正方形の中に均等に縦軸と横軸を入れ，コンピュータにそれぞれ乱数を発生させ，点を打つとよいだろう。

1 式の展開と因数分解

2 平方根

3 二次方程式

4 関数 $y=ax^2$

5 図形と相似

6 円の性質

7 三平方の定理

8 標本調査

標本調査の
データを処理する

本時の目標

・標本調査により母集団の大きさを推定する方法について考察し表現することができる。

【池に泳いでいる魚の数の調べ方】
ある池に何匹の魚がいるのかを
次の手順で調べることにしました。

【手順】
① その池から魚 40 匹を取り出し，その 40 匹すべてに印をつけて，池に戻す。

② ①の作業をした池から 1 日後に 100 匹取り出し，印がついている魚と印がついていない魚の数を調べる。

【結果】
印がついていない魚…………90 匹
印がついている魚……………10 匹

【池に泳いでいる魚の数の調べ方】で，
山口さんは次のように求めています。
この【山口さんの解き方】は正しいでしょうか。

【山口さんの解き方】
池で泳いでいる魚の数を x 匹とすると，
$$x : 40 = 90 : 10$$
$$x = 360$$
袋に入っている魚の数は 360 匹

ここまでの内容はワークシートに載せておき，ノートに写さないように指示しておきましょう。

授業の流れ

1 山口さんの解き方は正しいのか？

　問題を提示するとき，実際に BB 玉を見せると，問題への意識を高めることができるだろう。問題を理解した後に，実際に解決する時間をとった後に，山口さんの解き方を提示する。山口さんの解き方が正しいかどうかを予想し，予想が割れていることを利用して，説明する場面を設定するとよいだろう。

2 山口さんの解き方が正しくないことを説明できますか？

S：一見あっているように思うけど，どこが違うのかな。

S：印をつけた 40 匹ももともと池にいた魚の数だよね。

S：90 は印をつけていない魚の数よね。

S：山口さんが求めた $x = 360$ の x は印をつけた後の印が付いていない魚の数のことですね。

本時の評価

・【山口さんの解き方】の誤りを指摘することができたか。
・標本調査で得たデータから，正しく処理することができたか。

〈予想〉
・正しい……○人　・正しくない……△人
〈正しくないことを説明しよう〉
　$x : 40 = 90 : 10$
　　　　　← 印が付いていない魚
すなわち，x は母集団の中の印をつけた後
の印のついていない魚のみを表している。
よって，池に泳いでいる魚の数は
$360 + 40 = 400$
~~400匹~~ である。
　　　← 約400匹と書く方がよい。

$x : 40 = (90 + 10) : 10$
　比例式の左辺と右辺がなぜ等しい
としてよいのでしょうか。

・川で泳いでいる魚は自由に泳ぐから，
　無作為に抽出していると考えてよい。
→無作為に抽出しているから母比率と
　標本比率が等しいとみなしてよい。

【練習問題】
① ある工場で作られた製品から100個を無作為に抽出したところ，そのうち2個が不良品だった。この工場で50000個の製品をつくるとき，不良品の個数は，およそ何個と推測されますか。
② ある湖にいる魚の数を調べるために，200匹の魚を捕獲し，印をつけて放流した。数日後，300匹の魚を捕獲して調べたところ，印をつけた魚が4匹混じっていた。この湖にいる魚の数は，およそ何匹であると推測されますか。

---

3 比例式の左辺と右辺がなぜ等しいとしてよいのでしょうか?

S：等しくはならないよね。400匹とは限らないのではないか。約400匹だよ。
T：なぜ等しくならないのですか？
S：これは標本調査だからです。
T：等しくないのですね。等しいと仮定しているのですね。等しいと仮定してよいのですか。
S：無作為抽出しているから等しいと仮定していいですね。

4 自分が間違えやすいところをまとめよう

　本時の学習を定着するために練習問題を行う。板書内に問題例を示しているが，各校で購入しているワークブックを使うとよい。
　振り返りでは，本時の練習問題で間違えた箇所で，どこが間違えやすいかを記録させるとよいだろう。

1 式の展開と因数分解
2 平方根
3 二次方程式
4 関数 $y=ax^2$
5 図形と相似
6 円の性質
7 三平方の定理
8 標本調査

本時案

国語辞典の見出し語数を調査しよう

本時の目標

・国語辞書の見出し語数を標本調査で調べる活動を通して，調査結果を批判的に考察しながら，よりよい標本調査の方法を見いだすことができる。

授業の流れ

1 国語辞典の見出し語数っていくらか予想しよう

　問題は「約何万何千語」を求めることが目的であることを強調したい。

S：1万語ぐらいかなあ。

S：いやいや，2万語はあるよ。

T：かなり予想に差がありますね。ぴったり何語かではなく，約何万何千語あるか，実際に調査してみましょう。全数調査と標本調査のどちらで調査しますか。

S：全数調査は大変だよ。標本調査です。

T：標本調査で調べてみましょう。

2 標本の大きさはいくらがいいのだろう？

T：標本の大きさをどうしますか。また，どうやって標本を抽出しますか。自分の考えをペアで話しましょう。

（標本の大きさについて）

S：100で調べよう。

S：100は大変だよ。20ぐらいでいいよ。

S：10でもいいのではないか。

S：10だったら，偏りが出るのではないか。

（抽出方法について）

S：目をつむって，適当にページを開いたらいいと思う。

S：コンピューターなどを使って乱数を発生して調べたらいいと思う。

　意見を共有して，標本の大きさ10か20，コンピューターで乱数を発生して調査を開始する。

国語辞書の見出し語数を調査しよう

[予想]　　　1万語，2万語

[調査方法]

標本調査

・標本の大きさ　20

・無作為抽出（コンピューター）

・総ページ数　1187ページ

[求め方]

（1ページあたりの平均語数）× ページ数

〈今日のポイント〉

　標本の大きさ10で，信頼できる結果が出るのだろうか。

・だいたい出る

・もっと増やさないと無理

・比べてみないとわからない

度数折れ線や箱ひげ図で表すことで，標本の大きさの妥当性を考えます。

　標本の大きさが妥当であるかを議論するために，データを度数折れ線や箱ひげ図で表すとよい。ただ，教員から整理の仕方を伝えるのではなく，「結果のばらつきを見るときはみんなのデータをどう整理したらいいかなあ」と問い，生徒から方法を引き出したい。学級にあるネームプレートを使うと，ヒストグラムは簡単に作れる。ヒストグラムの下に度数折れ線や箱ひげ図を板書し，生徒のアイディアを価値づけるとよい。

1 式の展開と因数分解

2 平方根

3 二次方程式

4 関数 $y=ax^2$

5 図形と相似

6 円の性質

7 三平方の定理

8 標本調査

本時の評価

・標本の大きさに着目し，標本調査の方法や結果を批判的に考察することができたか。

・標本の大きさによって調査結果の信頼性が変わることを理解することができたか。

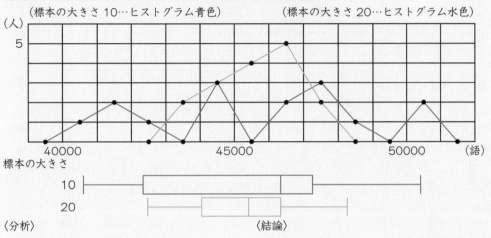

標本の大きさ 10 と 20 とでは，どちらが信頼できるだろうか？

〈分析〉

・中央値はほとんど変わらないが，標本の大きさ 20 では，箱ひげ図の箱が小さくなった。

・標本の数 20 の方が範囲も小さくなる。

〈結論〉

・標本の大きさは小さすぎると信頼できる調査にならない。

・国語辞書の裏側に約 46000 語と書かれているので，妥当な調査になっている。

3 標本の大きさ10は妥当だったか？

S：結果にばらつきがあるよね。標本の大きさは10では小さいと思います。

S：度数折れ線で最頻値がくっきりでていません。

T：では，今日考えた調査のどこを変えれば信頼できる調査になると思いますか。

S：標本の数を増やしたらよい。

T：では，20に増やしてみましょう。

4 標本の大きさ20にすると？

S：かなり集まってきました。

T：信頼できる調査になったことを説明するためには，どのような方法がありますか。

S：範囲や箱ひげ図が使えると思います。

T：箱ひげ図と範囲を表すと，こうなります。

S：箱ひげ図の箱も小さくなりました。

S：範囲も小さい値になっています。

S：中央値はほとんど変わりませんね。

T：標本の大きさはある程度必要であることがわかりますね。

監修者・編著者紹介

[監修者]

池田　敏和（いけだ　としかず）

横浜国立大学教授。教育学博士。横浜国立大学教育学部附属鎌倉小中学校長，神奈川県数学教育研究会連合会会長，日本数学教育学会常任理事，新算数教育研究会副会長，ICTMA 国際組織委員（2005〜2017），PISA2012年調査・数学的リテラシー国際専門委員（2009〜2012），主な著書に『モデルを志向した数学教育の展開』『いまなぜ授業研究か』（東洋館出版社），『数学的活動の再考』（学校図書），『数学的思考に基づく教材研究のストラテジー24』（明治図書）等がある。

田中　博史（たなか　ひろし）

真の授業人を育てる職人教師塾「授業・人」塾主宰。元筑波大学附属小学校副校長，元全国算数授業研究会会長，学校図書教科書「小学校算数」監修委員。主な著書に『子どもが変わる接し方』『子どもが変わる授業』『写真と対話全記録で追う！ 田中博史の算数授業実況中継』『学級通信で見る！ 田中博史の学級づくり１年生』（東洋館出版社），『子どもの「困り方」に寄り添う算数授業』（文溪堂），監修に『板書で見る 全単元・全時間の授業のすべて 算数』（小学校１〜６年，東洋館出版社）等がある。

[編著者]

藤原　大樹（ふじわら　だいき）

お茶の水女子大学附属中学校教諭，お茶の水女子大学非常勤講師。教育学修士。日本数学教育学会実践研究推進部会中学校部会幹事，文部科学省学習指導要領等の改善に係る検討に必要な専門的作業等協力者（2016〜2017），国立教育政策研究所学習評価に関する参考資料作成協力者会議委員（2019〜2020），主な著書に『「単元を貫く数学的活動」でつくる中学校数学の新授業プラン』（明治図書），『数学的活動の再考』（学校図書）等がある。

著者紹介

[著　者]（執筆順）

峰野　宏祐（みねの　こうすけ）　　東京学芸大学附属世田谷中学校
単元 1 「式の展開と因数分解」

太田　雅大（おおた　まさひろ）　　横浜国立大学教育学部附属鎌倉中学校
単元 2 「平方根」

山田　敏英（やまだ　としひで）　　鎌倉市立岩瀬中学校
単元 3 「二次方程式」

近藤　俊男（こんどう　としお）　　筑波大学附属中学校
単元 4 「関数 $y = ax^2$」

小石沢勝之（こいしざわ　かつゆき）筑波大学附属中学校
単元 5 「図形と相似」

大桑　政記（おおくわ　まさふみ）　函南町立函南中学校
単元 6 「円の性質」

若月　拓也（わかづき　たくや）　　横浜国立大学教育学部附属鎌倉中学校
単元 7 「三平方の定理」

岡本　大介（おかもと　だいすけ）　宇部市立常盤中学校
単元 8 「標本調査」

全3巻単元一覧

第1学年

1 正の数と負の数
2 文字と式
3 一次方程式
4 変化と対応
5 平面図形
6 空間図形
7 データの活用

第2学年

1 式の計算
2 連立方程式
3 一次関数
4 図形の調べ方
5 図形の性質と証明
6 場合の数と確率
7 箱ひげ図とデータの活用

第3学年

1 式の展開と因数分解
2 平方根
3 二次方程式
4 関数 $y = ax^2$
5 図形と相似
6 円の性質
7 三平方の定理
8 標本調査

『板書で見る全単元・全時間の授業のすべて　数学　中学校3年』付録資料について

本書の付録資料は、東洋館出版社ホームページ内にある「マイページ」からダウンロードすることができます。なお、本書のデータを入手する際には、会員登録および下記に記載しているユーザー名とパスワードが必要になります。入手の方法は以下の手順になります。

【東洋館出版社 HP】

URL https://www.toyokan.co.jp 　　東洋館出版社 検索

---

❶「東洋館出版社」で検索して、「東洋館出版社オンライン」へアクセス

❷会員者はメールアドレスとパスワードを入力後「ログイン」。非会員者は必須項目を入力後「アカウント作成」をクリック

❸マイアカウントページにある「ダウンロードギャラリー」をクリック

❹対象の書籍をクリック。下記記載のユーザー名、パスワードを入力

ユーザー名：sugaku03
パスワード：n5JzgjVf

【使用上の注意点および著作権について】

・リンク先にはパソコンからアクセスしてください。スマートフォンではファイルが開けないおそれがあります。

・Excel ファイルを開くためには、Microsoft Excel がインストールされている必要があります。

・収録されているファイルは、著作権法によって守られています。

・著作権法での例外規定を除き、無断で複製することは法律で禁じられています。

・収録されているファイルは、営利目的であるか否かにかかわらず、第三者への譲渡、貸与、販売、頒布、インターネット上での公開等を禁じます。

・ただし、購入者が学校での授業において、必要枚数を生徒に配付する場合は、この限りではありません。ご使用の際、クレジットの表示や個別の使用許諾申請、使用料のお支払い等の必要はありません。

【免責事項・お問い合わせについて】

・ファイル使用で生じた損害、障害、被害、その他いかなる事態についても弊社は一切の責任を負いかねます。

・お問い合わせは、次のメールアドレスでのみ受け付けます。tyk@toyokan.co.jp

・パソコンやアプリケーションソフトの操作方法については、各製造元にお問い合わせください。

板書で見る全単元・全時間の授業のすべて

数学 中学校3年

〜令和3年度全面実施学習指導要領対応〜

2022（令和4）年3月20日　初版第1刷発行

監 修 者：池田　敏和・田中　博史
編 著 者：藤原　大樹
発 行 者：錦織　圭之介
発 行 所：株式会社東洋館出版社
　　　　　〒113-0021　東京都文京区本駒込5丁目16番7号
　　　　　営 業 部　電話 03-3823-9206　FAX 03-3823-9208
　　　　　編 集 部　電話 03-3823-9207　FAX 03-3823-9209
　　　　　振　　替　00180-7-96823
　　　　　U　R　L　https://www.toyokan.co.jp

印刷・製本：藤原印刷株式会社

装丁デザイン：小口翔平＋後藤司（tobufune）
本文デザイン：藤原印刷株式会社
イ ラ ス ト：すずき匠（株式会社オセロ）

ISBN978-4-491-04780-5　　　　　　　　　Printed in Japan